体悟力

楼宇烈的北大哲学课

楼宇烈

中华书局

图书在版编目（CIP）数据

体悟力：楼宇烈的北大哲学课／楼宇烈著；焦雅君编选. —北京：中华书局，2020.7（2024.9 重印）
ISBN 978-7-101-14603-5

Ⅰ. 体… Ⅱ. ①楼…②焦… Ⅲ. 中华文化-研究 Ⅳ. K203

中国版本图书馆 CIP 数据核字（2020）第 100965 号

书　　名	体悟力：楼宇烈的北大哲学课
著　　者	楼宇烈
编 选 者	焦雅君
责任编辑	傅　可
文字编辑	蔡楚芸
装帧设计	刘　丽
责任印制	管　斌
出版发行	中华书局
	（北京市丰台区太平桥西里 38 号　100073）
	http://www.zhbc.com.cn
	E-mail:zhbc@zhbc.com.cn
印　　刷	天津善印科技有限公司
版　　次	2020 年 7 月第 1 版
	2024 年 9 月第 4 次印刷
规　　格	开本/880×1230 毫米　1/32
	印张 10¼　插页 2　字数 380 千字
印　　数	16001-18000 册
国际书号	ISBN 978-7-101-14603-5
定　　价	39.00 元

对中国传统文化要有体，就有悟；有悟，就要体；有知，就有行；有行，就要知。体悟和知行要统一，悟了，就要去做。只有身体力行，才能有所受用。

目 录

无用之用为大用（导言）

儒家强调学习是为己之学，就是要通过学习来提升自己的修养。儒家并没有把学习看成是纯粹的知识积累，而是把它看作是提升自己智慧的工具。因此，儒家强调在学习中体悟。体悟是儒家非常重要的学习和思维方法。"体悟"一词中的"体"本身就包括实践之义，即身体力行。在"体悟"中，儒家更强调悟，悟就是通过学习知识来把握事物内在的精神，并灵活地运用它。在体悟时，儒家还非常强调面对不同的个体要有针对性，而不是一种普遍的适用性。哪怕是可以普遍适用的东西，也要针对不同的个体进行个别的处理。

中国哲学强调在实践中体悟，而不是纯理论的推理。王阳明认为，"格物致知"中的"格"不是外在地去看，格是"正"之义，是要拿心去正。人都有良知、良能，万物之理都在人心之中，因此，我们要做的不是外求，而是内省，就是要用心中之理去规范外在之物。王阳明通过格物来印证自己内心之理的正确性，他讲"心外无理""心外无物"，对万物的认识都离不开心中之理，反过来，对万物的认识可以检验自己的心中之理，这就是"致良知"。"古人之学，本于格物致知、诚意正心"（《张栻集》卷一），诚意是勿自欺，通常的说法就是慎独，自己不欺骗自己，当然不能去欺骗别人，否则就是自欺欺人。要做到"不欺暗室"就可以被称作正人君子了。诚意让你的心不起邪念，破除虚妄的念头，意诚了，心就正了，"正"是平正、中正之义，达到中正平和是最好的状态。《中庸》讲："喜怒哀乐之未发，谓之中；发而皆中节，谓之和。……致中和，天地位焉，万物育焉。"在整个格物致知的过程中，不管是内省还是外求，都是要正心，保持中正平和之心，这对天地的运行和万物的生长来讲，是一种和谐的状态。"格物致知""诚意正心"是修身的过程，修身是将其付诸实践，而不只是理论的探讨。中国古人讲的修身不是一个理论问题，而是一个实践问题。我们既要通过学习了解各种道理，也要下学"人伦日用"。子曰："下学而上达。"（《论语·学而》）上达必须下学，修身是把上达和下学结合起来的环节。

庄子说："山木自寇也，膏火自煎也。桂可食，故伐之；漆可用，故割之。人皆知有用之用，而莫知无用之用也。"（《庄子·人间世》）"无用之用"，最终还是要归结为有用。无用之用是指没有立竿见影的作用，没有很强的可操作性，但具有指导性、宏观性。我们常讲哲学是"无用之用为大用"的学问，它可能没有可操作性，但它有指导性，能让人们明白事理，做到融会贯通。从这个角度来讲，"无用"有"大用"是没问题的，但是不用，无用也发挥不出大用。我们不仅要读有字之书，更要多读无字之书，有字之书是前人的、他人的，我们要去学习吸取，但更多的是自己要在实践中去学习、体悟，要做有心人，不仅要用眼、耳、鼻、舌、身去读书，更要用心读书，对看到的、听到的多用心思考。在现实生活中，不会有固定的事物，一切都在不断地变化，历史的、别人的经验可能管用，也可能不管用，要去找适合自己的修身方法。

在近代，有很多民间的、我们不太熟悉的传统文化的思想家和实践家，也应该受到重视。我觉得有两位值得学习，一位是王凤仪，他是一个没有读过书的农民，但他结合了儒、释、道思想讲国学，提倡人的孝行、为善，在东北民间有相当大的影响。另一位叫段正元，他是一位道德实践家，虽然没什么名气，也没有身份地位，但他成立了道德实践会，在民国时期遍布南北。他倡导生活实践，他对道德有如下解释："道者，路也，天地万物所共由也；德者，得也，天地万物所各具也。"即道是天地万物共同经由的道路；德是天地万物各自的特性，我觉得他对道德的解释是最准确的。他根据这一理念创造性地提出"读书万卷，不如知道一言；著书千册，不如实行一事"的口号。现在一些人埋头读书、著书，但读书是为了积累资本，著书是为了谋取名利。可以说，这些人急需段正元的道德实践思想，尤其是"著书千册，不如实行一事"这句话在今天看来更为可贵。

中国传统文化强调理论联系实际，知行合一，认识到的道理要落实到实践上去，身心合一、身体力行。我反复强调中国的哲学是体悟哲学，结果落了一个外号"楼体悟"。我认为，我们可以身体力行，但是也不能只埋头苦干，还得有悟，所以说体不离悟，悟不离体，是学习传统文化的总方向。我们学什么都不要把知识当作死的对象来学，把知识对象化、固定化，与自身的为人处世不发生直接的关联，我想这样的知识是无用的，也是没有力量的。因此，学习中国的传统文化一定要有所受用，要对自己、他人、社会有所受用。我们该怎么做？我认为，要从自身做起。先学先得意，先学先有体会，能够影响、感化多少人，就去一点点地向四周发散。国学院培养的学生，就像大海中的小石子，我希望这颗小石子丢到大海中能够把波音不断往外发散。现在要把基础打好，对哲学有个真切的体会。如果要用西方的哲学研究中国的文化，也不是不可以，也需要有这样做研究的人。但是，总的倾向是对中国传统文化要有体，就有悟；有悟，就要体；有知，就有行；有行，就要知。体悟和知行要统一，悟了，就要去做。只有身体力行，才能有所受用。

I

中国文化的精神境界

日用而不知

在生活实践中传承文化

这些年，我常呼吁要重新看待"东方智慧"。东方智慧同时涵盖了中国文化、印度文化和伊斯兰文化等。而以中国文化为中心的中华文化圈，在东北亚地区影响是很大的。东方智慧是值得重视的。

东方智慧一个很重要的特色是重视直觉思维。长期以来，人们普遍认为理性思维比直觉思维高级。人类生来有两个方面能力，一是通过感觉感知世界，一是通过理性认识世界，两者互补，缺一不可。理性思维是透过表面现象，深入到内部或聚焦局部进行研究，然后经过逻辑推演，来建构科学体系和理论。直觉思维较为笼统，不大去深入内部，或聚焦局部问题。直觉思维的优势在于，可以从整体上得出一个总的道理，有了这个道理以后，可以把它运用到事物的不同方面。这两种人类不同的思维方式应该是同等有效和准确的，需给予以同等的尊重，不应该肯定一个，否定另一个。总体而言，西方文化智慧中也有直觉思维，但更侧重于理性思维；中国文化也有理性思维，但更侧重于直觉思维。

东方智慧的贡献还在于，以中国为代表的中华文化，对人的总体性的认同，在世界文化中非常突出。它能修正人在自我认知和自信心方面存在的问题，对人类文化做出了极大贡献。中国文化很重要的一个特质，就是一切围绕人来展开——人应该怎样自我认识和自我提升。人与人的关系，用儒家观点来说，是"父子有亲，君臣有义，夫妇有别，长幼有叙，朋友有信"（《孟子·滕文公上》）。

"以人为本"的核心精神

中国的文化传统是以人为本。人要保持主体性，一旦失去主体性，人就失去尊严。同样，人也不能自我异化为物的奴隶。所以，中国文化强调人的自我提升。从自觉到自立，不光是个体，整个人类也是如此。人在宇宙中处于什么地位？《礼记》说："人者，天地之心也。"（《礼记·礼运》）人在万物中所处的位置很重要，一言一行都影响到整个世界的变化。宋代哲学家张载说"为天地立心"，强调的是人的责任。值得注意的是，以人为中心，并不是夸大和放任自己，恰恰是要求人要自我约束。我认为，这是中华文化"以人为本"的核心精神之一。

西方中世纪以来以基督教为主体的文化，束缚了人的自主性，让人必须听从上帝意志。西方启蒙运动思想家伏尔泰、狄德罗推崇人本的力量，让人从神的脚下站立起来。在这之后，西方文化高举人本主义大旗，在 20 世纪上半叶发展为人类中心主义，一些人提出了"改造自然，征服自然"的口号。而在中国文化中，以人为本并没有发展成"以人为世界万物的中心"的人类中心主义，而是要人认识到自己的渺小，在自我提升的同时，也要自我约束。二战后，西方科学家和思想家意识到不能无穷地放大人的力量，才提出要尊重自然。而尊重自然、顺应自然，正是中国文化一以贯之的思想。

20 世纪以来，人们已经感觉到，人的自我主体性在慢慢丧失，人的自尊受到了很大的侵害。因此，重新认识东方智慧的时代意义在于，越是在主体性丧失的时候，越是要重视人文主义，维护人的主体性和能动性。如果感觉到自我失落了，我想从中国文化中，才能找到自我。

中国文化的根本精神蕴藏在很多地方，它并未消失。我们的文化自信和文化底气，来自于丰厚的历史以及丰富的文化资源。我们的典籍，就是记录文化的载体。记录的工具不是语言，而是文字。中国汉字是了不起的文化传承载体，它让我们的文化从未中断。除了物质文化、文字典籍，还有民俗风情和民间精神的传承。比如，孝道不是口头上讲讲，家教、家风、家训都是落实到现实生活中，并且代代相传。当下个体如何继承传统文化？我认为，继承传统文化，就要把它落实到生活实践中去。在日常生活的很多细节中，都有传播中国传统文化的可能。

无论是继承，还是发展，对于传统文化，我们最好让它保持"某种天性"。学传统文化，就要学其精神。比如，做人要讲"敬"和"诚"。敬，就是要有敬畏心，尊敬自己和他人；诚，就是要做一个诚实的人，诚心、诚信。我觉得，哪怕一本书都没有读过，但如果做到了"敬"与"诚"，仍然是一个"大写的人"。人人都能"敬"，能"诚"，社会风气就会变好，这是很简单的道理。当然，传统文化中的一些糟粕，要经过历史的淘汰，而且传统文化的继承不需要轰轰烈烈，而是要不绝如缕。轰轰烈烈，就像赶潮流一样，会泥沙俱下、鱼龙混杂。我们的文化传统，最好是在"日用而不知"的情况下薪火相传，就如古语所说的那样："忠厚传家久，诗书继世长。"

中国文化的精神境界和生活情趣

礼乐并重

中国文化最根本的特征是以人为本，以人为中心。它是一种人文的文化，体现了一种人文的精神。那么，这种人文精神是怎样培养出来的呢？主要是通过传统的礼乐教育。

礼乐教育一方面是礼，作为一种伦理的教育，体现的是一种伦理的精神；另一方面是乐，作为一种艺术的教育，或者说是美育，体现的是一种艺术的精神。之所以提出礼乐教育这个概念，是因为艺术精神所包含的意义比一般的艺术教育或者艺术宽泛得多，它并不是指写诗、绘画这样具体的艺术门类，而是指体现艺术追求和境界的一种精神。在某种程度上，它是超越了具体艺术的精神。

可以说，中国文化的精神有两个方面：一个是伦理的精神；另一个是艺术的精神。二者相互配合，不可分割。礼是用来规范人的社会身份和社会地位的，即"别异"（《荀子·乐论》）、"明分"（《荀子·富国》），确定每个人在社会上的责任、权利和义务。换句话说，就是建立社会秩序。而乐，按照传统的说法，是用来"统同"（《礼记·乐记》）的。

社会是一个群体，用礼来把这个群体分成不同的等级，明确各自不同的责任、权利、义务。同时，又通过乐教来使得这个有不同等级的社会达到和谐。人们通过乐来表达自己的志向、情感，通过乐来交流，从而构建起和谐的人际关系。在中国文化中，礼、乐这两个方面是紧密结合在一起的。通过礼乐教化使人成为一个真正的人、合格的人、有高尚品德的人。

过去人们经常讲，中国历史上的文化是一种伦理的文化。这种看法有其片面性，因为它只看到了礼教，而忽略了乐教。其实，在中国历史上是非常重视乐教的。古代社会看起来好像非常严肃，等级非常森严，其实它也是非常和谐的。因此，要了解中国文化，如果不了解乐教，不知道中国文化是充满艺术精神的，那么这种了解就是不够全面的。

海纳百川

中国的文化是艺术的文化，其文化价值是无法估量的。一讲到艺术的文化，我们自然而然就会想到中国有很多的艺术形式，从文学上讲，就有汉赋、唐诗、宋词、元曲和明清小说。从音乐上讲，我们的音乐样式也是多种多样的，不但有传统艺术，还把外来的音乐、舞蹈都吸收进来，使之变得异常丰富。一直延续下来的就有琴、棋、书、画，如果继续上溯，还有六艺，礼、乐、射、御、书、数，这些都是我们艺术宝库中的精髓。

中国的古琴是世界上流传的弹拨乐中最古老的一种乐器，到现在至少有三千年的历史了。而中国的昆曲可以跟印度的梵剧、希腊的悲剧、日本的古典戏剧"能"相提并论。但无论是从剧本文学艺术、音乐演唱艺术，还是舞台表演艺术以及整个的戏曲理论体系来讲，昆曲较其他艺术都更胜一筹。希腊的悲剧早已消亡，只剩下了一些文学作品；印度的梵剧只是零零散散地存在于现在的印度舞蹈中；日本能剧的历史比昆曲要早几百年，但它从剧本到唱腔，再到表演艺术理论都没有昆曲那么完整和丰富。2001年，中国的昆曲被列入世界非物质文化遗产名录。2003年，中国的古琴也被列入世界非物质文化遗产名录。这些例子说明，中国的某些艺术在世界上得到广泛传播，并产生了深远的影响。

家是我们撬动天下的支点

中华民族独特的生命观

罗素在其《中国问题》一书中，有这样一个观点，耐人寻味：

> 孝道并不是中国人独有，它是某个文化阶段全世界共
> 有的现象。奇怪的是，中国文化已达到了极高的程度，而这
> 个旧习惯依然保存。古代罗马人、希腊人也同中国一样注意
> 孝道，但随着文明程度的增加，家族关系便逐渐淡漠。而中
> 国却不是这样。

中华文明绵延至今，文化生命力和民族凝聚力之所以能生生不
息，与对孝道和家庭的重视密切相关。对孝道和家庭的重视体现
了中华民族的生命观。

从总体上来讲，人类社会有三种比较有代表性的生命观：第
一种是以基督教为代表的"两希"文明生命观。这种生命观认为
生命是上帝创造的，人类也是上帝创造的，上帝创造了人类并赋

予灵魂，而灵魂是不死的。生命的意义就在于听从上帝的旨意，生命的个体性很强，在上帝面前，人人平等。

第二种是以婆罗门教为代表的生命观——印度文化生命观，它是一种轮回的生命观。婆罗门教认为，生命是神创造的，而且生命是轮回的。生命阶段结束后，会有另一段生命。在这种生命观看来，应更看重于下一世的命运如何，这一辈子是为下一辈子做准备。

第三种有代表性的生命观是中国儒家和道家的生命观。儒家和道家的生命观是一种整体的生命观，这种生命观认为生命是自然形成的，而不是任何神创造的。"天地合气，万物自生，犹夫妇合气，子自生矣。"（《论衡·自然篇》）这句话讲的就是阴阳和合这一自然现象。从纵向看，这种生命观认为，生命不是独立的，而是相互关联、前后相续的。个体生命只是整个生命链中的一段，个体生命有生，就必有死，而人类的整体生命则会通过下一代延续下去。《礼记·祭义》中引曾子的话说："身也者，父母之遗体也。"意思是，子女的身体是父母身体的延续，也就是其父母生命的延续。《周易》上讲的"积善之家，必有余庆；积不善之家，必有余殃"，俗语说的"前人栽树，后人乘凉"等，都是这种生命观的体现。如何为下一代、为后人创造更好的生存环境，是中华传统的生命观的重要责任。从横向看，在儒家的生命观里，父母子女、兄弟姐妹之间乃至五服之内的亲属之间，都有血脉亲情，彼此之间都是有责任、义务的，这是天伦。

血浓于水是中华民族独特生命观影响下人们熟知的平常道理。这种观念对四十年来中国经济的腾飞是有直接影响的。学者已经注意到，在中国腾飞的众多因素中，有一股力量异常强大，这就是华人华侨，他们归国投资，带来技术和资金，在中国经济发展过程中，特别是在早期起步阶段，华人华侨发挥了不可忽视的作用。印度的海外侨民不比中国少，但是他们的故土意识并不强。决定性的因素是这两个民族的文化基因，也就是各自的生命观完全不同。这是文化软实力影响硬实力的一个典型例证。

爱情一时，亲情永恒

天地阴阳相合，万物生生不息；男女夫妇相合，子孙代代繁衍。男婚女嫁，结婚成家，乃天理当然之事，亦为人生终身之大事。古时以婚礼为众礼之本，诚因为有夫妇，然后有父母、子女，然后有上下、长幼，人道伦理之序发端于斯，由此而立也。因此，夫妇二人都要特别珍惜这份缘分。

古人说："夫妇本是前缘，善缘、恶缘，无缘不合。"善缘来合是为再续前缘，证盟三生；恶缘来合是要化解前缘，转恶为善。俗话说："千年修得共枕眠。"今生相聚，成为一家，理当万分珍惜。"家和万事兴"，如何才能"家和"？这就需要夫妇之间相互尊重、理解、信任，理应宽容，要有担当。《周易·家人·象传》曰："家人，女正位乎内，男正位乎外。"即人们常说的"男主外，女主内"，此乃"天地之大义也"。"正家而天下定矣！"因此，"家和"不仅是一家兴、个人事业兴，而是社会、国家都会兴。

世上之情，大要有三，曰亲情，曰友情，曰爱情。今日青年喜谈爱情，高唱爱情至上、爱情永恒。为了爱情，甚至可以抛弃亲情，断绝友情。孰知此三情中，亲情与友情都是至上的、永恒的，唯爱情却是一时的、变动的。爱情结果，成为夫妻，从此爱情转为亲情。爱情未能结果，则应转为友情。婚姻意味着相守，而不是离异。以所谓爱情为借口的夫妻离异，是在推卸亲情的责任。

婚礼意味着责任。夫妇二人除了要担起相互之间的责任，和对双方父母的责任，还要担起教育子女的责任。教育子女不单纯是为人父母应有的责任，更是一个家庭应当对社会承担的责任，而且是十分重要的社会责任。父母是子女的开蒙老师，家庭教育是人生最早受到的教育，它对人一生的成长有着极其深远的影响。《三字经》云："养不教，父之过。"良好的家庭教育，一方面体现了父母对子女最深的爱；另一方面也落实到你交给社会一个什么样的接班人上。未来的接班人是个合格的接班人，还是一个不健全的接班人，甚或是一个危害社会的接班人呢？这是个不容忽视的问题。

家庭教育的核心是教做人

在西方的教育传统文化中是知识教育和道德教育分头进行——学校是知识教育的场所；教会、教堂是道德教育的场所。在中国传统文化中，不论家庭、学校还是社会，知识教育和道德教育都是合二为一的，而在知识教育和道德教育二者之间，道德教育又放在第一位，《中庸》所说的"尊德性而道问学"，正是此意。

朱子在《大学章句序》中，非常明确地规定了教育中两个阶段的教学内容：8 岁到 15 岁的小学教育是"教之以洒扫、应对、进退之节，礼、乐、射、御、书、数之文"，这个阶段的教育，注重行为规范的养成，它主要是在家庭或家族的私塾、学堂中完成；15 岁以后的大学教育，"教之以穷理、正心、修己、治人之道"，这个阶段的教育，注重学习修身做人、治国为官之道，这是书院教育的核心。从小学到大学，中国传统的教育都是要培养人的道德品质。

我经常引用《淮南子》中的一句话"遍知万物而不知人道，不可谓智；遍爱群生而不爱人类，不可谓仁"（《淮南子·主术训》）来说明中国传统教育的首要理念就是要教会学生怎样去做一个人，而不是学会多少专业知识。《论语》云："古之学者为己，今之学者为人。"（《论语·宪问》）中国古代的学问就是从提高自己的修为开始的，重视身教，而不仅仅是言教。作为一个人，如果不修身，天地都不容，无法拥有圆满的人生，这是俗话"人不为己，天诛地灭"的本来意思。传统的中国学问始终都强调自身的完美，自身德行的不断提升。

在古代中国，天地是最高德行的象征。在孔庙中，有赞扬孔子的对联"德配天地，道冠古今"。"天无私覆也，地无私载也"，天地生万物都是自然的，不以占有万物为目的。

普通中国人家里都会在堂屋悬挂"天地君亲师"的牌匾。儒家特别强调"礼有三本"："天地者，生之本也"；"先祖者，类之本也"；"君师者，治之本也"（《荀子·礼论》）。报本反始，感恩敬畏，尊师重道，对双亲要孝，对兄长要悌，对国家要忠，这就是家庭教育的核心。同时，这三个"本"还构成了中国宗教信仰的主要对象。所以，中国人做什么事情都会考虑到整体的生命观念，既要对得起祖先，也要对得起子孙后代，并教育人不要做断子绝孙的事。

祖先虽然不在了，但我们要"事死如事生"，按照规定祭拜，这是培养我们敬畏心的重要方式。所谓"明则有礼乐，幽则有鬼神"（《礼记·乐记》），一明一暗，相得益彰，共同维持着世道人心。

包公是历史上著名的清官，妇孺皆知，深受百姓爱戴。他曾著家训："后世子孙仕宦，有犯赃滥者，不得放归本家；亡殁之后，不得葬于大茔之中。不从吾志，非吾子孙。"大意是，后代子孙做官，如犯了贪污财物罪而被撤职，不允许回老家，要逐出家族；死了以后，也不允许葬在祖坟中。不恪守家训的人，就不是我的子孙后代。一人之贪赃，被视为整个家族的莫大耻辱。包拯的子孙没有辱没祖宗，其子包绶、其孙包永年都居官清正，留有廉声。一条家训，有力地约束住了整个家族，这是一种莫大的智慧与力量，直到今天依然值得借鉴。

由私到公转化的桥梁

什么是家？用最通俗的话来讲，家就是个安乐窝。"安"即平安、安心，一回到家里就能感觉到有依靠、有安全感，不顺心的事情到了家里就都化解掉了。《周易》上所说的"伤于外者必反其家，故受之以《家人》"（《周易·序卦》）也是这个意思。"安乐窝"中的"乐"就是高兴、快乐。小家稳固了，大家就稳固了；小家和谐了，大家也就和谐了。对家的精神归属浸润在血脉中，融入到文化里，成为民族的文化基因。中国人心里要有家，要认同家。我们每个人都应该认同家的理念，社会也要营造这样一种良好的氛围。

罗素虽然发现孝道是中国文化的独特性之一，但他却认为这种独特性是负面的，他说："家族意识会削弱人的公共精神，赋予长者过多的权力，会导致旧势力的肆虐。"

事实上，孝道正是由私及公的一个主要桥梁。化用《老子》中的"非以其无私邪？故能成其私"（《老子》第七章）这句话，可以说，孝道是"以其私，故能成其无私"。因为父母对子女的爱、子女对父母的爱、兄弟姐妹之间的爱都是真挚而深沉的，都是自然而然的。"君子务本，本立而道生。孝弟也者，其为仁之本与。"（《论语·学而》）孝悌之道是仁爱精神的根本，正因为爱父母兄弟，往外推己及人就格外有力。孟子所云"老吾老以及人之老，幼吾幼以及人之幼"（《孟子·梁惠王上》），是仁爱精神的自然流露。反之，如果连自己最亲近的父母兄弟都不爱，要去爱他人、爱天地万物，这就是一个悖论，这正如《孝经》所言"不爱其亲而爱他人者，谓之悖德；不敬其亲而敬他人者，谓之悖礼"（《孝经·圣治章》）。

从小家到大家，从小家庭到大家族，从大家族到家乡，再从家乡到国家，再到天下一家，都是一个整体。在传统文化中，往往都会把各种关系化解为家庭关系，在中国古代，讲君父、臣子，包括我们常说的父母官，都是通过父子关系构建一种亲情，然后再达到融洽状态。我曾接受中央台的专题采访。采访中，记者提了一个问题——中国历史上是家国同构的，这是不是封建专制主义的特征。中国古代确实是家国同构，我们常把国天下变成家天下，然后把家天下拓展到国天下。很多人认为，"家国同构"是我们文化中的腐朽作风，近百年来我们批判宗法血缘制度的核心也是"家国同构"。不能否认，它确实有一些问题。但中国传统文化是不是仅有封建专制主义一个方面？我觉得也不是只有一个面。把地方官视作父母官，将两者的关系转化为父子关系，就绝对不好吗？父母对子女永远是无私的奉献、不计回报的。如果父母官能做到对百姓永远是无私的奉献、不计回报，我想也未尝不是好事。

中华民族的生命观，从家出发，无远弗届。孟子所说的"亲亲而仁民，仁民而爱物"（《孟子·尽心上》），不仅是对同类，而且对天地万物都要有仁爱之心，这是一种超越主观主义、西方人类中心主义的仁爱。培养仁爱精神，必须立足于家庭。古希腊伟大的物理学家阿基米德说过："给我一个支点，我能撬动地球。"中国人讲修齐治平，我认为，家就是我们撬动天下的支点。

敦礼明伦

——儒家的核心思想

相互贯通

中国文化是一个开放、包容的系统。除了本土生长起来的思想文化，我们还接纳了大量外来的思想文化。儒、道是先秦诸子百家中的两家，在发展过程中，儒、道兼容并包，综合了先秦百家的精华，逐步形成具有自己特色的学派。佛家是从外面传进来的，它被中国文化所接受，和中国本土文化融为一体，成为中国文化中的一个主干性的学派。除此之外，伊斯兰文化、基督教文化等外来文化在中国文化中也有很大的影响。儒、释、道三教是中国传统文化的主体。但对中国历史影响最大的还是儒家文化，儒家文化是中国文化中最基本的组成部分。

儒、释、道三教的文化是相互补充、相互配合的。我们过去经常听到这样的说法："以儒治国，以道治身，以佛治心"，即用儒家的思想治理国家，用道家的思想调养身体，用佛教的思想滋养我们的心灵。这是一个相对的说法，在我看来，儒、释、道三家的重要思想都可以用在治国、治身和治心上。中国传统文化并没有把学科分得那么精细，也没把各个学科隔裂开。中国传统文化中的文、史、哲，儒、释、道是相互贯通的。

养生的方法同样可以用在治国上，反过来，治国的方法也同样可以用在养生上。从根本道理上来讲，两者是差不多的。就像一个人的身体得了病，常常是因为阴阳失调、气血不通等。拿这样的道理来分析国家，国家如果不稳定，从根本上讲也是一种类似阴阳失调、气血不通的状况。两极分化从某种程度上也可以被视作是一种"阴阳的失调"，而上下不沟通就会"气血不通"。因此，同一个原则既可以运用到养生上，也可以运用到治国上。宋代学者范仲淹说过"不为良相，则为良医"，这也说明治国和养生是相通的。实际上，不仅治国和养生相通，治国和炒菜也是相通的。古人称宰相的工作为调和鼎鼐。鼎鼐就是做饭的锅，意思就是宰相治国就如同炒菜一样。和西餐不同，中国饮食最重要的特点就是把各种味道给调和起来，做成美味佳肴，而炒菜本身就是一个调和、中和的过程。不但有酸甜苦辣咸五味杂陈，还讲究五色的搭配。因此，中国文化不是单一的，而是综合的，也是可以相互贯通的。

智慧就是力量

《论语》中有这样一句话："不愤不启，不悱不发。"（《论语·述而》）我们现在教学生也要用一种启发的方式。启发式的教育不同于灌输式的教育，首先要让学生有学习的主动性和自觉性。如果学生心里没有学习的欲望，不主动提问的时候，就不要去启发学生。《论语》中还有一句是："举一隅不以三隅反，则不复也。"（《论语·述而》）这句话的意思是这里有一个方的东西，我给你讲了其中的一个角，而你不能通过这个角去联想到其他三个角，那么我就不再重复了，也就不再教了。因为没有学习的能动性，不能融会贯通，没有由此及彼的推理、思考能力，就不能再教了。所以，启发最重要的是能融会贯通。中国文化的特点就是让人拥有智慧，而不是学习一些简单的知识。知识是死的，智慧是活的。智慧是发现、掌握和运用知识的能力。儒家文化强调最重要的是要会运用知识，否则知识就是死的、没用的。

很长时间以来，我们一直引用西方一位哲学家的话："知识就是力量。"这句话也是有缺陷的，因为知识自身不能成为力量，只有在我们的生活中能灵活运用知识，才会产生力量，而如何运用是需要智慧的。我认为，智慧才是力量。我们并不是简单地学习知识，而是要领悟到一些做人、做事的道理，并且把这些道理运用到生活和工作中去，这样的学习才是有意义的。

《礼记·学记》对这个问题早已有了很明确的论述。教育是立国之本，"建国君民，教学为先"。此外，《学记》中也讲到了教育的意义、重要性、目的和方法。其中特别讲到了，教书并不是让人能背诵文章、增长知识、通晓名物典章，而是要"知类通达，强立而不反"，即临事不惑，不违师道，让自己的人生有意义。在古代的文化中，我们就强调了教育的根本目的：让人们懂得怎么去做一个真正的人。所有儒家思想都是在围绕这样的一个目标来构建它的文化。

儒家文化的核心是确立社会的礼制

每个社会都要有秩序，儒家文化也会探讨究竟要建立怎样的社会秩序。

中国是一个礼义之邦，我们常常以此为傲。儒家文化就是要构建礼义之邦的文化。儒家文化的核心是确立社会的礼制。把儒家的思想概括起来就是四个字：敦礼明伦。敦，即敦厚，敦礼就是重视礼，把礼看作是社会秩序的根本。除此之外，还要明伦。各地的孔庙都会有一个殿称为明伦堂。敦礼明伦是儒家文化的核心思想。

每个社会都要有秩序，儒家文化的礼就是在探讨究竟要建立怎样的社会秩序。孔子认为，礼乐制度是周公确定的，当下要做的就是维护周公制定的礼乐。

据《论语·八佾》，孔子谓季氏："八佾舞于庭，是可忍也，孰不可忍也！"按照礼制来讲，各种仪式和人的身份是密切相关的。春秋时的大夫季氏使用八佾（八人一行，八行）舞，而这种舞蹈只有天子才能用。按照规定，天子用八佾，诸侯用六佾，而身为一个大夫只能用四佾。季氏现在是一个大夫却要行天子之礼，这就僭越了。

孔子一生的努力就是要恢复周礼，并让所有人都遵守周礼。因此，孔子才提出了仁的思想，儒家讲"仁者爱人"（《孟子·离娄下》）。仁的核心精神就是恢复礼。孔子在答复颜渊问仁时说："克己复礼为仁。"（《论语·颜渊》）这句话中的"克"是克制、战胜自己，"非礼勿视，非礼勿听，非礼勿言，非礼勿动"（《论语·颜渊》），孔子指出，要从视、听、言、动四个方面来要求自己，一举一动、一言一行都要符合礼的要求。仁强调人的自觉、自律，要求人自觉遵守社会的秩序、规范。孔子提倡仁是为了达到恢复周礼的目的。

在论述礼时，荀子首先是从人和动物的区别说起。"力不若牛，走不若马，而牛马为用，何也？曰：人能群，彼不能群也。"（《荀子·王制》）人能组成有组织的群，而牛马则不能。对于一个有组织的群，怎样才能发挥群的力量呢？这个群一定要有所区分，有男有女，有尊有卑，有长有幼，有君有臣。只有社会成员的身份搞清楚了，每个人都找到自己的位置，群的力量才能发挥出来。所以，荀子说"明分使群"（《荀子·富国》）。人是一种社会性的动物。动物的群只是一个自然的群，而不是社会的群。因此，可以说荀子最早提出了人是具有社会性的，也就是有组织、有分工的。这种分工不只是工作上的分工，而且还有身份上的分工。这个身份里有自然的不同身份，比如父母、子女；也有社会所需要的不同身份，有领导，也有被领导的人。

除此之外，荀子认为礼的起源还有另外一个因素——性恶，中国古代讲人性的时候有两种不同的看法：性善和性恶。其实，性善和性恶并不是完全对立的，而是从不同的角度阐释人性。性善的说法主要来源于孟子。孟子认为人性可以为善，人性中具有了可以为善的根源。孟子说："乃若其情，则可以为善矣。"(《孟子·告子上》) 人天然地具备有四种心：恻隐之心、羞恶之心、恭敬（辞让）之心、是非之心。四心是仁、义、礼、智的发端。性恶的说法来自于荀子。荀子认为："饥而欲食，寒而欲暖，劳而欲息，好利而恶害，是人之所生而有也。"(《荀子·荣辱》) 人人都有这样的天性，如果没有规则，就会出现争斗，有必要用礼来规范人的行为。

在五伦中找到定位

明伦就是每个人要明确自己的身份，按照自己的身份，该做的就去做，这也就是我们常讲的尽伦尽职。礼最后落实到每个人身上，就是要求我们每个人都能够认识到自己在社会中是什么身份的人，这就是"明伦"。儒家建立礼制就是使每个人都能够明白自己在这个社会上是什么身份。我们现在也要有自我认识、自我定位，然后按照自己的身份去规范自己的言论、行动。

儒家把人与人之间的关系一共分成五大类。在五大类里，实际上有十种身份，每一类里都是讲两个方面的关系，即我们经常讲的五伦、五常。哪五种关系？就是君臣、父子、夫妇、长幼、朋友这五种关系。君臣的关系，并不单纯地应用在政治身份上，比如说中医在开药的时候，药里面要分成君、臣、佐、使，哪个是主要的，哪个是次要的，哪个是起辅助作用的都要分清楚。此外，君臣也是一种主辅、上下、领导与被领导的关系。父子、夫妇是一种自然的人伦关系，君臣、朋友则是一种社会的关系。总之，儒家把人类的关系分成五大类，这五种关系有出于自然的，也有出于社会的。有两个完全是家庭的（夫妇、父子），有两个完全是社会的(君臣、朋友)，有一个是社会、家庭都有的(长幼)。

原始的人伦分类没有贵贱之分，但在发展的过程中就出现了贵贱，这是社会发展的结果。贵贱不是五伦中的一伦，它不是一个本质性的、人类的伦常问题，它可以变化。但是儒家讲的五伦，只要有人类，它在任何时候都存在。更重要的是，我们应该承认这个事实，不管是什么人种，人与人之间在智力、体能上是有差异的。其实我们的教育现在存在一个非常大的问题，就是有一个假设的前提，即人的智力、体能是一样的，人都可以达到一样的高度。我为什么说社会上到处流传的成功学是一门毒害社会的学问，就是因为成功学把人的胃口都调到一个高度，好像人只要努力都可以达到这个高度。其实不是这样的，人是有差别的，这个人可以达到的高度，那个人不一定能达到，甚至永远达不到。我们一定要知道，人是不同的，智力高的、体能好的要去帮助智力低的、体能差的。每个人都应该把自己的智力、体能发挥到极致。在这点上，人人都是平等的，这才是真正的平等。

荀子曾经引用《书经》中的一句话"惟齐非齐"。我们讲的齐里面是有许多不齐的，反过来讲，只有不齐才能达到真正的齐。形式上的齐可能掩盖着实质上的不齐，而形式上的不齐可能恰恰达到实质上的齐。人在社会中，身份不同，需要不一样，怎么能用一样的标准去衡量？所以我觉得这句话是非常深刻的。真正的齐、真正的平等并不是在形式上，而是在实质上。礼规定了每个人的身份，由于工作的性质不同、地位不同，他（她）的需求、欲望也就不同。所以荀子讲礼是为了"养人之欲，给人之求"（《荀子·礼论》），就是合理地满足社会不同身份人的欲求。荀子认为，能够做到这一点，首先，就不会发生争斗；其次，也不会无限地攫取自然资源，可以让资源永续。

儒家的教育，尤其是五伦的教育，最重要的是要我们每个人"明"自己的"伦"。如孔庙里的明伦堂不光是让大家在与他人交往时要讲礼貌、讲礼仪，其实要尊敬他人首先要尊敬自己，要明白自己的身份。这个问题可以说也是现代人最讨厌的问题。人摆脱不了自己的身份，但是许多人永远不安于本分。人类的烦恼大多源于不安分。现代人认为身份是封建的、扼杀本性的。其实，每个人在社会上都有自己的身份，这个身份是不能颠倒的。当然不能颠倒并不是说固定在某一个身份之中。对我们每一个人来讲，五伦关系里的十种身份其实我们每个人都可以拥有，只不过在不同的时间、地点有不同的身份。每个人在不断地改变自己的身份。我们要自觉地意识到这点，在不同的场合，我们要以不同的身份出现，做出合乎自己身份的言行，才是得体的，才能被人们认同。如果不按照自己的身份去做事，那就不会得到人们的认同。这就叫作"名正，则言顺；言顺，则事成"。

　　一个得体、有教养的人是有底线的。尽伦尽职是成功的法则，也是让自己减少烦恼的方法。在社会中，每个成员都能够尽伦尽职，这个社会就会和谐，就会有发展。尽伦尽职的前提就是要认识到每个人属于哪一伦，儒家所有教育实际上都是让我们来确认自己的身份。确认身份并不是让我们屈服于某一个身份，而且身份也是在不断变化的。每个人都有多种身份，所以对我们而言，这些身份的道德要求也是相对的。

重新认识礼教

一个国家的强大并不在于有多少财富，国防力量有多强大，公共设施有多华丽，国家要真正强大起来，最终的落脚点还是在文化的强大以及国民的文化素质的提高上。文化对国家的复兴实际上是起关键作用的。通过文化，让我们的国民都走进一个高度文明的时代，才能够使我们的国家自立于世界民族之林。在古代，中国之所以受到世界人民的尊重，就在于我们是礼义之邦。礼义代表文化发展的高度和深度。怎样实现创造性转化、创新性发展？怎样树立文化的自信心？有多少人对我们的文化有足够自信，又有多少人能真正地坚持我们的文化主体意识，我觉得这都需要打个问号。文明是相对于野蛮来讲的，人类通过自我的觉悟脱离野蛮，走上了文明的道路，那是一个很漫长的过程。

文明就是以文来明，文化就是以文来化。相对来讲，文化是一种软实力，但其实它恰恰是最硬的实力，因为它是国家强大的基石。儒家文化强调人与人之间的关系，实际上也是在处理人和社会的关系问题。佛教构建的学术系统，被称为戒、定、慧三学，并以此来对治人心中的贪、嗔、痴，调解身心之间的矛盾。

如何将儒家文化跟社会问题结合起来？儒家文化深深地扎根在我们日常的生活中，特别是跟政治制度息息相关。因此，当我们想要来改变政治制度的时候，首先碰到的问题就是如何来认识儒家的政治理念。戊戌变法失败，辛亥革命也没有真正的成功，这促使国人反思阻挡政治制度革新、革命的根源性因素。新文化运动的代表人物把矛头直接指向儒家文化。因为它是构建制度文明的一个基础，其根本理念是血缘宗法，它跟西方文化中的生命理念是完全不同的。中国文化是按照自然血缘的关系来构建伦理道德的，儒家文化是构建社会制度的理论依据。要彻底否定血缘关系，就先要彻底否定儒家文化。鲁迅著名的论断就是礼教"吃人"。礼教之所以"吃人"，是因为它让每个人安分守己，不能超越各自的身份。但是儒家礼教如果被否定了，人们就没有束缚了，可以想怎样说，就怎样说；想怎样做，就怎样做，这也是不行的。今天该如何评价儒家文化在社会生活中所起到的正面作用是值得深思的问题。因此，我们要重新来认识礼教。

礼因何而起？礼究竟包含哪些方面的内容？在《荀子·礼论》中，荀子作了阐释，"人生而有欲"，人生来就有欲望、欲求；"欲而不得，则不能无求"，人的欲望得不到满足，就要去追求；"求而无度量分界，则不能不争"，在追求的过程中，如果没有限度，人就会贪得无厌；"争则乱，乱则穷"，这就使社会不安定。为了解决这个社会问题，礼被提出来了。针对礼要解决的问题，荀子讲得很明白——礼是"养人之欲，给人之求"的，即调节人的欲望，满足人们的需求。

荀子又进一步讲礼要达到的目标——"使欲必不穷于物"，让人的欲望不至于因财物的缺乏而得不到满足；"使物必不屈于欲"，即财物不会因满足人们无穷的欲望而被耗尽。因此，礼的作用是在物和欲之间达到平衡。物、欲处于对抗状态，而礼的制定就是要让"使欲必不穷于物，物必不屈于欲"，把物和欲这两个关系处理好，这才是礼的根本。荀子有关礼的论述不是一个简单的伦理、道德说教，而是要解决现实的社会问题。

荀子对礼的分析是非常重要的。这是儒家文化对当今世界的一大贡献。荀子反复强调，人对自然资源的开发一定要有所节制，对自然资源的利用不能够只看到眼前，人们要有长久的思考，要顾及到以后的发展。今天读来，这些思想依然相当深刻，而且有很大的启发性。

"礼者，表也"（《荀子·天论》）；"礼者，履也"（《白虎通·性情》）。"礼"，树立一个标杆，要人去践行。礼起着多方面的作用，特别是在维护社会和谐方面发挥着重要的作用。荀子有个非常重要的概念叫作"明分使群"，确定了名分，群体的力量就发挥出来了。礼的核心就是让每个人认识到自己的身份。因此，礼教也往往会被称作名教。儒家礼教中的一个重要的部分就是确定身份以后，大家按照各自身份的要求去尽自己的职责，这体现了一种担当精神。在礼的文化中，就是要调整好不同身份的人的关系，然后分配好资源，让大家能够满足合理的需要。要做到这一点，就要明分，即每个人对自己要有正确的认识，并认同自己的身份。

在礼文化中，还有很多的内容。《礼记·郊特牲》讲："郊之祭也，大报本反始也。"礼要用来报本，它让人不要忘本。因此说："礼者，大报本也。"《荀子》明确告诉我们，礼有三本：第一，"天地者，生之本也。"天地是一切生命之本源。在中国文化中，天地万物和人都是自然而然生成的，是"天地合气，万物自生"（《论衡·自然篇》）的。第二，"先祖者，类之本也。"祖先是中华民族的本源。天地生万物，生命都有不同的种类。我们认同的是群体的生命，生命又都有它自己的前后联系、源头。因此，我们不能忘记我们的祖先。第三，"君师者，治之本也。"（《荀子·礼论》）君王和师长是国家大治的根本，简单来讲，这段话是说通过教育认识自己，并懂得怎样管理好自己，成为一个真正的人。《礼记》中的《学记》一开头就告诉我们："建国君民，教学为先。"建立一个国家，君临天下、治理民众，教育是最重要的。在传统文化中，人们信仰的对象是"天地君亲师"。这一观念概括起来就是八个字：敬天法祖、尊师重道。中国人敬畏天地、祖先、师长，我们用各种仪式祭祀天地君亲师，表达我们不忘本的人文情怀。我们强调的是"人在做，天在看"，无论做什么事情都要对得起祖宗、子孙，中间还要对得起自己的良心。因此，人在发誓表示自己诚实无欺时会说"天地良心"。天地、祖先养育了我们，国家、老师教育了我们，礼让我们要有感恩之心。

儒家思想包含敬畏思想。"礼者，敬而已矣。"敬既包括尊敬、敬畏他人，也包括要尊敬、敬畏自己，还要尊敬、敬畏你的事业。孔子在《论语》中说："祭如在，祭神如神在。"（《论语·八佾》）"诚心守仁则形，形则神，神则能化矣。"（《荀子·不苟》）这段话是说仁义就体现在言行之中，诚信行义，人就会超凡脱俗，也会推动事物向好的方面转化。《周易》上讲，"敬以直内，义以方外"，国人用敬来规范自己的内心，用义去规范外在的行为。外在的形式只是用来表达内心的敬。儒家文化强调反躬自问、为仁由己，一切应出自内心，而不用外在的东西来要求人。

礼是言行的规范，但不是强迫性的。中国的礼是生活中习以为常的、自然而然的，这在西方的法律理论中被称为习惯法、自然法。在我们日常生活中，自然而然地形成的规矩要求我们自觉去遵守，而且因为它是生活中已经形成的习惯，所以大家践行时并不知道自己是在遵守某一种法。在西方，自然法、习惯法与人为法是相对应的，而且西方社会认为生活中的自然法、习惯法是人为法的基础。《论语》中还有一句重要的话"礼乐不兴，则刑罚不中"（《论语·子路》），意思是如果大家不自觉遵守礼乐制度，那么强制性的刑罚就会有漏洞可以钻，也不会得当。孔子以德治民的思想强调"道之以政，齐之以刑，民免而无耻"，而"道之以德，齐之以礼，有耻且格"（《论语·为政》）。孔子说：以政令来教导，以刑罚来管理，百姓会被迫服从，但会不知羞耻。以德行来教化百姓，以礼制来约束人们的行为，百姓会知道羞耻并走上正道。人们都有羞耻心，都知道这个该做、那个不该做，而且知道做事都要有规矩，这就是礼和法的差别。这段话中的法是刑法，而不是礼法。

古代讲刑德并用，礼法跟刑法是不同的。礼法是各种规矩，礼中包含了法的内容，需要我们在日常生活中遵守。清代学者陆世仪，针对当时家庭教育重法不重礼的问题发表了一番言论。他说"法使人遵"，法是让人去遵守；"礼使人化"，礼会使人发生变化；"法使人畏"，法使人畏惧；"礼使人亲"，礼让人亲近，即当我们每个人都明白要自觉遵守这些规矩，人与人之间的关系一定是非常亲密的。通过礼的教育，形成良好的社会风气。它使人们懂得要尊老爱幼、童叟无欺、诚信做人……法国启蒙运动思想家孟德斯鸠说："有良好习俗的社会，它的法律是简单的。"此外，礼告诉我们很多仪式性的东西。礼教的内容是十分丰富的，有宗教信仰、法律、社会习俗的内容，还有礼仪形式等内容。

荀子分析了礼中核心的内容就是人的自我认识，在天地、万物中，只有人能跟天地相并列，能参与天地变化，其他生物都没有这个能力。他有一句话叫"天有其时，地有其财，人有其治，夫是之谓能参"（《荀子·天论》）。"人有其治"，即人有能动性、主动性可以管理、治理万物，所以人就可以跟天地相并列。人如果认识到自己的位置，就必须管住自己。《荀子》一书反复强调，人不能够代替天职、天功。荀子提出"明于天人之分"，人的身份是可以参与管理、治理万物，但不是生万物、养万物。掌握了天地运行的规则、趋势，然后去管理、推动，让万物得到更好的发展。

一些人为了迎合西方的文化，曾说中国文化中也有"人定胜天"思想，拿荀子的话来证明，这是不对的。荀子是让我们明白天和人的各自职能。人不能代替天的职能，但是人可以了解天的职能，去帮助它向好的方面发展。《礼记》的《礼运》篇有一句话："人者，天地之心也。"人就是天地间的那颗心，人心一动，天地就跟着变化。因此，张载"四句教"第一句话就说"为天地立心"。儒家文化首先让我们认识自己，人应该有分辨的能力，应当明白自己的身份，应当遵循自然规律，这样社会才能平衡、和谐。

礼教不是简单地限制我们。中国的传统文化恰恰告诉我们，通过各种关系把人跟人联系在一起。我们做什么事情都不能只为自己考虑，而要在群体中考虑，特别是要为子孙后代考虑。礼教内容丰富，我们今天应当重新认识它。礼不是一个抽象的、简单的伦理说教，它能帮助我们维护社会秩序、满足社会需求，也可以维护人跟大自然的和谐关系。礼教的力量是非常强大的，孟德斯鸠发现，在世界历史上能看到一种现象，就是征服者改变了被征服者。可是在中国，我们看到的不是这样，我们看到历史上往往是征服者被被征服者所同化。他的原话是："在那里，习俗、风俗、法律和宗教就是一个东西。人们不能够一下子把这些东西都给改变了。改变是必然的，不是征服者改变，就是被征服者改变。不过在中国，改变的一向是征服者。因为征服者的风俗并不是他们的习惯，他们的习惯并不是他们的法律，他们的法律并不是他们的宗教；所以他们逐渐地被被征服的人民所同化。"如果梳理一下中国历史，我们的文明就是在这样的环境下不断地得到提升。在重新认识礼教与儒家文化的过程中，有很多丰富的资源值得我们去利用。坚守文化的主体意识，坚定文化自信是非常重要的。我们要真正强大，就要复兴民族文化，让世界人民看到我们是一个礼义之邦。

儒家文化让我们从社会现实出发，我们生活的世界是自然而然生成的，这个世界也是靠人类自身去维系的。文化春风化雨般地润泽万物，万物受到慢慢滋养以后能够茁壮成长。我们要对中国的传统文化中的"礼教"有清醒的了解，这样才能对中国优秀传统文化有信心，才能坚守民族文化的主体，才能广泛地吸收外来文化，用外来文化滋养、丰富、发展自己。

谈修身的方法

提高修养的六大要旨

唐代著名文学家韩愈在《师说》中曾说，老师的工作便是传道、授业、解惑。现在一些老师逐渐变成了只是传授知识（甚至是某种技能）的工具，某些现代教育越来越异化为一种技术培训和职业教育。我对此感到非常困惑。

在社会发展的过程中，经济、文化是互动的，文化不应只是点缀品。文化反映了一个民族的心理状态、思维方式、生活样式以及对人生的思考。现代社会中有多种文化，我们现在所讨论的文化应该是指精神风貌。从这个层面来讲，哲学应是文化的核心。

我们现在的困惑与所处的时代有关。我们处于自由市场经济时代，人们靠实力和智慧在竞争中取胜。一些人提出了知识资本的概念，将知识也作为资本在市场进行交易，这在我们的思想领域造成许多困惑，也使智慧与品行之间的矛盾加剧。大家担忧智慧、能力的欠缺，但很少有人考虑品行的欠缺，两者本来不矛盾，但知识进入市场后，使我们忘了知识本来的功能。此外，知识爆炸、信息泛滥也是我们这个时代的一个特点。机械工业时代，人们哀叹人已沦为机器的奴隶；在现代社会，人们哀叹自己成为知识的奴隶。比如，我们要求学生做论文时要穷尽前人的研究，这不是做学问的好办法，做学问关键在于对研究对象有自己的体会。现在很多人为了避免重复，而挖空心思编造一套理论或是专找别人未做过的题目来做。这就是因为我们成了知识的奴隶。孔子云："君子役物，小人役于物。"（《荀子·修身》）不被物质所役使是最重要的。最后，教育上的失衡也是我们这个时代的一个问题。有人说，现在的教育许多时候都不是全面的素质教育，而只是职业技能的培训，这也是很多国家都会面临的问题。

　　我们处于一个追求个性解放、自我发展的时代，但同时我们又会受到各种制约，困惑便由此而来。那么应如何解决这一问题呢？一方面，我们要慢慢改变社会环境；另一方面，我们还要从个人修为上着手。具体而言，我们应将为学与为人结合起来。经常有人会问掌握知识的目的是什么，怎样才能发挥知识的价值。我认为，我们要调整文化的结构。我们目前在文化引导和教育课程设置上都存在失衡的现象：偏重于科技文化而轻视人文文化直接导致各种困惑；近一百年的特定历史条件又造成了我们重视西方文化而忽视中国传统文化，这些不良倾向都是我们应该予以调整的。此外，我们应重视社会的教育，创造良好的社会环境。

　　以上均是从外部条件的改善来说的，下面我们将从内因来谈提高个人修养。这里说的"修养"不仅是道德上的修身，而且也是全面提高个人素质的过程。

　　第一，确立基本的做人品德是全面提高个人素质的基础。我认为最基本的做人品德就是要有羞耻之心。另外，还要守信，"信"不仅是做人的基本品德，而且也是社会公德。此外，人还应有气节。在具备了以上品德之后，我们应如何看待人生呢？就儒家而言，就是要有羞耻心，要知耻；就道家而言，就是要有无为心，不要夹杂私心或违背自然规律去发展自己，我们现在很多年轻人都是在争命，其实有时随命反而会更好；就佛教而言，我们要有平常心，得也不喜，失也不悲。

　　第二，具有基本社会道德品质。社会道德即人际关系，对此古代已有归纳，即君臣、父子、兄弟、朋友、夫妻关系。在社会发展中，由于君主专制思想的泛滥，将这五种本来是双向的伦理关系变成了单向的伦理关系——"君为臣纲，父为子纲，夫为妻纲"，而我们的古书中两者的关系其实都是双向的。现在某些方面是失序的，这种失序对社会发展是不利的，因为它违背了基本的社会分工。所以，我们要维护社会的基本伦常，同时对伦常关系也要有正确的认识。概言之，敬伦、敬业便是社会道德品质的两大基本要求。

　　第三，培养审美情趣。道德修养和艺术修养是人生中不可或缺的两个部分。艺术修养强调审美情趣的培养，不断提高艺术品位，从而获得自然、人生方面的体悟。艺术修养不仅强调艺术格调，也会在处理社会关系等方面产生积极影响。艺术讲究搭配，搭配得当才会成为一种艺术品。因此，有高的艺术格调，才能对艺术有深刻的理解，这不仅培养了我们对美的鉴赏力，同时也会影响我们的处世风格。美育与德育常常是联系在一起的，美育对人的影响往往比简单的德育说教大得多。

第四，增强适应环境的能力。我们要跟上时代的步伐，就必须适应时代的要求，这不是跟社会抗拒，而是要适应环境，改造社会。另外，我们还要直面自己的问题。个人在碰到得意或失意时应如何应对是我们要学习的。一个人的成功是机遇和才能的结合，能够坦然面对挫折是个人素质中非常重要的内容。

第五，注重内在涵养。一个人的涵养体现在虚心待人接物上。一个人要做到事事、时时都谦虚谨慎并不是很容易的，尤其是在不如自己的人面前，这要经过长期的磨炼才能做到。正所谓"谦受益，满招损"，自满的人就是缺乏涵养的。

第六，明确生命的意义、人生价值。生命的意义何在？如何实现人生的价值？这些问题如果不能解决，就会带来困惑。我们都希望实现自我的价值，并为自己设计一套人生方案，但这种方案并不一定符合社会的需求，因而这种自我设计也不一定能完全实现。我们的自我设计必须考虑社会需要，自我设计能否实现与社会环境密切相关。儒家认为，只有在服务社会的过程中，才能实现个人价值，这并不是抹煞个性，而是指出了实现个人价值的

方法——"仕而优则学，学而优则仕。"(《论语·子张》)

生命的意义何在？这个永恒的话题在不同的文化中有不同的意义。生命的意义涉及生命延续的问题，大致可分为三种不同的类型：一、在西方文化传统中，生命是上帝赋予的（从肉体到灵魂）。个人无非是借父母之身出生，人人都是上帝的子女，人与人之间都是兄弟姐妹关系。人的生命只有一次，死后肉体消失，灵魂则上天堂或下地狱。人只对自己以及上帝负责，西方人常说"人人为自己，上帝为大家"，在这样的文化传统下，管住自己是很重要的。二、在印度文化圈，主要讲的是轮回。在印度古代宗教中就曾讲到轮回，而佛教讲的是如何超脱轮回这一问题。个体的行为、言论、思想决定了生命的流转、轮回。来世如何都是自作自受的，与他人无关。因此，印度文化关心的也是个体，并且更关注生命的未来。三、以中国为核心的汉文化圈，儒家文化深刻地影响国人的生命观。在古人看来，一个人有魂，也有魄，魂魄都是气。人死了以后，浊气下降，清气上扬，魄腐烂，魂消散。个体的生命有生，又有死。个体消失了，但生命在子孙身上得到延续，中国人强调生命是代代相传的。西方文化和印度文化的重点是关心自己，而中华文化则关怀子孙后代，以造福后代为人生主旨。中国的生命观不是个体的生命观，而是群体的生命观，甚至可以说是包括天地在内的大生命观。

中国人的生命观在今天的时代是很有意义的，在现代社会，科技越发达，对个人修养的要求越高。人们要约束自己，尊重自然，保护资源。人天生有创造的欲望，这是好的，但关键是如何创造。在科技的发展中，如果人类有节制、底线，则必然会考虑要不要那些违背伦理的创造，以及不顾道德的所谓成就感。同样，民主越发展，个人越自由，同时也要求个人更加自觉地约束自己。只有这样，才能发展出人人平等的社会环境。我们既要提高智慧，又要提升品行，这样才能适应社会的发展，并让我们从困惑之中解脱出来。在古代，"君子"是对一个人品行的正面描述，怎样做君子是中华传统文化的重要主题之一。

青年应成为什么样的君子？

一百年前，梁启超先生给清华学子作了题为《君子》的演讲，并引用《周易》乾坤两卦的象辞——"天行健，君子以自强不息""地势坤，君子以厚德载物"，激励清华学子"崇德修学，勉为真君子"。在先秦典籍中，儒家的四书五经自然不必说，即便是道家、墨家、法家等的经典著作，君子也是一个重要的常用词。当然，"君子"这个词的内涵，在历史上也是有变化的，起初它是社会地位的象征，后来变为个人品行的标志。而这一改变的关键人物是孔子。孔夫子学而不厌，诲人不倦，因材施教，有教无类，将贵族文化传播到民间，培养了很多有重要历史影响的博雅君子，开启了中国文化的新纪元。

对品格、品行的重视，古今中外，概莫能外。我在北大课堂上给同学们推荐过英国学者塞缪尔·斯迈尔斯（Samuel Smiles）一本书《品格的力量》（*The Strength of Character*），这本著作在西方被誉为"文明素养的经典手册"。作者在书中引用了马丁·路德的名言："一个国家的繁荣，不在于其国库的富足，不在于其城池的坚固，也不在于其公共建筑的华丽气派，而在于其公民的教养，在于人的文明、教化和品格，这才是它实际厉害之所在、主要实力之所在、真正威力之所在。"可见西方对品格的重视程度并不亚于我们中国。

"士不可以不弘毅，任重而道远。"（《论语·泰伯》）立志做君子，这是一种使命与担当，古今皆然。怎样做君子？我认为，君子应当在引领风气和弘扬文化两方面有所建树。

"君子之德风，小人之德草"（《论语·颜渊》），君子的首要责任就是引领风气。君子的德行是社会风尚的源头活水。要引领社会风气，首先就要有足够的定力，不随波逐流。中国文化是"反求诸己"的文化，历来强调"为己之学"，强调做学问的真正目的不在于获取名利，而在于立身行道，这就需要做得自家主人翁，不为外诱所惑。据罗尔纲先生回忆，其师胡适先生常对他讲："孟子说：'富贵不能淫，贫贱不能移，威武不能屈，此之谓大丈夫。'我看应该再加一句，时髦不能动！"跟风并不可怕，因为从众心理是一种普遍的人性，可怕的是没有君子引领风气。天下总是要有风气的，而风气正还是不正，主要靠君子，曾国藩说过："风俗之厚薄奚自乎？自乎一二人之心所向而已。"（《清儒学案》卷一七七）宋代的吕本中也说过："士大夫喜言风俗不好。风俗是谁做来？身便是风俗，不自去做，如何得会好？"（《案元学案补遗》卷五一）时代呼唤更多独立不倚、和而不流、刚健有为的君子，躬行践履，共同推动社会风气的改善。

"人能弘道，非道弘人。"（《论语·卫灵公》）君子还有一个重要责任就是弘扬中华传统文化。人作为逐渐成长的生命，就像树木一样，是有"本"、有根的。因此，不忘本，"报本反始"就应当是贯穿于生命的主线之中。作为礼义之邦的中华民族，其重要的精神品质之一就是知其所从来，敬其所从来。人与其他动物不同，人应该懂得做人的道理，这就要靠国家、师长的教育。树高千尺不忘根，中华文化滋养了我们，我们就要回报中华文化，在传承中弘扬和光大中华文化。生生不息的中华之"道"正在于一代又一代君子对"本"的不息灌溉。当代青年应有志于此，发传统之幽微，赋予其现代意识，勇做传承弘扬民族文化的真君子。

王阳明为什么会提倡知行合一

我们无论何时都应该提倡知行合一，"言必行"是中国文化的一个重要特点。我们不能仅停留在理论推演上，而且认识到了理论的重要性，就要在行动中体现出来，这就是王阳明提倡的知行合一。王阳明的知行合一在当时是针对程朱理学提出来的。程朱理学探讨天理很深刻，可碰到具体问题就束手无策，因此王阳明才会提倡知行合一。王阳明认为："一念发动处，便即是行了。"（《王文成公全书》卷三）这句话是说有了念头，实际上就是行动了，他强调人们要正心，不要动了坏的心念，去做坏事。

如果不把知和行结合在一起，走着走着，就会知行脱离，学术要研究，同时也要实践。在中国历史上讨论得比较多的是知先行后，还是行先知后，哪个对呢？都对。片面的都不对，结合好的都对。没有实践，哪来的认识？没有想法，怎么去做？这要看从哪个角度来讲。如果你的想法很多，可能需要多实践；如果你什么想法也没有，只知道做，可能做来做去永远都是如此，就得多思考了。哪个更难一些，哪个更容易一些呢？究竟是强调知难行易，还是行难知易，这也要看具体的情况，当人们体悟力不足，只知埋头苦干时，就提倡知难行易；而如果知识很丰富，可是大家都不去践行，就要重视知易行难了。

《中庸》一书提供了一个非常系统的学习过程——学、问、思、辨、行。"博学之，审问之，慎思之，明辨之，笃行之"，就是提倡要把知行结合起来，而不是将两者对立起来，每个人在生活中都会碰到知易行难和行易知难两方面的问题。葛洪在《抱朴子》里讲到养生的问题时说："非长生难也，闻道难也；非闻道难也，行之难也；非行之难也，终之难也。"不光养生如此，一切事情都是这样。懂得了，就要去做；做了，就要坚持到底，这才有效。

我认为，阳明心学是对程朱理学的发展。程朱理学强调外在的礼，用外在的礼来规范人的行为和思想，培养起人的道德理念。因此从某种意义上讲，就是把天理外在化、对象化，虽然这也不是程朱理学的本意。从中国整个儒学发展过程来讲，它的根本精神就是实践，或者说强调知行合一。但程朱理学把天理外在化后，就会偏重对天理做系统的研究。尽管理学的倡导者反复强调，知不能脱离行，但是在实践中经常会出现知脱离行的情况，人们更倾向于抽象地、空洞地讨论天理的问题。在宋代，针对知行问题就有争议。程朱理学思想和功利派的陈亮、叶适有思想上的交锋，陈亮、叶适一派强调事功，不主张局限在理论探讨上，主张落实到事功上去，对社会的实际产生作用；程朱理学一派沦为空谈心性，到明代，空谈的倾向越来越严重，这也是程朱理学开创者们始料未及的。任何学问在发展过程中都有可能走向片面，程朱理学也不例外，所以当时就有人批评，为什么程朱理学这么好的一个理论不能救国呢？程朱理学没有起到实际的作用，所以当时就有这样一种评论："无事袖手谈心性，临危一死报君王。"当国家处于危机之际，书生们没有作为。大难临头，只会以死相报。程朱理学救不了宋朝，是因为理学家们脱离了原来的出发点，虽然他们的愿望是好的，但无实际效果。

王阳明一开始也学程朱理学，理学家认为，天理在外面，因此要"格物穷理"。程颐说："格物穷理，非是要尽穷天下之物，但于一事上穷尽，其他可以类推。"（《二程全书·遗书》卷一五）因此，王阳明就从"格竹子"入手来格物，他家中的亭前有一丛竹子，他就去"格看"，格了七日，没有把竹子的道理搞清楚，自己反而得了一场病。这时候，他开始醒悟了。他觉得知识不应该是外求，而应该是内省。我想这是当时社会的现实问题引起王阳明对学术的反思。我经常讲，现在大部分人都把学问当作一种外在的知识来研究，而不是更多去考虑知识在现实生活中（尤其是对个人）会有什么作用。

宋明理学家一直强调要通过学习，改造我们自己，去掉各种坏的习气，恢复我们本来的善良天性，从而使我们的气质发生改变。宋明理学强调人性本善，心有善恶，性是纯善的，因此宋明理学家所说的复性即恢复人的本性。这一思想源于孟子，孟子就强调复性。唐代的李翱写了《复性书》，试图从复性入手来振兴儒学。孟子讲人生来就有恻隐之心、羞恶之心、恭敬（辞让）之心和是非之心，这四心是人的道德的出发点，称为"四端"。"恻隐之心，仁之端也；羞恶之心，义之端也；恭敬之心，礼之端也；是非之心，智之端也。"（《孟子·公孙丑上》）恢复四心，人就会具有仁、义、礼、智等道德品行。人在受到社会各方面的影响后，慢慢地同情心、羞耻心、恭敬心、是非心就都没有了。因此，我们学习的最终目的就是要把失去的四心找回来。孟子说，光找回四心还不行，还要把它扩而充之。这样，人才能成为一个真正的人。

宋明理学家继承了孟子的思想传统，强调人的本性、天理都是纯善的，但心有善恶。宋明理学家批判禅宗，混淆了心和性。禅宗以心为性，心是动的，有起心动念；性是静的，有气质、本然之性。尽管宋明理学家承认在现实社会生活中理气心性是不分的，理离开气就没有落脚的地方，同样性也是通过心来体现的，所以性也不能离开心。但是他们强调，理论上必须分清楚纯善与杂恶，而禅宗认为，性就在心里，心和性是不可分的。禅宗讲究"明心见性""见性成佛"，通过心的活动就可以看到具有什么性。马祖道一的弟子大珠慧海就问他："人人皆有佛性，什么叫作佛性？"马祖道一非常明确地回答："做佛用是佛性，做贼用是贼性，做钟声用是钟声性。"做什么用就是什么性，这从理论上就把心和性抽象的界限去掉了，很直接地说明性就在每个人的心里面，从人的行动中就可以体现出来。

　　理学家们探讨的问题没有落实到现实的行为规范中去。它完全是理论的探讨，例如，我们怎么认识天理等问题对规范人的行为没有实际意义。因此，王阳明反过来讲首先就要正自己的心。在"格物"这方面，程朱学派把"格"训成是对外物的接触和考察。王阳明就把"格"训成正，即正自己的心。心正了，再去正物，用心正的标准来规范外物，它就变成了向内的。正心就是致良知的功夫，良知是自己本来就具有的，因此王阳明把格物释为"致良知"。良知也就是孟子所说的良知、良能，良知是不学而知的知；良能是不学而能的能，它们就是天生、天然的本性。程朱认为需要格外物，来体认天理，王阳明则主张通过正内心来恢复自己的本性，这两派的路数是不同的。

　　王阳明在向内求的过程中确实受到佛教思想（尤其是禅宗）的影响。禅宗讲人性空，从内心的清静这点来讲，心是没有善恶之别。王阳明所说的"无善无恶心之体"是受了佛教的影响。程朱理学一直信奉孟子的性善说。韩愈曾批判荀子的性恶说，他虽然认为荀子的性恶说有问题，但他也指出"孟氏醇乎醇者也，荀与扬大醇而小疵"（《韩诗外传笺疏》前言），即就整体来讲，荀子的思想是大醇，是纯粹的，但也带有小的毛病。到了宋明理学时期，理学家们基本上是排斥荀子的。朱熹认为荀子的思想极偏驳，根本不纯正。理学家的观点有以下几点：首先，荀子所说的"人之性恶，其善者伪也"（《荀子·性恶》），即善是经过后天的教化而培养的，而不是人天生就具有的，理学家们是不同意的。

其次，荀子强调王霸道杂用，不是讲纯粹的王道，我们知道孟子是提倡王道而排斥霸道。因此，理学家们反对荀子的王霸道杂用论。最后，跟王霸道连在一起的是荀子的"隆礼重法"思想，荀子主张既要重礼，又要重法，强调礼法并用，而孟子这一派别的儒家强调礼是根本。因此，程朱理学家们对荀子加以批判。王阳明强调内省，内省的功夫就是要做到知行合一。在知行的问题上，阳明心学和程朱理学也有差别。程朱理学也强调知行要合一，但是知是知，行是行，知之不一定能行，行了也不一定知。王阳明强调知也就是行，行必然有知。

王阳明非常重视人的起心动念，"一念发动处，便即是行了"，即有思想活动，实际上就有了行动。王阳明认为人的念头要正到一点邪念和恶念都不能起，一有邪念，实际上就已经有行了，他强调人的自我约束和克制。在这方面我也不能说他没有受到禅宗的影响，禅宗强调"即心即佛"，认为心念一动，就按照这样的心念去做了，非常注意一念发动处。禅宗讲顿悟，顿悟就是一念相应。一念之中，心和理相应和，这就是顿悟。可以说，王阳明在很多方面都受到禅宗的影响，但是不能说他的主张跟禅宗的说法完全一样，为什么这样讲呢？因为王阳明已经把禅宗思想内化到自己的儒学体系里了，就善恶等概念来讲，在佛教看来，性只有清静和染污的问题，而没有善恶的问题。从佛教的本身理论来说，清静不等于善，染污也不等于恶，强调把染污的心变成清静的心，而不是由恶变善。佛教传到中国以后，很多人就会把染污理解为恶，认为清静就是善。其实这两者不能完全等同，只有把禅宗思想纳入到儒家的体系之后，才产生了善恶等问题。古代中国对外来文化从来都不是简单地、直接地照搬，真正产生影响的思想都是经过了转化而且跟整个文化体系相吻合。禅宗对王阳明思想产生了哪些影响是需要具体分析的，而不能简单地从相同的用语来看这个问题。禅宗里有很多庄子的言论，但禅和庄不是一回事，我们可以简单地讲"庄禅合一""庄禅互通"，实际上庄是庄，禅是禅，庄里面有禅的东西，禅里面也有庄的东西，但它们还是不同的。这需要深入的分析才能把两者的关系理清楚。

从某种意义上讲，我们知也缺、行也缺，杂七杂八的知很多，但核心价值体系并不多。一些人不了解西方的核心价值体系，搞不清传统的核心价值体系，对社会主义核心价值体系学习得也不深入，很多时候并没有形成社会共同的价值取向。在行的方面，社会问题也很严重，尤其就知识分子阶层来讲，能够身体力行的不多，许多人道理懂得一些，可是做不到了。总的来讲，在知与行关系方面，行更重要，懂一点儿，就行一点儿；想通一点儿，就做一点儿。从学术层面来讲，很多时候我们都是讲的道理比较多，但能够力行，并推广到民众中，让民众也能实践的很少。因此，当今时代我们需要体悟，但更需要去实践。

顺自然致中和

——从《道德经》谈起

"顺自然致中和"这个题目是徐老师到我家聊天时想到的，当时我们聊到了一个很热的问题——养生。我曾经拟过一副对联，上联是"师天地心广大"，下联是"顺自然致中和"。

这副对联是怎么来的呢？现在大家都热衷养生，说到养生很多人都会考虑怎么多吃点儿营养品，多做点儿调理。我认为，养生最关键的是心态，好的心态让我们能够适应大环境。我这副对联也受到曾国藩的启发。曾国藩在家书中说："治心病，以'广大'二字为药，治身以'无药'二字为药"（《曾文正公家书·致沅弟、季弟》），即心理上的毛病，以"广大"二字为药，也就是说，你别去吃什么药，要以"广大"二字医治你心理上的毛病，它才是良药。

心胸广大是很重要的，这其实也是中国人很重要的德行修养。做人，要做君子，一定要心胸广大。只有心胸广大，才能把什么事情都看开了、放下了。很多人身体上的毛病，其根源都在于我们的心胸狭窄、斤斤计较。

我常讲这样一句话叫"天无私覆，地无私载，日月无私照"

（《礼记·孔子闲居》），天地是无私的。天地对万物都是平等地看待，不会只爱这个东西，而不爱那个东西。如果我们的心胸能像天地那样广大，而且能像天地那样"生而不有，为而不恃，长而不宰"（《道德经》十章）的话，不会跟万物去斤斤计较我生你的，我养你的，你就应该如何，那我们的身体一定会很健康。"师天地心广大"，即我们要向天地学习，学习它广大的胸怀。

下联是"顺自然致中和"。在儒家经典《中庸》中有一段话："中也者，天下之大本也；和也者，天下之达道也。致中和，天地位焉，万物育焉。"（《中庸》第一章）意思是说，"中"是天地万物的根本；"和"是天地万物的规律。达到"中和"，才有万物的生和成。可以说，大自然就是一个最能保持中和状态的典范。在大自然变化的过程中，会出现很多的不均衡，但通过天地的运行、变化，大自然会最终达到"中"和"和"的状态，即自然平衡状态。

"中"和"和"这两个概念，也是道家非常重视的理念。谈到"顺自然致中和"这个主题就跟道家思想联系起来了。我曾连续四年在清华大学讲君子，佛家、儒家思想都讲过，好像只有道家思想讲得比较少，因此有必要围绕《道德经》讲一下"顺自然致中致"。

在中国文化中，道家思想也是一个很重要的内容。中国传统文化的主体有三个组成部分，也就是我们常讲的儒、释、道三家。其中儒家和道家是在中国本土自然形成的，佛教是外来的。但我们今天讲的中国佛教，不能把它看作外来文化。佛教完全是以中国本土文化为基础的，佛教传入后，它在中国的土壤上已经有了极大的变化，而且和中国本土的儒、道两家思想结合在一起。儒、释、道三家其实也是相对的分类，中国文化是多元包容的，各家都是相互渗透、包容的，也是相互学习的。在儒家文化中，有道家、佛教文化；道家文化中其实也有很多儒家文化的内容。"圣人之德，中庸而已"，孔子曾盛赞中庸。子曰："中庸之为德也，其至矣乎！"（《论语·雍也》）这句话的意思是中庸是最高的品德。道家也讲中庸之道，在道家看来，中庸之道就是顺其自然。这就把道家文化与儒家文化完全结合起来了。其实很难将儒、道两家思想分清楚。不管是道家思想，还是儒家思想，其实两者应该是相通的。在中国传统文化中，把"中""和"以及"中和"看作根本思想，万事万物保持平衡、适度是中华文化的根本原则。"中"就是要求把握一个度，做什么事情都要适度，否则就是过犹不及。只有适度了，事情才能做成。

道家思想有自身的一些特色，它在中国文化史上有深远的影响。鲁迅先生当年曾经讲过一句话："中国根柢全在道教"。他说这句话的时候，实际是从否定的角度来讲的。因为他认为道家文化有很多糟粕，最典型的糟粕是什么呢？就是他描述的阿Q精神，即"自我解脱"——别人打了阿Q，阿Q心想是"儿子打老子"。鲁迅认为阿Q精神是中华文化的劣根性。现在又有很多人提出，道家是中国文化的根基，这是从肯定的角度来讲的，它颠覆了鲁迅的思想。

在唐代，儒、释、道三家已经开始相互渗透、吸收，并形成了三家思想不可分割的局面。唐玄宗看到这样的社会现象，亲自选了三本书，并亲自作了注解，然后要天下人去读。他选了哪三本书呢？

第一本书是《孝经》，它是儒家的一部经典。儒家提倡孝道，主张以孝治天下。两汉和两晋的皇帝都是"以孝治天下"的奉行者。所以我们看两汉和两晋的皇帝死了以后，在他的谥号中多带一个"孝"字。比如汉武帝就是孝武帝，两晋也是如此。以儒家为主体的文化，在《孝经》中体现得最充分。因此，唐玄宗才会亲自选了这本书并作注。

第二本书是《道德经》。相传《道德经》是老子写的，老子这个人物历史上是有争议的，但《道德经》是道家的代表著作是没问题的。

第三本书是《金刚经》，它是佛教的一部根本经典，集中地讲了佛教的世界观。佛教是否定神造世界的，那么世界是怎么形成的呢？世界是一个整体，有了因缘，才有万物；因缘如果消散了，那么事物也就无法存在了。

从唐玄宗开始，中国文化的核心就是儒、释、道三种思想体系。宋孝宗赵眘曾说过："以佛治心，以道治身，以儒治世。""以佛治心"，即用佛教来调节心灵；"以道治身"，是指用道家思想来保养我们的身体；"以儒治世"，即用儒家思想来治理社会。道家思想同样具有广泛的影响。可以说，在中国文化的方方面面都有道家的影子。道家先和儒家，后来又和佛教结合，构成了完整的古代中国传统文化的体系。

谁是《道德经》的作者？这个问题在司马迁生活的时代就有争议，司马迁在《老子列传》中写了三个人：第一个人是老子，他姓李名耳，也叫老聃，这是第一种说法；第二个人是《二十四孝图》里的老莱子，他年过七十了，为了让父母高兴，还穿上五色彩衣，逗父母开心。第三个人是周代的一个史官太史儋。司马迁倾向于第一种说法。

《道德经》这部经典著作，有各种各样的版本，《论语》《孟子》有大家都在读的、社会公认的版本，而《道德经》到底以哪个版本为准，学界对此有不同的说法。由于《道德经》在流传过程中有很多错字、衍字，有不同的标点、不同的理解，以现有的学术研究水平来讲，它是很难读的。说实在的，《道德经》有很多东西，我也读不懂，我大概就能读懂四分之一的文字，读不懂《道德经》并不丢脸。当年我曾好奇地问冯友兰先生："《庄子》怎么这么难读，您能不能教教我怎么读。"冯先生说："《庄子》我才读懂了三分之一。"我们应该实事求是，读懂了就是读懂了，没读懂就是没读懂。我们现在总要刻意追求一个完整的体系，其实也不必强求。王弼本的《老子》分为八十一章，究竟该分为多少章，其实历代都有不同的分法。魏源编的《老子本义》，也不是分为八十一章，而是分上、下两篇，共六十八章。我们现在拼命地要把古代的文献构建出一个体系，实际上很多时候构建出来的是我们自己的体系，不一定是事物真正的、原来的体系。由于时代的隔阂，社会生活的变化，我们能读懂的古代文献并不多，但是中国文化的根本精神依然能够流传下来。不要说现在，唐代的很多学者读周代的礼制，他们也都读不懂。读不懂《道德经》没有关系，掌握它的根本精神就可以了。光读懂一些内容是远远不够的，还要按照它的说法去做。

无论是儒家贬斥道家，还是道家贬斥儒家，我觉得这都是没有意义的，道家和儒家都是中国传统文化的根，我们应当以这样的视角来看待我们的传统文化。战国末年的荀子，针对如何继承传统，他提出一个原则，继承传统应该是"择其善者而明用之"（《荀子·王霸》）。"择其善者"，就是选择好的。"善"当然就是精华，究竟什么是精华是很难判定的。因此，择善首先要善择，善于去选择，没有眼光就无法择善。"择善"以后，还要"明用之"，即还要善于去运用它。一个好的东西，到了能工巧匠手里会让它变得更好，但如果到了手工拙劣的人手里，那就可能把精华糟蹋了。所以精华与糟粕也是相对的，还要看你善不善于运用它。我觉得荀子提出的这个原则是很好的。我们不仅要善择，而且还要善用。不善用的话，再好的东西也会被糟蹋了；善用的话，糟粕也会化为精华，这就是庄子说的"臭腐复化为神奇"（《庄子·知北游》）。以《道德经》为例，如果我们自己不会运用，就不能怪老子没有给我们留下好东西。老子给我们留下了很多精神财富，现在的问题就在于我们是否善于发现、运用它，这是最大的问题。

我最近经常会感慨，《法华经》中就有一个人怀揣宝珠，却到处去乞讨，就像我们很多学佛的人到处去求怎么能学好佛一样，光向外求，不向自己心里求。觉悟之心就在我们自己身上。对此，王阳明也曾说过："抛却自家无尽藏，沿门托钵效贫儿。"（《咏良知四首示诸生》之一）效贫儿，即去学一个穷人，怀揣珍宝，沿街乞讨。现在也有这样的情况。如果我们能认真地了解、研究一下中国的传统文化，就会发现传统文化中蕴含着无尽的宝藏。如果没有文化自信，我们就会怀揣传统文化这一珍宝，却满街去乞讨，这是很可悲的事情。

找到了好东西，我们要用它去解决问题。我们不能把学到的东西作为理论问题来空洞地探讨，而是要把理论运用到实际生活中去。苏东坡告诉我们，读佛经时要"遗文以得义，忘义以了心"（《东坡全集》卷九三），即把文字抛到一边，不执着于文字，而是要通过文字把握它的根本精神。"遗文"已经很好了，抛开文字把它的根本精神概括出来；"忘义以了心"，即把空洞的理论也忘掉，这是为了解决现实问题。苏轼的这段话非常重要，它阐明了应如何面对有关《道德经》的争论等问题。在2018年北京大学承办的世界哲学大会上，我看网上说有学者发表了有关《道德经》新版本的研究成果，并要构建《道德经》研究的新体系。我觉得一方面要重视新版本；另一方面践行《道德经》的思想是更重要的事情。

　　道家的思想体现在《道德经》中，《道德经》开头第一句话"道可道，非常道"（王弼本）怎么理解？自古以来有许多不同的解释。我个人的理解是，"道"不是停留在嘴上说的，嘴上说的道就不是一种平常的、永恒的道。"常"字有两个意思：一个是永恒、恒常；另一个是庸常、平常，但永恒的"道"这一层意思用得更多一些。我发现现在能见到的、最古老的《老子》版本，"常"都写作"恒"。开头的一句是："道，可道也，非恒道也"（帛书甲本）。道是在我们日常生活中的方方面面、时时刻刻都感受得到的，也是离不开的。很多人认为，"道"就是道理，只有清清楚楚、明明白白能说出来的道理，我们才能够认同。道如果说不清楚，大家怎么能认同呢？其实不然。很多人都需要重新了解中国传统文化，根据中国文化的特点，我们要掌握的不是那些看得见摸得着、说得清道得明的东西，而是要体会那些看不见摸不着、说不清道不明而又能切实感受得到的东西。讲得清楚道得明白可以说是学理上的道，搞学问的人就是要讲这方面的东西。对老百姓来讲，讲不清道不明没有关系，感受到的才是最真实的。甚至可以说，"百姓日用而不知"的东西才是真正的道。《道德经》的思想实际上跟我们现在的很多理念都是相背离的。现代的理念是道一定要说得清道得明，一定要有系统、条理、体系才行。在古代，道则不一定要有系统。我们应该怎样做一定要说清楚吗？我觉得，在某些事情上，往往不需要说清楚而是要身体力行。例如，作为父母，就应该知道怎样对待子女；作为子女，也应该知道怎样对待父母，这不是光讲道理的问题，而是需要我们在生活中体悟并践行的。

《道德经》一开头就讲道，在儒家经典《论语》中，孔子也说："朝闻道，夕死可矣。"（《论语·里仁》）儒、释、道三家都讲道。儒有儒道，佛有佛道，道有道道，道的含义非常宽泛。现在很多人研究"道"，首先要把"道"定个位。其实，不是什么东西都需要定位，道是看不见摸不着的、无处不在的东西。过去对"道"最典型的就是两种定位：一种说法说"道"是气。因此，许多人认为"道"就是唯物的；另一种说法说"道"是一种精神，就像黑格尔说的"绝对精神"，柏拉图说的"理念"，因此它是唯心的。这样的定位就把老子的思想彻底歪曲了。

在《道德经》中，关于有无的问题其实有两种：一种是具体的；另一种是抽象的。具体的有无即指有或没有，有形或者无形，是个实际存在的东西或者不存在的东西。《道德经》中有这样一段话："三十辐共一毂，当其无，有车之用。埏埴以为器，当其无，有器之用。凿户牖以为室，当其无，有室之用。故有之以为利，无之以为用。"（《道德经》十一章）一根毂中，有了车毂空出来的地方，才有车的作用；揉和陶土制成器皿，有了器皿空出来的地方，才有器皿的作用；开凿门窗建造房屋，有了门窗四壁空出来的地方，才有房屋的作用。所以，"有"给人便利；"无"发挥了它的作用。简单地讲，这就好像一个杯子中间总要有空出来的地方，我们才能用它倒水。如果中间是泥团子，那么它又怎么能用呢？这里的"有"和"无"就是实实在在的东西。道不是指实体上的东西，而是无形的、无相的、无声的、无欲的状态。现在很多学者在研究《道德经》时都要把"无"独立出来，说"无"在"有"之前，这是一个很复杂的问题，很难讲清楚。

此外，道德是先秦道家强调的观念。我们现在把道德和仁义这两个概念已经混为一谈了。在先秦时期的文献中，道德即道家倡导的一切要顺应自然、尊重自然。仁义是儒家强调的，它是指人应当接受教育，用仁义来提升自己，做一个懂得仁义的人，而不是顺其自然的动物。可以看出，仁义和道德是两个完全不同的概念。魏晋以后，仁义和道德就成为一个概念了，是魏晋玄学把两者统一起来的。

"道德"中的"道"并不是指造物主，而是说万物都是由道产生的，因此道是在万物之中的，而不是在万物之外、之上的。因为"道"的最初含义就是路，"道者，路也"，"万物之所以成也"，道是"万物所共由也"。"德"就是我们现在常讲的德性，德性也就是事物的本性。"德者，得也，行道而有得于心者也"（《四书集注·学而篇》），德是"万物所各具也"。道德的"德"就是得到的"得"。从哪里得到的呢？就是从道中得到万物各自具有的特性。

"道德"两个字多指一种自然而然的状态。自然而然生成万物，万物都有自己的本性，这就叫道德。仁义是对一个人的要求。人要脱离野蛮状态，变成一个文明的生命，就应该遵守人类社会的规则，不能够再完全"任其自然"了，要有自我的约束和自我的认识。《论语》中有一句话，"克己复礼为仁"，注意自己的言行举止，让我们的言行举止符合礼的要求，这就是仁。

"仁"和一切顺其自然的"道"本来是两个不同的概念，但两者都是我们所需要的。可以说道德离不开仁义，仁义离不开道德。这也可以说是人类社会的一个永恒命题，也是我们面临的共同问题。作为一个人，都希望自己的个性能得到最充分、最自由的发挥，而作为社会成员的一分子，就必须遵守社会的共同要求，不能够随心所欲地随便乱来。先秦时，道德与仁义确实产生过矛盾。创造"道德"这一概念的道家和创造"仁义"这一概念的儒家确实发生过冲突。儒家不允许人随便放肆，而道家却认为仁义是对人的束缚。在《庄子》中有这样的记载："牛马四足，是谓天；落马首，穿牛鼻，是谓人。"（《庄子·秋水》）牛和马有四条腿，想往哪放就往哪放，想往哪里走就往哪里走，这是天生的，是它的本性。你给马套上笼头，牛穿上鼻环，这是人为的、束缚其发展的东西。《庄子》一书的观点是"无以人灭天，无以故灭命，无以得殉名"，即不要用人为的规范去束缚天性。从这段话中可以看出，道家主张自由放任。

魏晋时期，一批哲学家就开始探索把人的天性和社会规范相结合。但是历史上也确实出现过这样的主张，即以人的天性作为基础，来满足人为道德的需要。一些人努力从自然的、天性的角度，去诠释道德的要求是完全符合人的天性的。比如，我们都知道"孝"这个概念是一种道德要求，它不是出于人的天性。但是魏晋时期的人就认为，孝就是出于人的本性。魏晋时期有个著名的哲学家叫王弼，他对孝下了一个定义，他说"自然亲爱为孝"。孝并不是外加的、强制性的，而是人类感情的自然体现。这样天性与道德两者之间就没有矛盾了，也把尊重人的天性与遵守社会规则给结合起来了。

在道家思想中，不但强调人的自然本性，而且还包含更深层的意思，即人类对天地万物的尊重。在中国传统文化中，人在天地万物中可以说是一个主体，人是参与了万物的变化、管理的。"天有其时，地有其财，人有其治，夫是之谓能参。"（《荀子·天论》）天有其时生万物，地有其财养万物，人有其治来管理万物，天、地、人三者是并列的。虽然人有管理万物的能力，并不是人就了不得了，可以随心所欲了，而是必须尊重万物的自然发展规律。因此，在中国文化中，尊重自然、顺应自然也是一个非常重要的思想，这也就是说人要管理好自我，不能够狂妄自大，因为人只是参与天地变化的过程，是变化过程中的一个角色，而不应该去主宰天地万物。

在处理科技伦理问题时，道家推崇的尊重自然就能发挥重要作用。我们过去常常把道家的自然无为看作消极的思想，认为它阻碍人类的创造和发展，其实并不是这样的。汉代有本书叫《淮南子》，这本书就明确地告诉我们："所谓无为者，不先物为也；

所谓无不为者，因物之所为。"（《淮南子·原道训》）"无为"并不是什么都不做，而是告诉我们在事物没发展到那一步时，不能以人的意志去干预自然界的规律。此外，书中还说："若吾所谓'无为'者，私志不得入公道，嗜欲不得枉正术，循理而举事，因资而立，权自然之势，而曲故不得容者，事成而身弗伐，功立而名弗有……"（《淮南子·修务训》）。"私志不得入公道"，是说个人的意志不能去干预自然规律。"嗜欲不得枉正术"中的"嗜欲"，即嗜好，但个人的嗜好不能改变正确的道路。

历史上，大禹治水就是自然无为的一个典型的例子。在舜的时代，天下洪水泛滥，舜就命大禹的父亲鲧去治水。鲧一看水灾这么严重，用什么办法呢？他用堵的办法，结果不仅没有止住洪水，而且洪水泛滥得更厉害了。舜就换了鲧的儿子大禹去治水。禹在治水之前首先掌握了自然的规律。水是从上往下、从高往低流的，这是不能改变的。水流到这里，如果流不过去了，就一定会向四面八方泛滥。大禹认为最根本的问题是让水顺畅地往下流，因此他采用疏导的办法。把下游疏通了，水就自然往下流，就不会向四面八方泛滥了，大禹治水获得了成功。在治理水灾的过程中，人的意志、想法是可以实现的。中国的地势是西面高东面低，水就从西面往东面流。在疏通时，你希望它往哪里流就在那个方向挖深一些，这就叫作因势利导。自然无为看似消极，其实道家思想里也有积极的因素。治理自然时，要根据万物的本性去治理，要因势利导，要在把握万物本性的基础上再有所作为。

从根本上来讲，道家的无为而治不是消极的，而是积极的。无为而治思想运用到国家或某个单位的管理上，也是有重要意义的。简单地讲，就是不要搞得很繁琐，要自然而然地实施发展战略。在汉朝初年，曾经推行过以道家思想为主的管理社会的方法。当时流行黄老之学，提倡无为而治。无为而治不是什么都不管，而是把繁琐的变成简单的，并且要符合时代的发展需求。这种思想使汉代经济得到恢复，到汉武帝的时候，汉帝国就成为一个世界强国。

无为而治运用到社会管理上也能起很大的作用，特别是"主道无为，臣道有为"思想，这一思想要求把管理者分不同的层次。掌握全局的人，就不要过问细节，其职责是全面掌握政策、方向、用人等，这就叫作"主道无为"。"臣道有为"，即负责具体的工作，你就踏踏实实地把负责的工作做好。最高的领导不要什么事情都去过问，也不要事必躬亲。如果事事都要请示汇报，那下级的积极性、能动性怎么能得到发挥呢？从管理的角度来讲，要充分地相信每一级别的人员都有其智慧，也要给他们创造、发展的空间。我经常讲，道家的管理思想实际上是最高级别的一种管理思想。它能充分调动每一个人的积极性、主动性和创造性，而不是去扼杀它。

道家主张通过观察万物的变化，发现万物运动的规律。《道德经》中最核心的话是什么？是"反者道之动；弱者道之用"（《道德经》四十章）。可以说，这句话阐明了《道德经》的根本精神，而且揭示了整个宇宙变化的道理。"反者道之动"的第一个意义是万物都是相反相成的，而不是单一的、单方面的。"反者道之动"的第二个意义是物极必反。如果过了头，就一定会走向反面，因此，祸福总是相倚的。"祸兮，福之所倚；福兮，祸之所伏"（《道德经》五十八章），即祸里面有福依傍，福里面就埋伏着祸。因此，事物都是相反相成的，物极必反，盛极必衰，祸福是不断转化的。此外，《道德经》提倡要"复归于婴儿"（《道德经》二十八章），即保持最纯真的状态。"反者道之动"包含了宇宙、人生的法则，让我们懂得如何做人做事。"弱者道之用"的意思是处于柔弱的状态，是"道"的功用。这在许多人看来也是很难理解的，现在我们做企业就要"做强、做大"，做人也要做"强人"。《道德经》告诉我们，只有柔弱才是最强大的力量。水是最弱的，但水具有的品德使它变得最坚强。水总是往下流的，谦卑、淡泊、坚韧；水也总是付出而不求回报，无私、宽容、豁达。最柔弱的水却能把最坚硬的石头滴穿，水滴石穿靠什么？靠的是它的坚持、专注。"上善若水"（《道德经》八章），即最好的善就要像水一样，谦卑、坚韧的品德让弱者具备强大的力量。《道德经》中提出，柔弱胜刚强。"天下莫柔弱于水，而攻坚强者莫之能胜，以其无以易之。弱之胜强，柔之胜刚，天下莫不知，莫能行。"（《道德经》七十八章）"天下之至柔，驰骋天下之至坚。无有入无间，吾是以知无为之有益。不言之教，无为之益，天下希及之。"（《道德经》四十三章）可有多少人能够体会这段话的深意呢？即使有一些人能读懂这段话，也很难做到。在很多人看来，不强大就要被人打败，这是人类社会的一个悲哀。弱肉强食，适者生存，是动物世界的法则，人类社会不该如此。人类社会应该相互帮助，丛林法则不利于推动人类文明的进步。

对现代人来讲，《道德经》还是有重要意义的。老子讲的治国、治心的原则等是丰富的思想资源。中国人的精神世界是一个自我圆满的世界，它不是靠外力来创造、调整的，而是通过自我调整来达到圆满的状态。我们要达到自我圆满的状态，就必须顺其自然。这也是中国文化的一个根本的理念，我觉得这些原则在今天看来仍会带给我们很多启示。我认为，中国的传统文化充满了智慧，我们不要学贫儿怀揣宝玉，沿街乞讨。我们不仅要把握《道德经》的根本精神，而且还要把它运用到我们的生活实践中去。我们不要太执着于《道德经》的文字，哪怕看懂书中的几句话，也会有很大的收获。《道德经》提到"知足者富"（《道德经》三十三章），做人要知足，知足则常乐，不知足则常贫。老子说："故知足不辱，知止不殆，可以长久。"（《道德经》四十四章）因此，做人要知足，要知止，这样才能真正获得快乐。适情知足，才能够逍遥自在，这也是道家告诉我们的养生的重要法则。

魏晋名士嵇康也讲养生，我觉得他的主要观念体现了道家思想。他说："养生有五难：名利不灭，此一难也。喜怒不除，此二难也。声色不去，此三难也。滋味不绝，此四难也。神虑消散，此五难也。"（《嵇康集校注》卷四）养生有五大难点，这五个难点不解决，就无法养生。名利心重，喜怒无常，沉溺于声色，饮食不节制，精神状态不佳，都对健康不利。因此，道家告诉我们清心寡欲是对我们生命的保护，也是养生的根本原则。否则，你想长寿是不可能的，这就是顺自然。人的要求本应是很简单的，现在之所以会出现很多问题是因为人类欲望的无限膨胀。比如双十一你会看到所有的网络平台都在刺激大家的消费欲望。从某种程度上讲，这也是对资源的浪费。暴殄天物是要遭天谴的，无限度地刺激人们的欲望与道家的清心寡欲是背离而驰的。

为了维持社会的长治久安，地球的永续发展，人类必须要能够自我克制，必须要安贫乐道。这不仅可以保护自然资源，而且也有利于我们保持身心的健康。道家思想就认为，万物的生存是简单的，作为人类来讲，生活也应该是很简单的。具体来讲，我们不需要吃很多东西，也不需要吃得过饱。俗语说，"若要身体安，常带三分饥与寒"。我曾经看过一篇文章，题目是《吃得越饱，寿命越短》。文章说，美国科学家做了个实验，将两百只猴子分成两组，一组一百只。甲组让它想吃就吃，放开吃，乙组限制它吃，只吃七八分饱。结果十年以后，那一百只放开吃的猴子死了五十只，而剩下五十只也是不是这里有毛病，就是那里有毛病。乙组就死了十二只猴子，剩下的猴子身体还很健康。结论是，吃得少，可以长寿；吃多了，反而活不长。猴子身上做的实验，只要有两组实验的数据，我们就信得不得了。其实这个道理中国传统的民间谚语已经早就告诉我们了。"若要身体安，常带三分饥与寒"等道理都是从人身上总结出来的经验，我们却忘到脑后去了。在猴子身上做的实验我们深信不已，只是因为实验有数据。我觉得这种只信数据的思维方式也应该改变，通过学习传统文化，我们会获得更多的人生智慧。

我碰到一个德国的专家，他来参加世界哲学大会。他告诉我，他问到德国留学的中国学生读过《道德经》没有，许多人都回答"没有"，甚至有些人连《道德经》是什么都不知道，这让他非常惊讶。我认为，读不懂经典没有关系，只要书中有一两句话是有启发的，照着去做就可以了。我们不要把《道德经》看成"玄之又玄，众妙之门"，我们还是要读《道德经》，《道德经》真的是中国文化当中的宝贝。

中国哲学与中医

中国哲学与中医的关系

中国文化强调一个"中"字，这一思想也叫"中和"或"中庸"。中庸就是把握分寸和度，但这个度不是一成不变的，它是随着时间、地域的变化而变化的。中国哲学中讲的"时"，含义包括时间、空间，它从时空两个层面来调整中的原则，因此也是中医的预防、诊断、治疗的根本原则。反过来，中医在实践中的运用，尤其是在养生方面，也促进了中国哲学思维方式的提升。可以说，中医离不开中国传统文化和哲学，同时中国的传统文化和哲学也离不开中医。可以说，中医是一种生命哲学。

研究中国哲学和中国文化，如果不懂中医，中国哲学的根本特征就把握不住，也就体会不到中国文化的根本精神。现在有些人否定中医，实际上这在某种程度上是否定中国传统文化和中国哲学。这不仅是中医界的事情，而且也是研究中国哲学、中国文化时要面对的问题。

一百多年前，当我们刚接触到西方文化时，对西方文化和中国文化是什么关系了解得还不深。当时一些人认为中西文化的差别就是时代的差别，而没有认识到两者的差别实际上是类型上的差别。这种类型上的差别，恰恰使不同文化之间的交流和互补有了可能。那个时候，基于错误的认识，一些人提出中国哲学合法性等问题是情有可原的。现在一百多年过去，我们如果还停留在这个层面，实在是落后了。

一百年来，对于中医，日、韩也经历了类似的认识过程。中医在日本叫汉医，在韩国实际上也是汉医，后来叫作韩医。但是从20世纪50年代开始，韩国开始反思这个问题。1949年以后，党和国家的指导方针是扶植中医。但问题是，在具体执行国家政策的过程中，在某种程度上，可以说中医是被完全改造了，失去了中医原来的根本特征。

在中医的问题上，现在有些人总拿"科学"来说事。众所周知，科学是最尊重事实的，可是也有一些人说，科学发达了，中医就消亡了。如何看待中医不完全是科学层面的问题，还涉及到人文层面的问题，我们应该从人文层面去认真研究、思考中医。中医是跟西医相对的概念，它有更深层的含义。最早提出"中医"这个概念的是《汉书·艺文志·方技略》。任继愈先生讲，中医的根本原则是"治未病"，而不是"治已病"。而有了病以后，也主要是调整自身的生理机制，从而打通闭塞，平衡阴阳。中医不是专门让你吃药，吃药吃得不好反而会增加其他的病。

如果不懂中医的含义，根本无法理解中医。中医是否科学？

中医让你不得病难道不科学吗？只有得了病以后去治，才叫科学吗？这个问题就涉及到中医的思维方式。中医思维方式也就是中国文化、中国哲学的思维方式，即整体关联的思维方式，它不是一种分析还原的思维方式。分析还原的思维方式，到最后会还原成各自孤立的个体。而用整体关联的思维方法来还原，它也会还原到个体，但个体也是相互关联的，而不是孤立的。我觉得医学是研究人这个有精神的高级生命体的。也正因如此，中医理论强调生命体的每一个部分都能反映整体面貌，而不是只反映某个部分。人体的一个脏器与其他脏器的生理功能是关联在一起的。

中国哲学中的这种整体关联的思维方式是支撑中医思想的基本理论。中国哲学吸收了佛教中理事无碍、事事无碍观念，这促进了宋明理学中"理一分殊"理论的产生。"理一分殊"理论的核心就是每一个事物都是整体，即所谓"事事一太极"（《清儒学案》卷一四三）"物物有一太极""人人有一太极"（《朱子语类》卷九四）。为什么这样讲？因为每一个事物都不是孤立的，都反映了整体的天人关系。中医把人看作是一个活生生的生命，并以此来建构它的医学理论，中医理论的内容是丰富、深刻的。但有人竟然说它是伪科学，这简直不可思议。

"自然合理"的理念也是中国哲学领域一个重要的观点。我曾在一篇文章里讲到玄学在中国哲学中占有重要的地位，玄学的一个重要贡献就是"自然合理"这样一种思维方式。"自然合理"的思维方式强调，凡是合理的必然是自然的，凡是自然的必然是合理的。在受到西方文化影响以后，一些人倾向于认为只有科学才是合理的，忽视了自然合理。中国哲学中的"自然"这一概念是本然的意思，违背事物的本来面貌的都有问题，都是不合理的。对中国哲学中的"自然合理"的理念，我们要这样去认识、实践。

"科学合理"的理念倾向于掌控、改造自然，改变事物的本来面貌。而"自然合理"的理念是要求人们"因势利导"，要顺应事物的天性，推动社会的进步，而不是按照人的主观愿望去改变世界。"自然合理"是道家"自然无为"思想的核心精神。

如果某种所谓的"科学"要以"私志入公道"，它就不是真正的科学，而是对科学的误读。现在很多科学家也已经认识到科学的目标并不是按照人的意志去改变自然界的生态关系，而是使人类和自然界和谐相处。此外，如果离开"自然合理"这一理念去讲"天人合一"，实际上就是通过破坏自然界的生态关系来满足人类的欲求，我觉得这是一个非常大的问题。

科学讲究清晰、明确，而中国整体关联的思想在大多数情况下看问题都是非常模糊的，所以它经常受到指责。究竟是清晰，还是模糊更接近事物的本来面貌？现代科学发展至今，已经逐渐认识到模糊化其实更接近事物的整体、本来的面貌，而有时候对事物的认识越清晰，就往往越片面。这也正是现代科学模糊学理论形成的前提，也是模糊数学、模糊逻辑等发展的真正原因。

中国文化中比较典型的例子就是中医，中医在模糊中又有极精确的一面，这也是中国文化的根本特色之一。我们要在中国哲学的层面给中医提供更多的理论支持。不要人家一说你模糊，你就担心，其实不需要这样。我发现西方有不少学中医的人，他们读中医原典比我们读得细、读得深，这一现象值得注意。在《周易》等原典的学习上，我们有待提高。

中国人对天地、疾病等的认识

哲学思想的发展跟大的历史背景、文化传统以及社会环境相关。同时，它与人对自然、自身生命认识的深化也有密切的关系。过去我们常常会批判地理环境决定论，这种观点认为地理环境是哲学思想发展的唯一因素，这当然是不对的，但是地理环境确实对人的价值观念以及思维方式有影响。不同的国家、区域的风俗习惯、生活习惯不一样，其思维方式和价值观念就会不同。

中国文化强调"自然合理"，这就跟西方近代以来形成的"科学合理"的思维方式形成鲜明的对比。西方强调科学合理，认为要具有普遍性，才是合理的；而中国恰恰强调事物都具有个性，符合其本性的，才是合理的，普遍适用性对个体来讲反而是不合理的。

自然合理的思维方式强调符合事物的本性，也就是个性化。这就跟强调普遍化、普遍适用性的科学合理的思维方式有很大的差异。这种自然合理的思维方式，在中国比较成熟的代表是魏晋玄学。魏晋哲学把尊重人的自然个性、尊重事物的特殊性发展到极致，而且把它跟人要遵守社会的规律结合起来，认为社会规律离不开对人的自然本性的尊重，但是人也不能太过放纵。很多人觉得尊重本性就是想怎么样就怎么样，其结果反而是损害了自己的利益。只有"适性"，才是最好的；适合本性的，才叫自然合理。

对中医来讲，人的体质、性别不同，加之地域、时间等差异，这都要求有不同的治疗方法。此外，药材也要考虑其地域性的差异。学中医的人一定要熟悉中国传统文化，特别是儒、释、道。历史上传统的儒、道思想推动了中医思想的发展。现在有个比较普遍的说法叫"医易同源"，即《周易》跟中医同源，而且很多人认为中医是在《周易》的理念指导下形成，我倒觉得不一定如此。《周易》六十四卦代表着天地万物的运动规律；《易传》分十篇，它是对《易经》的解说。从六十四卦的经文到十传都有很多思想可以带给我们启发，比如辩证的思维、阴阳五行的协调、整体关联和动态平衡等。

天地赋予万物以生命，而人的生命是万物之中最宝贵的，所以中国人非常重视护生。生生之学就是用来保护生命、提升生命质量的学问，它也是中医的核心理念。我经常讲中医不仅仅包括治疗疾病，更重要的是要预防疾病。即使得了疾病，也不是单纯地治疗，而是要协调整个机体，强化自我修复的能力。这与西方近百年来流行的、对抗性的医学的治疗方式很不一样。

大医精诚

"大医精诚"这个概念，就是作为一个医者要有精和诚两个方面的素养，精就是他技艺的精深，诚就是他心底的诚信。中医受到儒家思想影响，古人认为医是仁者，对于来治病的人不仅要有仁爱之心，还要一视同仁。"不为良相，便为良医"是宋代政治家、文学家范仲淹讲的话，他认为医者和宰相的目的都是为了救世济民。自古以来医被看作是一个救世济民的职业，而不只是为了追求经济效益。医者自身的道德修养和他的医术是相辅相成的。道德品质高的医生，即使在医术上不如某些人，他在治疗效果上会超过虽有高深医术但品德不怎么样的医生，因为医患之间需要心灵的沟通。在现实生活中，如果你敬仰医生，非常信任医生，这跟你对医生心存疑虑，甚至有一点看不起某位医生，在治疗效果上是不一样的。

现在最大的问题就是把医疗变成一种产业，追求经济效益的最大化。"大医精诚"这个概念是唐代孙思邈提出来的，他在讲到大医精诚的时候，特别讲到佛教的慈悲精神等。因此，医者要具有仁心，医学事业是一个仁者的事业。

儒家强调处理好人际关系；道家更注重人与自然的关系；佛教调整的是人的身心关系，也可以被视为一种心灵的、信仰的哲学。道家也认为对万物要一视同仁，不分高低贵贱，并特别强调做人要淡泊名利。佛教强调人要有慈悲心，把度人救众生放在第一位。在提升医德时，应该吸收优秀传统文化的精华。对不同病人没有分别心，这就是一个精进的过程。总之，不仅是医生，各行各业都要讲职业道德，其核心就是做人的基本道德。

"有病不治，常得中医"

中草药是秉天地之灵气而生，因此它在气上与其他生物是相通的。但是万物可以说是各秉一气，人秉持的是全气，其他生物得到的都是偏气。因此，在使用中草药的时候，一定要注意它的属性。现在许多人生活不规律，就会想通过进补的方法来改善身体状况。俗话说，亏什么，就补什么。如果从整体上来讲并不缺少营养，补就没意义。没病服药是蠢事儿，如果身体挺好，一天到晚吃营养品反而是在补充毒品，说不定还会损害你的健康。另外，现在很多中药都是人工种植，可能失去了某些天然的药效，或者又增加了某些物质，这个也需要注意。因为药食同源，所以如果平时吃的食品能够保持身体的健康，就没有必要再去吃药。中医治疗许多时候都是通过饮食来调理身体，饮食调理达不到效果，再加上一点特别的药材来治病。总的来讲，中医并不是一定强调用药，甚至可以说是用方来治病。药和方本来也是两个不同的概念，中药是通过一个方把不同的药物搭配起来治病。我觉得服药在中医里不能成为一个主流，中医的主流理念应该是通过自身饮食、作息等进行整体性的调理，来平衡阴阳，调动自身的修复能力。

我经常跟大家讲，有两句话如果大家都参透了，才能够成为一个真正高明的中医。其中一句话就是《汉书·艺文志·方技略》讲的"有病不治，常得中医"。中医的重点是治未病，也可以说是养生。还有一句话是清代著名学者钱大昭讲的"不服药为中医"。这两句话在许多人看来是胡说八道，可这恰恰是中医的灵魂。为什么一天到晚让人吃药呢？是药三分毒，药总有偏性，偏了反而会损害身体，更不要说那些化学药剂。因此，最好不服药，服药是不得已，而且一定要针对你的身体状况，否则就是"以毒制毒"，反而会加重病情。现在中草药的生长环境、炮制办法改变了，疗效一定也会发生变化，所以我觉得从不滥用药的角度来讲，当下强调人体的自我修复更为重要。

《周易》中的生命之道

"生生之谓易"，是《周易》中的生命之道。天地在运行，阴阳在消长，如果没有阴阳的变化，哪有一年四季，哪来的生命？中国文化讲春生、夏长、秋收、冬藏，万物处于生生不息的变化之中。

没有变化，就没有生命。《周易》中的"易"有三层含义：一是不易；二是变易；三是简易。其中变易是核心理念，不易是变易的基础。变易不可能是孤立的，变易一定是两种力量的转换。阳长阴消，阴长阳消，阴阳消长，变动不居，即变易。变易的前提是要有阴有阳，这就是不易。天尊地卑，天刚地柔，天阳地阴，天地确定位置以后，才会正常运转，万物才能生长。

简易是指变易不是那么神秘、复杂，而是非常简单。因此，我们要遵循事物自身的变化规律，一切顺其自然，而不是去干扰它。天道从简，地道从易，简易是天地乾坤的大德，这一点《系辞》讲得很清楚。

从六十四卦来讲，《周易》为卜筮之书，是古代用来预测吉凶的方式。古人用卜和筮两种方法，《周易》是筮法，现在看到的甲骨是卜法。有的人把这两种方法绝对化，其实不能迷信卜筮。在所有预测方法中，卜筮只能作为参考。我们去看《礼记》，凡有大事都要去预测。卜筮是预测方法之一，但古人并不会直接按卜筮的结果去做，首先国君要广泛听取各方面意见，尤其是一些大臣的意见，然后再参考卜筮的结果。此外，还有天时、地利等要素也要考虑。古代预测吉凶，如果只靠卜筮多半是不行的。现在很多人把《周易》的推演固定化，认为这样推演后就会得到一个什么样的结果。我经常讲，《周易》强调有变化，才有生命。如果把这种变化固定之后，还会有生命吗？

要探讨《周易》中蕴含的生命学，关键是要明白《周易》是在讲变化。事物在不同的时间、空间中都会有变化。时、中是《周易》讲变化的重要概念。知常即知道根本的规律，但是不能把规律固化，而是要做到守常、明变，只知守常的人就是教条，只知明变的人就是投机。

要怎么认识生命？最好的办法就是顺其自然。中国传统文化中一个很特殊的内容就是探讨生命，于是就有一门学问叫"生生之学"。生命出了问题，我们要用各种办法去医治。为了保持我们的身体健康，要用"生生之具"。生生之道跟生生之具结合起来，就是中国的生生之学。《周易》讲阳生阴，阴生阳，万物生生不息，变化无穷。天地让万物自由健康地生长，我们一定不要去干涉万物的成长，所以简易是天地之大德。

中国文化的特征是以人为本，强调人的主体性、能动性。人在天地万物间最为宝贵，人是世界万物的中心。现在很多西方学者批判人类中心主义，因为从人类中心主义出发，会干预、破坏自然。而在中国文化中，以人为本是要让人做自己，既不做神的奴隶，也不做物的奴隶。

中国文化跟西方文化不同，两者之间常常会不太容易沟通。比如神的概念，中国的神跟西方的神完全不同，七仙女是神仙，但也可以下凡；灶王爷是人，但也可以上天。西方的神属于神界，跟人不一样，人永远不会变成神，神也永远不会变成人，人是神创造的。在中国文化中，很多神是人变成的，所以神也有人性。在与西方对话时，我们要搞清楚概念，否则就会造成混淆，也会有误读。

中国文化的艺术精神

记得一位前辈说过这样一句话："中国文化是艺术的文化"。我觉得，只有深得中国文化三昧的人，才说得出这样精辟的话。据我的体会，之所以称中国文化为"艺术的文化"，绝不仅仅是因为我国传统文化中有丰富多彩的艺术样式，而主要是因为贯穿于我国文化传统中的那种艺术精神。

中国文化之富于伦理精神，已为世人所广泛了解，且论之者在在皆是；而相比之下，世人对于中国文化之富于艺术精神的了解，则显得很不够，且论之者亦不多。其实，在中国文化传统中，伦理精神与艺术精神如车之两轮、鸟之两翼，是相辅相成、相得益彰的。从某种意义上讲，中国传统道德所追求的最高境界是一种艺术的境界，而传统艺术的重要功能则在于陶冶性情，在潜移默化之中帮助人们塑造理想人格。因此，在中国传统文化中，道德修养和艺术修养是人生修养中不可或缺的两个方面。

冯友兰先生曾说："儒家以艺术为道德教育的工具。"（《中国哲学简史》第二章）徐复观先生则说："由孔子所显出的仁与音乐合一的典型，这是道德与艺术在穷极之地的统一。"（《中国艺术精神》"自序")他们的论述都揭示了儒家文化中重视艺术教育以及艺术与道德高度统一的特征。先秦时代的艺术教育主要是"诗教"和"乐教"。对于诗，孔子认为，读诗可以激发理想，提高观察力，培养合群性，可以怨刺不平。而诗中所讲的道理，近则可以用来侍奉父母，远则可以用来服侍君上。所以他教训儿子伯鱼说"不学诗，无以言"（《论语·季氏》），又说，一个人如果不研读《诗经》中的《周南》《召南》，那就会像面对着墙壁站着，什么也看不见，而且也无法行走。

对于乐，孔子尤为重视，总是把它与礼相提并论，甚至认为乐在某种意义上更能体现善与美、道德与艺术的统一。他赞叹《韶》乐说："尽美矣，又尽善矣。"（《论语·八佾》）当他在齐国听到《韶》乐后，竟"三月不知肉味"，而且感叹道："不图为乐之至于斯也！"（《论语·述而》）对诗、礼、乐三者的关系，孔子是这样论述的："兴于诗，立于礼，成于乐。"（《论语·泰伯》）他把乐放在礼之后，是把乐看作塑造人格的重要工具，理想的人格完成于学习乐的过程之中。

庄子所向往的人生境界中蕴含着艺术精神，这种艺术精神对中国文化的发展有着极其重要的影响。但是道家文化中的艺术精神在老庄时代并未达到自觉的程度，经过魏晋玄学家和艺术理论家的阐发，它才得以发扬光大，并达到自觉的程度。徐复观先生在分析儒、道两家思想中的艺术精神时说：

儒、道两家，虽都是为人生而艺术，但孔子是一开始便有意识地以音乐艺术为人生修养之资，并作为人格完成的境界。因此，他不仅就音乐的自身而言音乐，并且也就音乐的自身以提出音乐的要求，体认到音乐的最高意境。因而关于先秦儒家艺术精神的把握，便比较明显而容易。庄子则不仅不像近代美学的建立者，一开始即以美为目的，以艺术为对象，去加以思考、体认；并且也不像儒家一样，把握住某一特定的艺术对象抱定某一目的去加以追求。老子乃至庄子，在他们思想起步的地方，根本没有艺术的意欲，更不曾以某种具体艺术作为他们追求的对象。……他们只是扫荡现实人生，以求达到理想人生的状态。他们只把道当作创造宇宙的基本动力。人是道所创造，所以道便成为人的根源的本质……从此一理论的间架和内容说，可以说"道"之与艺术，是风马牛不相及的。但是，若不顺着他们的思辨的形而上学的路数去看，而只从他们由修养的工夫所达到的人生境界去看，则他们所用的工夫，乃是一个伟大艺术家的修养工夫。他们由工夫所达到的人生境界，本无心于艺术，却不期然而然地会归于今日之所谓艺术精神之上；也可以这样地说，当庄子从观念上去描述他之所谓道，而我们也只从观念上加以把握时，这道便是思辨的形而上的性格。但当庄子把它当作人生的体验而加以陈述，我们应对于这种人生体验而得到了悟时，这便是彻头彻尾的艺术精神。……但因为他们本无心于艺术，所以当我说他们之所谓道的本质，实系最真实的艺术精神时……乃就艺术精神最高的意境上说。人人皆有艺术精神，但艺术精神的自觉，既有各种层次之不同，也可以只成为人生中的享受，而不必一定要落实为艺术品的创造。……所以老、庄的道，只是他们现实的、完整的人生，并不一定要落实而成为艺术品的创造。（《中国艺术精神》第二章第二节）

徐先生的分析深刻透彻，我是非常赞同的。

魏晋玄学融会儒、道，进一步沟通了宇宙规则和人生境界。王弼曾言"圣人体无"而"有情"，嵇康标榜"越名教而任自然"，郭象倡导身居庙堂而心寄山林。王弼提倡的"得意忘象"、郭象主张的"求道于言意之表"等，开启了中国艺术以"立意""传神""求韵味"为上的新时代。在玄学思维方法的影响下，中国的艺术内涵丰富，具有深邃的哲理性；中国的哲理则言简意赅，富于生动的艺术性。深邃的哲理性和生动的艺术性浑然一体，构成了中国传统文化的鲜明特性。在中国佛教中，禅宗思想之富于哲理性与艺术性，早为世人所共知，当无须多说。对于理学，人们多以为其只有正颜厉色、枯燥无味的道德教训。其实，只要我们稍稍选读一些周（敦颐）、张（载）、程（颢、颐）、邵（雍）、朱（熹）、陆（九渊）、王（守仁）等著名理学家的著作，以及有关传记，即可处处感受到他们借诗文以载道（周敦颐《通书二·文辞》言"文所以载道"）、谈文艺以明道（陆九韶言"文所以明道"，见《陆九渊集》卷三四"语录上"）的力量，而在他们的处世行事中也极富于艺术的精神。因此，可以说理学在融哲理与艺术于一体方面，在发展中国文化的艺术精神传统方面，绝不亚于先秦之儒学、魏晋之玄学和唐宋之禅学。

艺术精神的养成离不开艺术的实践活动，如艺术创作和欣赏等，但艺术精神高于艺术实践活动。艺术精神不仅指导着各种艺术实践活动，而且随着理论认识水平的提高，渗透于社会、人生的各个领域。在这一层次上，中国文化中的艺术精神更主要地体现为一种对社会、人生的理解和价值的判断，对社会、个人生活态度和方式的思考，以及对理想社会、完善人格、人生境界的追求等方面。

艺术活动无论创作，还是欣赏，都是一个人内心感情最直接的表露，反映了人们对人生的理解与追求。艺术创作中立意的正邪，欣赏趣味中格调的高低，会直接反映出个人境界的高低。因此，要通过艺术活动，培养高尚的艺术欣赏趣味。为什么这里只提出培养高尚的艺术欣赏趣味呢？这是因为，一则创作立意是离不开欣赏趣味的；二则创作或者需要有某种天分，或者需要有一定的专门训练，不是每一个人都可以为之的，但人人都可以去欣赏艺术。因此，提高艺术欣赏水平，培养高尚的欣赏趣味，乃是第一位的。追求艺术的完美与追求人生的完美合二为一，是中国文化中艺术精神的体现。

没有创造就没有艺术，创造精神是艺术的灵魂。不仅艺术作品的创作中有创造，在艺术欣赏中同样也有创造。董仲舒说"诗无达诂"（《春秋繁露》卷二《竹林》）；梅尧臣说"含不尽之意，见于言外"（《宋史》卷四四三《文苑》）；欧阳修说"古画画意不画形"（《欧阳修全集》卷六《盘车图》）。古人说，言象只是一种表意的工具，写诗作画者以此言象来表达心中之意，赏诗析画者也以此言象来领会心中之意。作者心中之意与欣赏者心中之意不一定相同，也不必相同。欣赏者完全可以按照自己的感受去理解诗画中的意境，无须受创作者所寄之意的限制，这就是欣赏者的创造。而且我们可以看到，这种创造中又有着鲜明的个性。发扬中国文化中的艺术精神，最根本的要点就是要发扬这种主动的创造精神。

艺术的完美离不开和谐，和谐精神是艺术的根本目标。艺术家对画面的结构布局、诗句的平仄对仗、乐章的高低缓急等方面的探索，无不费尽心力，从某种意义上说，上述探索都是为了达到艺术的完美境界。艺术作品所达到的和谐程度，反映出艺术家水平的高低。因此也可以反过来说，通过设计，使艺术品和谐、完美，这本身就是一种艺术创作活动。在中国传统文化中，以"执其两端，用其中于民"（《礼记·中庸》）为至德，舜有大智慧过与不及两方面的意见他都掌握了，然后他采用适中的做法用于管理百姓。这正是充分把握和运用传统的艺术精神去处理社会事务的实例。

艺术的视野，给人以旷达与平静；艺术的幽默，给人以智慧与轻松。多一点艺术修养，多一点艺术精神，将给人生增添无尽的生机和活力，将给社会带来普遍人格的提升和秩序的和谐。

怎样学习传统文化

一、打下广泛的基础

有一些人认为，学科的分类是从近代才开始的；另一些人则将学科的分类追溯到了古希腊罗马时代，他们认为古希腊罗马人强调条分缕析，在亚里士多德时代就有学科的分类了。从世界范围来看，古代东西方的学科都不可能分得那么细，都是各学科的知识混在一起的，古代并没有严格的学科分类。在中国传统文化中，哪有文史哲、政经法、农工医这样的分法呢？中国古代都是综合性的学科，有些学科相对来讲是基础性的学科。因此，在学习传统文化时，应打下广泛的基础。

中国人强调传承，在古代就逐渐形成一些源头性的典籍。在古人的心中，世界是一个整体，天地万物间"道通为一"（《庄子·齐物论》），无论有多少事情、现象，都可以用一个共同的理来贯通。道家讲道，道是一以贯之，无所不在的，每个事物不是孤立的，而是都会有相通的东西。《华严经》中有一句话："一即一切，一切即一。"一即多，多即一，万物是有整体关联性的，整体的特征体现在每个部分之中。佛教中的华严宗有这样一个说法，对世界的认识有理法界，即"一"，还有事法界，即"多"，一在多中，离开一，哪有多？"理事无碍"，即理和事之间没有隔阂、障碍，是可以贯通的。此外，还有理事无碍法界、事事无碍法界。

很多道理都是相通的，当提高到哲学的高度来认识问题时，其实是可以用一个共同的原则来处理的。比如说，从哲学的层面来讲，人的五脏六腑分别对应着五行，五行之间相生相克。如果相生相克的关系失去了平衡，人就要生病了。一个人身体不健康，我们可以讲这是阴阳五行失调，那么一个社会病了，是不是也可以用阴阳五行来类比呢？我认为，也可以。如果一个社会贫富两极分化严重，从某种意义来讲，这不就是阴阳失调吗？我们可以把社会组织看作五行，组织间失去了平衡，相生相克的关系发生了变化，社会就不能正常运行了。古人有"上医治国，中医治人，下医治病"的说法，范仲淹也讲"不为良相，则为良医"，这说明治病和治国的道理是相通的。

古人非常重视前人的研究成果，他们总是在继承前人思想的基础上来阐发自己的观点，推动文化向前发展。用古人的话来讲，这是"述而不作"，"述"即叙述；"作"即创作、发明。"述而不作"的意思是阐述了前人的思想，但并没有创造，这是一个谦虚的说法。我们可以看到，在"述"根源性典籍的过程中，产生了很多新的思想。中国传统文化中的根源性典籍，叫三玄四书五经。三玄是指《周易》《老子》《庄子》；四书是指《大学》《中庸》《论语》《孟子》；五经是指《诗》《书》《礼》《易》《春秋》。

五经中的《诗经》现在一定是中文系讲的，它是文学作品，哲学系的课程中不会列《诗经》。但问题是《诗经》仅仅是文学作品吗？我曾经讲过，早在孔子时代就开始讲《诗经》了，孔子认为："不学诗，无以言。"这句话的意思是说不学《诗经》，连说话的资格都没有。《诗经》也会告诉我们思维方法，以及掌控情感的标准。子曰："《诗》三百，一言以蔽之，曰：思无邪。"不能邪，正是我们为人做事的准则。孔子还说："《关雎》乐而不淫，哀而不伤。"（《论语·八佾》）"乐而不淫，哀而不伤"，即欢乐而不过分，悲哀而不过度，这就是中道。《孟子》中引用了三十多处《诗经》；《大学》这篇文章总共才一千五百多字，十多处引了《诗经》；《中庸》三千多字，将近三十处引到了《诗经》。荀子是先秦最后一位思想集大成者，《荀子》一书里有七十多处引用了《诗经》。上述著作都是通过引用《诗经》来阐发自己的思想。学哲学的人不学《诗经》，损失就大了，很多道理你就没有学到。

中国人的传统是强调"文以载道"，我们不能停留在文字的表面，而是看文字传达了怎样的思想。中华书局的《文史知识》杂志倡导学文史。我在《文史知识》的座谈会上曾感叹："文以载道，我们不仅要背诵词章，而且还要从词章中读到道，也就是它所表达的为人处世的道理。做人需明道，前圣传后贤。无古不成今，没古哪来的今？观今宜鉴古，我们看现代的事情，最好拿古代的镜子来照一照。历史是一步步由古到今慢慢发展过来的，所以我们要读史。"

《书经》是古代历史文献的汇编。例如，它记载了诸如要出征了，发布一个誓言，或者要做一件事情，发布一个训令，或者告诫子孙该怎么样做等方面的内容，可以说是一部公文总集。《书经》只是历史系的学生要去读的吗？哲学系的学生就不需要读了吗？当然要读。古代没有把文史哲分开，没有思想的文学家，就不能称之为文学家。文学不是词章之学，而是要把人生观、价值观、世界观都倾注在作品中，甚至有关天文、地理、数学等方面的认识，也是从《诗经》《书经》等根源性的经典中发展出来的。因此，这些根源性的经典就成为所有学问的源头。

《黄帝内经》是中医的一部源头性的经典。书中的很多理论原则同样适用于其他领域，比如，"圣人不治已病治未病，不治已乱治未乱"（《黄帝内经》卷一《素问·四气调神大论》）这一原则在《荀子·不苟》中也提到过，荀子讲的是政治，而不是治病。荀子说："君子治治，非治乱也。"也就是我们管理社会要从治入手，而不是等乱了以后再去管。有人问荀子，什么叫治，什么叫乱？荀子回答："礼义之谓治，非礼义之谓乱也。"社会治理得好，大家都遵守礼义规范，生活非常有序。什么叫乱？礼崩乐坏以后，大家不遵守礼了，那这个社会就乱了。有人会问，难道乱了以后就不去治理它了，不管它了吗？当然不是。荀子说："国乱而治之者，非案乱而治之之谓也，去乱而被之以治。"不仅仅是去乱而已，从根本上来讲是要恢复礼义。我们经常讲要治本，治身、治国都要抓根本。

在学习传统文化的过程中，我们每个人都要打下坚实、广泛的基础。药王孙思邈在《千金要方》卷一《论大医习业》中讲到，做医生各方面的知识都要具备，不仅要熟读《素问》《甲乙》《黄帝针经》……诸子百家都要学，还要学《老》《庄》《内经》，这里的《内经》指的是佛教经典。上述学问都懂，才能成为一个好的医生。作为一个学者，也要懂医理，这样才能保持身体健康。儒家强调，为人子者更应懂得养生学，因为要关注父母的身体状况。元代有一本医书叫《儒门事亲》，书中讲要事亲，就要懂得些医理以及怎样来养生。道家的养生之道中有些是炼内丹，有些是炼外丹，外丹运用得好是有用的，用得不好是伤身的。明代大部分的皇帝都没有活过四十岁，为什么？因为他们太喜欢炼外丹，太想长命百岁了，许多人因服丹中毒而亡。

二、掌握中国文化的优秀传统

中国文化中的两个优秀传统，一个是"以史为鉴"；另一个是"以天为则"。唐太宗说："以铜为鉴，可正衣冠；以古为鉴，可知兴替。"（《新唐书·魏徵传》）古代中国重视历史经验的积累。在全世界，中国的历史著作是最系统、最完备的，中国有"二十四史"，还有很多野史或辅助性的历史资料。中国每个朝代等到政权相对稳定以后，做的第一件事是制礼作乐，第二件事就是修前朝的历史。中国以人为本的人文精神就是通过"以史为鉴"总结出来的，是这一文化传统的成果。

西周初期，人们反思夏、商两代兴亡的原因。通过对历史的观察，人们看到夏代发端于大禹治水。当时天下洪水泛滥，民不聊生。大禹把水灾治理好，让老百姓安居乐业，大家拥护他建立了夏朝。可是最后一个君主夏桀，荒淫暴虐，老百姓一天到晚都在诅咒："时日曷丧，予及汝皆亡！"（《尚书·汤誓》）就在这样一个"有夏昏德，民坠涂炭"（《尚书·仲虺之诰》）的时期，商部落在成汤的带领下推翻了夏朝，建立起商朝，老百姓歌颂他把人们从水深火热中解救了出来。商代人很信天命，最后一个天子纣王荒淫暴虐，大臣祖伊告诉他，民心都要归向周部落了。纣王却说："呜呼，我生不有命在天？"（《尚书·西伯戡黎》）纣王自认为周人也奈何不了他。可哪里知道，西北地区的周部落受到民众的拥护，在武王的带领下，推翻了商朝，纣王兵败自杀。商灭夏，周灭商，在历史上称为"汤武革命"（《周易·革卦·彖传》）。

以历史为镜，周王朝一开始就认识到这样一个道理："天命靡常。"（《诗经·文王之什·文王》）天命是会被别人革掉的。天命怎么变化呢？根据什么变化呢？《尚书》里记载了周人对历史经验教训的总结："皇天无亲，惟德是辅。"（《尚书·蔡仲之命》）这是非常重要的一句话。周人提出了一个重要的观念——

"敬德"，而且要"疾敬德"（《尚书·召诰》），即努力地、迅速地提升自己的德行。这就形成了中国文化的人文特征，即决定命运、政权兴亡的不在于外在的力量，而在于人自身德行的好坏。古人认为，上天是根据民意来做事情的，《尚书》里有很多这样的记载，如"民惟邦本，本固邦宁"（《尚书·五子之歌》），"天视自我民视，天听自我民听"（《尚书·泰誓中》）等。春秋时期齐桓公和管仲曾有一段对话：

> 齐桓公问于管仲曰："王者何贵？"曰："贵天。"桓公仰而视天。管仲曰："所谓天，非苍莽之天也。王者以百姓为天。"（《韩诗外传》卷四）

中国文化里的"天"不是简单地指天空，也不是指造物主。天的含义很丰富，是天道的天，天也代表民意。中国文化的人文精神重点就在于人不受外在的力量、命运主宰，不是神的奴隶，而是要靠自身德行的提升。以人为本的人文精神的核心就是决定人的命运的根本因素是人自己的德行，是以"德"为本，而不是靠外在的"天命"，人不能成为"天命"（神）的奴隶。

从中国传统文化中，我们可以看到古人非常强调修身。《大学》开头就讲："大学之道，在明明德，在亲民，在止于至善。"第一个"明"是发扬光大，第二个"明"是形容人的品德是光明正大的，每个人都有光明正大的品德，我们要把它发扬出来，"明明德、亲民、止于至善"是《大学》的"三纲领"。《大学》还有"八条目"：格物、致知、诚意、正心、修身、齐家、治国、平天下。其中修身是关键，因此才有"自天子以至于庶人，壹是皆以修身为本"的提法。修身就是自我德行的提升，它不仅仅是在口头上、认识上，更重要的是要在行动上、实践上提升自己。

为了不断提升自我的德行，就必须防止物欲的引诱和腐蚀。先秦末期的思想家荀子在书中记载了一句谚语："君子役物，小人役于物。"意思是说，君子能够控制物，而小人就会被物所控制。《管子》中有一篇文章叫《心术》，这篇文章讲得很清楚，"心"在人体中处于君的地位，五官处于臣的地位，"无以物乱官，毋以官乱心"。眼、耳、鼻、舌、身这些感官要受心的统治和管理，五官与外界接触之后，就要去管理外物。眼睛看到美色、鼻子闻到香味、嘴巴尝到滋味后，要去管理物，不能反过来让物管住感官，不能让感官管住心，一颠倒就变成小人了。能够用心管住五官，用五官管住外物，这就是君子。因此，要成为一个有独立性、主体性、能动性的人，就不应该被物管住，不能被物欲腐蚀，否则就会丧失做人的底线。我曾对中国文化中以人为本的人文特色作过一个简单的描述，即"上薄拜神教，下防拜物教"。

中国文化中另一个重要传统是"以天为则"。孔子说："大哉！尧之为君也，巍巍乎！唯天为大，唯尧则之。"（《论语·泰伯》）中国人非常强调以天地为榜样，向天地学习。如果去孔庙，人们就可以看到，我们是用"德配天地""德侔天地"来赞扬孔子的。

圣人的品德能够与天地相配，与天地一样高明博厚。从另一个角度来讲，人绝对不能去做万物的主宰，相反，恰恰是要向天地万物学习。

很多人说中国的文化讲的是"天人合一"，其实，更准确地说应当是"天人合德"，即人与天在德行上的一致。天地是非常诚信的，孔子说："天何言哉？四时行焉，百物生焉。天何言哉？"（《论语·阳货》）用一个字来形容天就是"诚"。《中庸》里讲："诚者天之道也，诚之者人之道也。"孟子也说："诚者天之道也，思诚者人之道也。"（《孟子·离娄上》）这也就是说，人道是从天道学来的，天道是诚，因此，人也要诚。这一说法在《周易·观卦·象传》里也可以得到印证："观天之神道，而四时不忒。圣人以神道设教，而天下服矣。"这里的"神"不是造物主的神，"阴阳不测之谓神"，"知变化之道者，其知神之所为乎"（《周易·系辞上》）。在中国传统文化中，"神"最根本的含义是指万物的变化。过去我们把"神道设教"曲解得一塌糊涂，以为这四个字是讲抬出一个神秘的、高高在上的神来教化大家。其实，这里一点儿神秘主义都没有。我们观察天的变化之道，看到春夏秋冬四时是没有差错的，这就是诚。圣人按照天的神道——"诚"来教化民众，天下就太平了。在某种意义上讲，人最主要的德行都是从天地中学来的。

在中国传统文化中，一方面强调人不能做神的奴隶，也不能做物的奴隶，而要做人自己，保持人的主体性、独立性和能动性；

另一方面强调人也不能狂妄自大，不要去做天地万物的主宰，反而要虚心地向天地万物学习，尊重、顺应自然。

三、每个人都应该成为艺术的参与者而不是旁观者

古人强调通过艺术来陶冶性情，这是艺术的根本作用。琴棋书画等艺术不是拿来展示给别人看的，而是要提高自己的整体修养，调节自己的身心的，文艺、武艺都是如此。每个人都应该成为艺术的参与者，而不是旁观者。把艺术当作竞技，是艺术的异化。此外，游山玩水，也不只是去猎奇，而是通过亲近大自然，来开阔我们的心胸，这也是陶冶性情的活动。在现代社会，艺术专业化以后，很多人把注意力都集中在技巧上，然后专门在技巧上下功夫，再去参加各种比赛。为什么要这么做？我不太喜欢看电视上播放的业余爱好者的艺术竞赛。我认为，我们应该让艺术完全为自己服务，而不是跟别人去比赛，如果比赛失败了，心态就不好了，有人还会抑郁。自己喜欢，自得其乐，唱得、弹得怎么样其实并不重要，自己高兴就好。在现代社会，很多人会以为人很了不起，人可以征服自然，其实人再怎么厉害，也比不过自然。我写两句话，大家看看有没有道理。古人有一副对联说："青山不墨千秋画，绿水无弦万古琴。"对联写得非常好。人永远做不到千秋万古，画得再好，也比不过自然的青山绿水。我们不过是在自然的启示下，得到一种体悟，再通过艺术手段表达出来。

我们表达得好，能把自然的灵气传达出来。但画得再好，我们的画也是死的，青山绿水是活色生香的，早晨是一种颜色，晚上又是另一种颜色，我们的画能做得到吗？因此，我在对联后接了两句话："活色生香笔难到，自成天籁手何能？"中国艺术的整体理念是"外师造化，中得心源"。因此，我们一定要以天地造化为师。虽然现在很多乐器能够模仿自然的声音，现在的电脑也能模仿自然的色彩，但永远也不能让你获得去大自然看山看水的真实感受。

科学、人文都要跟艺术相结合。一个人要全面地发展，人文文化跟科技文明要结合，这样才能有整体的眼光，以及宽阔的心胸。我们不要把自己的发展道路弄得很窄。一个科学家如果有艺术修养，他的视野会更开阔，他也更有创造力，因为艺术中同样蕴含了无穷的智慧，它能让我们更好地认识变幻无穷的世界。

四、掌握贯通万事的道理

在学习传统文化的过程中，我们要做的不是试图去穷尽所有的知识，而是提高运用知识的能力，实际上就是要掌握贯通万事的道理，然后再灵活运用它去处理具体的事情。对研究中国传统文化的人来讲，我希望他们做到四通：一是文史哲通。不要因为自己是学哲学的，就不关心文史，也不要因为自己是学文学的，就不去关心史哲。二是儒释道通。中国的人文文化是儒释道融会贯通的，儒、释、道三家是你中有我、我中有你的。离开了儒学来研究中国的佛学，是弄不清楚的；离开了佛学，要想把儒学搞清楚，尤其是想把隋唐以后的儒学搞清楚也是不可能的，因为在隋唐以后儒学中已经接纳了大量的佛学思想，只从儒学本身来讲，怎么能讲得清楚呢？所以我们要儒释道融会贯通。三是古今现通。我主张打通古代、近代和现代，是因为现在很多学者把它们割裂开来，研究古代的就只懂古代，而且还会分得很细，比如研究上古史、隋唐史、明清史等。分得过细会导致上下前后都不能兼顾，甚至严重到如果有个老师生病了，通史就讲不下去了，讲隋唐史的老师讲不了明清史，讲明清史的老师讲不了隋唐史。四是中西东通。在当今的时代，我们不可能自说自话，当我们说中国文化、哲学有这样那样的特点时，一定是在有参考系的情况下来说的，也一定是跟西方的、其他的东方文化比较而言的，这样才能讲出中国文化、哲学的特点。如果对西方的哲学、东方的其他哲学没有相当多的了解，怎么可能把中国文化的特点讲清楚呢？比如古代中国文化具有人文精神，那就是跟古代西方文化，尤其是中世纪文化相比较来讲的。

康有为在分析宗教问题时，讲到西方有西方的宗教，中国也有中国的宗教。当时很多人认为中国没有宗教，为什么？因为在中国传统文化中，中国的宗教不具有西方宗教的那些特征，比如对一神的绝对崇拜，中国人信仰的神很多，没有一神信仰。中国人强调的不是绝对地服从神，而是要对得起自己的良心。

西方宗教注重的、关心的是一个彼岸世界，中国文化强调的是对现实世界的责任感。根据这样的特点，许多人就认为中国没有宗教。康有为认为中国也有宗教，但是跟西方的宗教的特征不同，西方的宗教是一种神道的宗教，中国的宗教是一种人道的宗教。这种说法是很有意义的，康有为通过比较，发现中国宗教的特点是以人为本。

不能说中国没有宗教。从西方宗教的定义出发，儒家思想不是宗教，但是儒家具有类似于西方宗教的社会功能，比如说宗教贯穿在人的生老病死、婚丧嫁娶之中，人出生要到教堂去受洗礼，结婚的时候要到教堂让牧师证婚，死了以后要牧师或神父祷告往生天国。中国的儒家思想也有这样的功能，儒家讲"礼始于冠"，在冠礼之前，民间要过满月、周岁。冠礼之后，"本于昏（婚）"，婚礼是很重要的，婚后人们要承担繁育后代的责任。"重于丧祭"，古人对丧礼是很重视的，父母死了要守丧三年。此外，我们还要祭祀祖先、天地。这不是说明儒家也起到了宗教的作用吗？这一切的活动都是围绕人来做的，所以康有为讲中国的儒家是人道的宗教。只要我们把儒家跟西方宗教相比较，就可以看出两者的社会功能是一样的，但是一个是围绕上帝来运转的；另一个是围绕人来运转的。不通过比较，就不会发现中国也有这样的宗教文化。

在中国，从事人文科学研究的学者要打通儒释道、文史哲、古今现、中西东。只有这四个方面都打通了，才能八达，要不然我们的眼光就会有局限性，我们就无法理解很多东西。再扩大一点，我们不仅要打通人文科学，而且还要打通人文科学与自然科学。人文科学与自然科学之间有没有相通的地方呢？我想是有的。前几年，有人提出，让中医中药退出国家医疗体制，这个时候钱学森先生就讲："中医的理论与系统科学完全融合在一起"，而整体论和系统论正是现代物理发展的基础。这说明中医的理论跟现代物理的理论是相通的。

现代自然科学的发展也越来越倾向于用整体、系统的观点来分析问题。如果事物之间是割裂的，此是此，彼是彼，那就不是一个系统了。整体的、系统的思维方式，可以用太极图来形象地展示，太极图中有两条鱼，一条白的，一条黑的，可是黑的里面有个白的，白的里面有个黑的，这就是阴中有阳，阳中有阴，阴阳构成一个不可分割的整体。阴能不能变成阳？阳能不能变成阴？当然可以。黑色的部分扩展出去，白色的部分就减少了，反之亦然。最后，白色的变成黑色的，黑色的变成白色的。如果以阴阳为例，可以说事物具有这样一些特点，在整体中互为根，阴为阳根，阳为阴根，阴中含阳，阳中含阴，阴可以转变成阳，阳也可以转变成阴，这就是系统论的思想。我们要真正认识到世界是一个整体，事物之间是相互关联的，理在所有事物之中。在传统文化中，"理一分殊"是理学家的观点；佛家的观点是理事无碍、事事无碍；道家的观点是天地万物"道通为一"。

精确跟模糊也是相对的，并不是越精确越好，有时候模糊一点更好。做人也是如此，有时算计得越清楚，烦恼就越多，越是大大咧咧，越是模糊，就会越快乐。我有时开玩笑说，人老了，耳聋、眼花、齿落，有人说这是老人的痛苦之处，我说这是对老人的保护。听得不那么清楚，别人说你几句，也没听到；听到了，反而难受。吃东西时，吃得了，就吃；吃不了，就少吃。

一直到现在还有人讲，考社会科学、人文科学的人都是成绩不好的，成绩好的人都去考理科了。这种说法是比较无知的，其实研究人文科学的智商并不比研究自然科学的智商低。我们既不要有这种偏见。我们将来怎么办？要尽我们所能，把眼界打开。我们既要有落脚点，也要有广阔的视野。视野越广阔，着眼点就会越正确。"高屋之上建瓴水也"，站得高，才能看得远。但同时我们也要看到，人的智力、体能等方面是有差异的。在传统文化的学习方面，我们不要标准化、教条化，这是最害人的。我们不要回避这个问题，有些事情这个人做得到的，那个人未必能做得到。也正因为这样，才会有互补，如果人人都一样，就不需要分工合作了。每个人应根据自己的能力把事情做好。但人的能力也会在实践过程中随着时间的变化而发生改变，原来的能力是这样的，当眼界打开以后，能力也会增强。古人说："士别三日，当刮目相看。"

现在很多人的思维方式常被一种定势束缚住了，中国传统文化告诉我们要融会贯通。我们对传统文化的看法有时会存在误读。长期以来，我们一直批评中国传统的礼教，鲁迅说："我翻开历史一查……满本都写着两个字是'吃人'！"他认为礼教是吃人的。如果一部"二十四史"看下来都是吃人的，那还了得？一般的老百姓听到礼教，就觉得它是束缚人的，是为了让人循规蹈矩，这是对礼教的曲解。我们这个社会最需要的是重建礼制，建立礼制的核心是确定每个人在社会上的身份，或者说是名分。我们要找到自我，最重要的就是要找到自己的身份、名分。找到了自己的身份、名分，就有自我。否则，我们就会茫然，不知道怎么做、怎么说才对。通过学习礼，会让言行举止符合自己的身份。如果不符合身份，在别人眼里，你就是一个怪人，或者是一个不懂事的人。只有言行举止符合身份，别人才会认为你可靠，做事有规矩，才会跟你合作。因此，礼是非常重要的。

礼一点儿都没束缚我们，因为名分是在不断变化的，一个人有许多身份，你不仅要认同这些身份，还要了解你此时此刻是什么样的身份，这是关键。在座的很多同学现在的身份是子女，到了将来，你也有了子女了，那你的身份就是父母了。如果你现在上有老，下有小，那么你的身份就既是父母，又是子女。在父母面前，你要以子女的身份行事；在子女面前，你就要以父母的身份行事。在公共场合，就要认识到自己是公共场合的一分子，要分清自己是老者，还是幼者，老者要爱护幼者，幼者要尊敬老者，这样才能其乐融融。如果别人以不符合身份的言行来对待我们，该怎么办？这是一个涵养的问题，如果能够容忍，就容忍，以后再慢慢地与其沟通。总之，我们不要当面发生冲突，当面发生冲突不是解决问题的好办法，可能会产生更大的误解。

现在一些人很纠结，做了好事不仅没有好报，别人反而可能会讹上你，所以很多人就不做好事了。这样做是你的损失，还是别人的损失？恐怕是你的损失，你该怎么做，就怎么做，不要因为别人无礼，我们也无礼，这也是没有教养的表现。我们不要管别人怎么样，首先要管住自己。别人以不符合身份的方式对待你，我们还是要以符合自己身份的方式去对待别人。认同了自己的身份，在所有的场合我们都是自由自在的。身份就相当于规矩，你遵守了规矩，你在社会上就是自由的；你不遵守规矩，你所有的活动都是不自由的，也会最终失去自由。这就是我们常讲的，自由是对必然的认识，认识了必然，才有自由，想超越必然是不可能的。很简单的一个例子是，如果遵守交通规则，怎样走都是自由的；如果处处不遵守交通规则，就会收到一大堆罚单。再比如说，穿着也要符合礼仪规范，要根据身份、场合来穿。某一年开"两会"之前，我在浙江，有"两会"代表就跟我讲，为了弘扬传统文化，浙江省"两会"的女代表都要穿旗袍。我说，这很好，我们要在这样的场合弘扬传统的服饰文化，让人对传统有认同感。穿旗袍是很好的事情，可是"两会"召开之前，一些记者闻风而动，特别采访了旗袍的设计师，在网上公布了方案。我看了，就知道穿不成了。为什么呢？因为都是走秀的时装款。在正式的场合，应该穿得庄重一些，而不是穿夸张的、时装秀场上的礼服。礼文化的精神是要让我们在不同的场合恰如其分地展示我们的个性和形象，不要对礼文化以偏概全、以讹传讹。我们要对中国的传统文化有全面、正确的了解。

II

中国文化的人文特质

增强文化主体意识

在全球化的浪潮中保护我们的传统文化

我们知道，在近代史上亚洲，除了日本之外，许多国家都先后沦为西方列强的殖民地或半殖民地。第二次世界大战以后，这些国家都通过民族解放战争，获得了政治上的独立。到了 20 世纪 60、70 年代，出现了"亚洲四小龙"，并创造了一系列的经济奇迹。一开始这些国家都否定自己的传统，认为要走向现代化必须要吸收西方文化。随着政治、经济的发展，人们开始在文化上进行反思。

20 世纪末，世界经济、文化面临着全球化问题。在这样的情况下，西方的文化成为一种强势文化。随着网络、信息技术等的发展，西方文化的传播速度比以往更快。人们开始思考：经济上的全球化尚且有很多人不认同，文化如果再全球化，那多样的文化就会渐渐成为单一的强势文化。因此，在文化领域出现了寻根的意识。许多人认识到多元文化的必要性、重要性，提出越是民族的，就越是世界的。如果本民族的文化丧失了特点，大家都一样，那本民族的文化还有什么价值？因此，保护民族文化成为很重要的问题。

针对物质文化遗产的保护，联合国早就设立了专门的组织，20世纪70、80年代开始酝酿保护非物质文化遗产，但这一计划一直到1998年时才开始实行。各个地区、各个民族对人类做出贡献的、有价值的文化是非物质文化遗产计划保护的对象。另外，非物质文化遗产的消失比物质文化遗产的消失要快，而且一旦消失，就很难再找回来。我国2001年入选非物质文化遗产名录的是昆曲；2003年入选的是古琴；2005年入选的是新疆的木卡姆，以及中国和蒙古国一起申请的蒙古长调。我们一直在推进非物质文化遗产的保护进程。最初征集保护项目时就发现有五百多项迫切需要保护的非物质文化遗产。

非物质文化遗产会随着人的死亡而湮灭。我过去给人家讲传统文化，常常讲要看得开一点，生不带来，死不带去，有什么可以留恋的？现在看来这种说法要纠正。实际上一些精神产物会随着人的死亡而消失，有的精神产物是几百年甚至上千年的积累，现在只在某个人的头脑里存储着，如果没有传承下去，文化就中断了。因为非物质文化遗产是口传心授的，需要我们重新整理。抢救非物质文化遗产不是一件轻而易举的事情。我们讲的国学，其中绝大多数的内容都是非物质文化遗产，可以说是一座思想宝藏。虽然有物质载体流传下来，但是许多人看不懂，而且现在许多人是拿现代的观点、方法去理解古代的文化遗产，这样就会产生误读。

在交流中保持文化主体意识

百年来，我们为什么会不断讨论国学问题？在现代化的进程中，如何正确对待本国已有的文化传统？如何继承和发扬本国传统文化中的优秀成分？如何建设具有本国、本民族特色的现代化国家？我觉得国学讨论主要是围绕上述问题展开的。所有的国学讨论归根到底都是在东西文化交流的过程中出现的。

要解决这些问题，关键是在现代化交流中如何保持自己的文化主体意识。文化交流是不可阻挡的，通讯的便捷带给人们更多的文化选择空间。如果没有主体意识，一交流，你就被同化了，还有什么可交流的？真正的交流并不是你吃掉我，我吃掉你，真正意义上的交流是双赢，你中有我，我中有你。就像歌中唱的"洋装虽然穿在身，我心依然是中国心"，我们要认识到我们的文化是在什么样的文化土壤上成长起来的。有了主体意识，我们对其他文化就能甄别，并懂得要吸收什么。吸收外国文化之后，将它融合在我们的文化主体之中，让它变成养料，使我们的文化之树长得更健壮，而不是让我们消化不良。

文化的主体意识就是对本国文化的认同，包括对本国文化的尊重、保护、继承、鉴别和发展等。在这个过程中，既不要盲目自大，也不要妄自菲薄。只有保持自己的主体性，才能有效地、有针对性地吸收外国文化的养料，来滋润、发展本国的文化。

这里必须澄清一个观念，即现代化不等于西化。近百年来，尤其是改革开放以来，随着历史的发展，我们需要重新审视我们的文化传统和传统文化。文化传统和传统文化是有联系，也有区别的。传统文化是指文化的内容和样式，如文学、艺术、医学、哲学等就属于传统文化的范畴。文化传统则是指凝聚在文化中的一种价值观念、思想方法、生活样式等。文化传统是民族精神的体现。我们常常讲要建设中国特色社会主义。离开了我们的文化传统，我们的文化特色就表现不出来。只有认同、继承、发扬我们的文化传统，才可能有我们自己的文化特色。

就传统文化来讲，中国在世界上最有希望取得领先地位的是中医。近百年来，我们积极地学习西方的医学，如果我们能够以中医为主体去学习西方的医学文化，那中国的医学一定是世界上最棒的。但是，可以说现在的中医已经不"中"了，我们到中医院去就诊，有几个大夫能够真正通过诊脉来诊病？中医的手段也是化验、透视、CT 等，可以说完全西化了。很多人在这个问题上都有认识的误区，他们认为中医就是中国的医学，西医就是西方的医学。但是中医的核心内容不是中国的医学，而是中道之医。梁启超、鲁迅都曾经说过，中医要消亡了，但是现在中医依旧存在，而且还得到了发展。

如果不按国别来分析，那么中医的内涵是什么呢？首先，中医是中道之医。什么是中道之医？就是探讨阴阳平衡问题的医学。阴阳平衡了，身体就健壮了；如果阴阳失衡了，就有病了。中国有句古话说："上医治国，中医治人，下医治病。"中医是治人的，不是单纯治病而已。在中医看来，病是局部的，人体是整体关联的。中医和西医在理念上很不同，西医是攻其一点，不计其余。如果我们能真正意识到中医和西医是两种类型的医学，并把两者很好地结合起来，我们的医学肯定会领先于世界水平，可是我们现在是拿西医的理论来解构中医。一些中医学院的博士生都跟我讲，某些地区的中医教学是在埋葬中医，因为它完全按照西医的理论来授课，而且让我吃惊的是，传统的中国医书在中医学院竟然是选修课，而不是必修课。

中医是和中国文化联系在一起，具体体现了中国文化的根本精神。抛弃了中医，我们的医学还会有什么特点？我这样讲，并不是否定在西医的领域中国人也做出了一些杰出的贡献。与中医的情况相似，在学术领域也是如此。我是搞哲学的，在十多年前有一个瑞典人来北京学中医。他说："我到这里来学习，但听到的都是用西医的理论来诠释中医，我能不能听一下你们是怎么讲中国哲学的？"我说："中国的哲学同样是用西方的理论去诠释它"，这种情况到现在还没有改变。用这种方法来讲中国哲学，这就使许多人无法理解中国哲学的思维方式。例如，很多人讲，阳明学主张心外无物，心外无理，是主观唯心主义。王明阳在讲"此花不在尔的心外"时，他并没有讨论花与心哪个先存在的问题，而是说当我们看花的时候，花就显现出来；而当我们没有看花的时候，花就没有显现。这是说，花只有和你发生联系，才有存在的意义。如果没有和你发生联系，它的存在就没有实际意义。王阳明讨论的是事物之间的关系和价值的问题，而不是说谁是第一性、谁是第二性，谁产生谁、谁决定谁的问题。这段话是说事物之间只有发生联系时，才有意义；不发生联系时，就没有意义。

中国哲学讨论的问题是心、物之间的关系，而不是说心第一，还是物第一。对中国传统哲学的基本理念、思维方式许多人已经无法理解了，因为我们关注的是心第一性，还是物第一性。与古代的思维方式相比，现代人的思维方式已经改变了。同时，我们应当意识到，中国的思维方式和西方的思维方式是不一样的，西方的思维方式取代不了我们的思维方式。反之，亦然。但两者可以并存，并相互理解。我们也可以用西方有益的想法去分析具体问题，使思路变得更加清晰。但事实上，清晰之中有模糊，模糊当中有清晰，才是中国人的思维方式。如果我们不具有这种思维方式，丧失中国文化的主体性，就会出问题。

百年来，尽管有不少仁人志士都在为传承中华传统文化而默默耕耘。然而，在一个时期内，我的一个直觉是没有重视中华文化的整体根基。从基础教育到大学教育，缺乏传统文化方面的内容。人们对传统文化的了解越来越少，可以说是在一代一代地递减。递减的意思不是说看古书的人越来越少了，而是许多人不能领会传统文化的底蕴。也许在形式上我们能继承传统，但在弘扬传统的过程中，现代人是否能把它吃透，进而去创新发展？创造出来的新文化是传统最初的精神面貌，还是一创造出来，就背离了传统，或者一创造出来，就完全改变了传统？这些问题值得我们思考。我国的非物质文化遗产被选入联合国的保护名单之后，就变成了热门，大家趋之若鹜，都来做这方面的工作，这是好事。但是，我也看到很多事情变成了市场经济下的、赶时髦的行为，这就使传统文化变味了。

一个不了解本国传统文化的人，对本国的文化传统没有自信心的人，很难培养出爱国心。我想全社会特别是在青少年当中要加强传统文化的教育，增强中华文化的主体意识是十分必要的，也是一项迫切的任务。

中国传统哲学的三大思维底蕴

哲学是一种形而上的学问。很多人把哲学看得很高，其实中国哲学一直在生活实践中，不离人伦日用，这是需要我们重新来认识的。当然也不能像"文化大革命"时期那样把哲学庸俗化，所谓西红柿哲学、养猪哲学等是不可取的。道和艺是两个层次，但又分不开。离开了日常生活，艺不可能上升到道，可是又不能把道降低到日常生活的层面。既不能把哲学说得很玄妙、神秘，也不能把哲学庸俗化。以中道的观点，恰如其分地说，哲学是一门无用之用的学问，它不能对你产生任何实际功效，但是它会引领你去做正确的决定。我们之所以要普及哲学，是要让人明白为什么要这么做，能够让人从不自觉变成自觉，而且还能从做一件事中明白道理，并运用到生活的各个实践层面中去。

在哲学中，除了价值观念，最核心的就是思维方式问题，我们做任何事情，都要面对怎样去解释、认识等问题。中西哲学的差别，不是简单的形式上的差别，而是类型上的差别。要把握数千年的中国传统文化，就要懂得中国传统哲学的特点，这样才不至于雾里看花、隔靴搔痒。

整体关联

中国人的思维方式非常注重整体关联。任何事物都不是孤立的，而是关联在一起的。事物的任何一个部分，都不能孤立到整体之外去，更不能用它来说明整体的问题。只有把部分放到整体中去，才能正确认识它。部分在整体里的任何变化，都会直接影响到整体，整体的变化也同样会影响到各部分。这就像太极图一样，图中有阴，也有阳，阳长阴消，阴长阳消，而阴阳又是互根的，阴中有阳，阳中有阴，阴离不开阳，阳离不开阴。正因为如此，中国的思维方式不是简单的非此即彼，而是强调此离不开彼、彼离不开此，此中有彼、彼中有此，此会转变为彼、彼会转变为此。总之，彼此是一个整体。

在古人心目中，不论事物、现象有多么复杂，都可以用"道"来贯通。可以说，中国文化就是"道"的文化，孔子讲"士志于道"（《论语·里仁》）。我们要求道、悟道、证道、传道，用"道"来贯通一切。汉代河上公注的《老子》很有意思，他认为《老子》中的很多道理既可以用在修身上，也可以用到治国上。"论病以及国，原诊以知政"（《汉书·艺文志》），这句话是说我们可以把对人体的认识运用到政治团体上，人体是"体"，集体不也是"体"吗？

贺麟先生就说过："儒学是合诗教、礼教、理学三者为一体的学养，也即艺术、宗教、哲学三者的谐和体。"（《文化与人生》

之《儒家思想的新展开》）不仅古代中国文化如此，从全世界来看都一样，从源头上来讲学科不可能分得那么细。像柏拉图、亚里士多德等古代的学者都不只是某一学科的专家，他们都是通才。

动态平衡

中国传统文化强调中庸之道，为什么要讲"中"呢？因为"中"就是保持事物的平衡。如果失去了平衡，就会产生偏差。"中"即适度，既不过，也没有不及。事物的平衡不是静态的、固定不变的，而是变动的、相对而言的。在这个时间、地点取得了平衡，到了下一个时间、地点又不平衡了，又得再调整，达到新的平衡，这就是动态平衡。比如，中医就认为，一切疾病都来自于身体阴阳的失衡，也就是偏离了中道。一个人的身体，由于内伤和外感，阴阳也就不断地处于不平衡的状态。有些外感是无法避免的，所以我们要注意调整自己的生活，以适应外界的各种变化，从而达到一个相对平衡的状态，这样才能保持自己身体的健康。

近代著名哲学家、国学宗师章太炎讲到，西方哲学关注的是物质世界，物质世界相对来讲是静止的，因此可以对它进行细致的、精确的、静态的分析；中国哲学关注人，人世间的事情是变动不居、瞬息万变的，不可能用静止的方法，而只能用动态的方法来整体把握。近一百年来，我们都在用实证科学的方法来研究人文，而现在情况有逆转的倾向，自然科学开始引进人文方法来开展研究，也关心整体关联、动态平衡，并注重个体差异。

自然合理

中国文化主张自然合理。只有符合事物的本来状态，才是最合理的，这就是自然合理。这里的"自然"，是指自然而然，是万事万物的本然状态。自然合理就是中国的科学思想，它强调一切都要合乎事物的本性。从大禹治水到李冰治理都江堰，其指导思想就是顺其自然、自然合理。大禹看到水总是要往下流，就疏通河流，让水能够顺畅地流下去，所以水就治好了。李冰看到水位是波动的，就不用死的、硬的坝栏，而是把竹篓子装上石头，放在水里，随着水波流动，它也会起伏。汶川地震中，新修的钢筋水泥的水坝都震坏了，而装着石头的竹篓子却没有坏。顺其自然的思想，适用于一切方面，既适用于个人、社会，也适用于整个大自然。不顺其自然，个人、社会、大自然都会得病。同时，大自然本身也在不断调整，我们要顺应它本身的发展趋势，帮助它取得平衡，而不是去破坏平衡。现实中的人和人是有差别的。荀子曾引用《尚书》中的"惟齐非齐"来谈他对平等观念的理解。孟子说过"物之不齐，物之情也"（《孟子·滕文公上》），如果都按照同一个标准去对待万物的话，那当然就"不齐"了。究竟是"齐"，还是"不齐"，不能只看表面现象。

"惟齐非齐"四个字背后蕴涵着自然合理的思维方式。先秦儒家讲"惟齐非齐";宋明理学家讲"理一分殊",其根本精神是一致的。"等闲识得东风面,万紫千红总是春",这是对"理一分殊"哲学思想的形象化表达。

自然合理就是要顺应事物的发展规律,并尊重事物的个性。自然合理的一个重要特点就是个性化,这跟现代科学的普遍适用于万物的标准化不一样,它注重的不是一般性,而是主张要符合事物的特殊性,不是用一个统一的、量化的标准去规定,而是针对事物的特点灵活、多角度地处理问题。西方近代的思维方式是科学合理,把普适性放在第一位。但事实上科学上的真理也是在一定的范围内才适用,离开这个范围就不适用了,比如说,牛顿的经典力学就只适用于宏观物体低速运动的情形。

客观世界是很复杂的,是整体关联、动态平衡的,要达到自然合理才能相对符合事物的特性。随着现代科学的发展,人们也发现越符合事物的本然个性,就越合理。

认识过程中的主体能动性

在中国传统哲学中，强调认识过程中的主体修养，认识活动与道德修养有密切关系，是中国传统哲学的一大特征。认识过程中的主体修养论对丰富哲学认识理论，有着重要的意义，是中国哲学贡献给世界哲学的一份宝贵财富。

认识是离不开认识者（主体）和被认识者（客体）的，先秦的荀子（名况，字卿，约公元前313—前238年）曾说："凡以知，人之性也；可以知，物之理也。"（《荀子·解蔽》）又说："所以知之在人者，谓之知；知有所合，谓之智。"（《荀子·正名》）这是说，人（主体）有认识的能力（能知），物（客体）有可认识的性质（所知），主体的认识能力与客体事物相接触（合）后，即可产生认识、获得知识（智）。这种朴素的反映论观点，基本上代表了中国传统哲学对认识性质和来源的一般见解。佛教传入中国后，讲"心法起灭天地""三界唯心""万法唯识"等，否定有离开主体而独立存在的客体。受其影响，宋明理学中的陆王心学等讲"心外无理""心外无物"，也不承认有离开主体而独立存在的客体。因此，佛教强调断除"所知障""见自本性"，陆王则强调"致吾心之良知"等。在他们看来，认识不是主体对客体的反映，而是主体的自我反省。

尽管对认识的性质和来源问题上有以上的不同看法，但在强调认识过程中主体能动作用的重要性问题上，中国传统哲学各派的看法是基本一致的。认识并不是主体对客体的一种单纯感觉和消极反映。对此，荀子认为，认识是从人的感官与外物接触开始的，但仅有感官的感觉是不行的，还必须要有心的鉴别。他说："何缘而以同异？曰：缘天官。"然后"心有征知。征知，则缘耳而知声可也，缘目而知形可也"。荀子认为，一方面心的征知作用，"必将待天官之当簿其类，然后可也"（《荀子·正名》）；另一方面，由于"心者，形之君也，而神明之主也"（《荀子·解蔽》），心在认识过程中又起着决定性的作用。这也就是说，人的认识过程必然包含着主体的理性思维的能动作用。

关于感官与心在认识过程中的不同作用和地位问题，从孟子开始就已有了认识。如他说："耳目之官不思，而蔽于物，物交物，则引之而已矣。心之官则思，思则得之，不思则不得也。此天之所与我者，先立乎其大者，则其小者弗能夺也。"（《孟子·告子上》）这些话也包含着强调主体理性思维在认识过程中的能动作用和决定地位的意思。孟子"先立乎其大"的论述，对以后心学一派把主体的道德修养放在最重要的地位，有着深远的影响。

明末清初的著名思想家王夫之（1619—1692 年），在论述认识的发生以及认识过程中耳目感官与心的关系时说："形也，神也，物也，三相遇而知觉乃发。"(《张子正蒙注》卷一)"耳与声合，目与色合，皆心所翕辟之牖也，合，故相知；乃其所以合之故，则岂耳目声色之力哉！故舆薪过前，群言杂至，而非意所属，则见如不见，闻如不闻，其非耳目之受而即合，明矣。"(《张子正蒙注》卷四)这里的形是指身体感官，神是指心的思维，物则指外物。王夫之以思维不着意于此时，则见如不见，闻如不闻的一般经验，说明了心的思维在感官与外物相接过程中的主导作用，强调了认识过程中主观能动性的重要意义。

中国古代的哲人们注意到，人们在认识上常常会出现各种错觉或片面性，这里固然有外在的原因，如外物的变化不定和情况的复杂难辨等，但更主要的是由认识主体的内在原因造成的。对此，荀子也有较深刻的认识，他指出了造成错觉或片面性的原因。他说："欲（好）为蔽，恶为蔽，始为蔽，终为蔽，远为蔽，近为蔽，博为蔽，浅为蔽，古为蔽，今为蔽"等。在这些"为蔽"中，始终、远近、古今之蔽偏向于客观的原因，而欲恶之蔽、博浅之蔽则均与主体有密切的关系。如他说"故从山上望牛者若羊，而求羊者不下牵也；远蔽其大也。从山下望木者，十仞之木若箸，而求箸者不上折也；高蔽其长也"(《荀子·解蔽》)等。这种由外在原因所造成的错觉或片面性，是比较容易识别和克服的。然而，像他指出的另一种情况："私其所积，唯恐闻其恶也；倚其所私以观异术，唯恐闻其美也；是以与治虽走，而是己不辍也。"(《荀子·解蔽》)这段话的意思是，由于偏爱自己的学说，唯恐听到别人说他的学说不好。从自己的偏见去观察不同于自己的学说，又唯恐听到别人说那种学说好。由此，背离了正道，而还自以为是，不知改正。这就是说，主体情感上的欲（好）恶，同样会直接影响到人的认识活动，造成认识上的片面性（蔽）。而且这种由认识主体内在原因所造成的片面性，是很难觉察和克服的。《庄子·秋水》说"井蛙（或说当作"井鱼"）不可以语于海者"，荀子也引俗话说，"坎井之蛙不可与语东海之乐"（《荀子·正论》），则是"浅"之为蔽的最生动比喻，它所造成的认识上的片面性，同样也是很难自我觉察和克服的。

心（思维、精神）的状态如何，将直接影响到感觉的正误，以致影响到对客体的正确认识。荀子看到了主体的心理状态对认识的影响，并举出了许多具体生动而有力的例子。例如他说："夏首之南有人焉，曰涓蜀梁，其为人也，愚而善畏。明月而宵行，俯见其影，以为伏鬼也；卬（仰）视其发，以为立魅也；背而走，比至其家者，失气而死。"（《荀子·解蔽》）这是说，由于此人处于一种极其畏惧的心理状态之中，因而把自己的影子当作了鬼，把自己的头发当作了魅，结果把自己吓死。又如，他举例说："心忧恐，则口衔刍豢，而不知其味；耳听钟鼓，而不知其声；目视黼黻，而不知其状；轻暖平簟，而体不知其安。"从这段文字的前后文意看，荀子主要是从道德的角度来讲的。与此相对比的是："心平愉，则色不及佣，而可以养目；声不及佣，而可以养耳；蔬食菜羹，而可以养口；粗布之衣，粗纠之履，而可以养体。"(《荀子·正名》)此外，我们也不能忽视影响认识的因素。因为，荀子在谈"解蔽"时，也说过同样的话。如他说："心枝则无知，倾则不精，贰则疑惑。"意思是说，精神（思想）分散，就不可能获得知识，不专注，认识就不可能精深，三心二意，就会疑惑不安。又说："心不使焉，则白黑在前，而目不见；雷鼓在侧，而耳不闻，况于使者乎！"(《荀子·解蔽》)这是说，当一个人的注意力太分散时，即使某一事物就在眼前，也会视而不见，听而不闻。这应当说是每一个人都有过的切身经验。因此，荀子前面说的由于心理上的忧虑和恐惧，而造成食不知味、听不闻声、视不见色的现象，若从认识论的角度看，则可以说，如果一个人的注意力被忧虑和恐惧所干扰，那么他（她）就会连味道的好坏、音乐的雅俗、色彩的浓淡、容貌的妍丑都分不清了。

心（思维、精神）的状态会直接影响到对客体的正确认识，这一问题在《大学》一书中也有所论及，书中指出："所谓修身在正其心者，身有所忿懥（按，朱熹集注引程子曰："'身有'之'身'当作'心'。"忿懥是发怒之意），则不得其正；有所恐惧，则不得其正；有所好乐，则不得其正；有所忧患，则不得其正。心不在焉，视而不见，听而不闻，食而不知其味。"朱熹对这段话是这样注释的："盖是四者，皆心之用，而人所不能无者。然一有之而不能察，则欲动情胜，而其用之所行，或不能不失其正矣。"(《四书章句集注·大学章句》)意思是说，人不可能没有喜怒哀乐等感情，这是一种心理活动。如果不能明白觉察而让感情占了上风的话，那么在它的影响下，就不可避免地会产生错误认识。

荀子的学生韩非子（约公元前 280—前 233 年）曾说："聪明睿智，天也；动静思虑，人也。人也者，乘于天明以视，寄于天聪以听，托于天智以思虑。"（《韩非子·解老》）这一分析发展了荀子关于"天官"和"心"在认识中的不同作用和地位的思想。韩非子把耳目感官的视听功能，乃至于"心"的思虑功能，都归结为天赋予人的一种自然功能，而同时则强调，只有发挥人的主观能动作用去驾驭那些天赋，才可以获得视听、思虑的实际效果。但他也指出，如果过分地去使用耳目的视听和心的思虑功能，其结果是导致目不明、耳不聪、智识乱，从而也就不能辨黑白之色、别清浊之声、审得失之地。因此，他又提出了"适动静之节，省思虑之费也"的主张（《韩非子·解老》）。韩非子把认识主体分为生理功能和精神能动两个层次，特别是对"心"也作了分析，将其分为一般生理功能和主观能动两个层次，也就是说，主体思维器官所具有的思维能力与耳聪目明一样，也要由主体去运用它，才能发挥其思虑的作用。这一论述，加深了对认识过程中的主体能动性的理解。

王夫之对这一问题也有相当精彩的论述。他说："夫天与之目力，必竭而后明焉；天与之耳力，必竭而后聪焉；天与之心思，必竭而后睿焉。……可竭者天也，竭之者人也。"（《续春秋左氏传议》卷下）这与韩非子"聪明睿智，天也；动静思虑，人也"的说法是一致的。他又说:"人之所以异于禽兽者,以其知觉之有渐,寂然不动,待感而通也。若禽之初出于鷇,兽之初坠于胎,其啄齕之能,趋避之智,啁啾求母,呴嘘相呼,及其长而无以过。使有人焉,生而能言,则亦智侔雏麑,而为不祥之尤矣。是何也?禽兽有天明而无己明,去天近,而其明较现。人则有天道(命)而抑有人道(性),去天道远,而人道始持权也。耳有聪,目有明,心思有睿知,入天下之声色而研其理者,人之道也。"(《读四书大全说》卷七)这是说,动物只有本能而没有主体的思维能动作用,它生来的本能如何,至其长大也不会有所长进(经人类专门驯养者除外)。人则不一样,他的认识是随其成长而不断进步的。这是因为人类主要不是按本能行动,而是要充分发挥人类的主体能动作用(即所谓"去天道远,而人道始持权也")。因此,人不仅能感物而通,而且具有深入天下之声色而研究其道理的能动作用。这是人和动物的根本区别之所在。王夫之在这里充分阐述了人在认识过程中具有能动性的特点,其理论意义是相当深远的。

陆王心学把认识的基点定在反求诸己上,所以更强调"尽心",并扩充为"致良知"等,主张充分发挥主体的能动作用。

王阳明(1472—1528 年)特别强调认识过程中的主、客一体,不可分离的原则。这是从他的心、物(心、理)不二的基本立论中推衍出来的。在《答顾东桥书》中,他认为:"夫物理不外于吾心,外吾心而求物理,无物理矣;遗物理而求吾心,吾心又何物邪？"（《王文成公全书》卷二《传习录中》）即离开人的心而去求物之理，哪有什么物之理？同样，离开物之理而去求人的心，这心又是什么东西呢？因此，在认识论方面，认识主体与被认识的客体也是不可一分为二的。他说，当认识主体与被认识的客体没有接触时，主体与客体都归于暗寂未显的状态；而当认识主体与被认识的客体一旦接触后，那么，认识主体与被认识的客体同时都会明白地显现出来。这就是王阳明游南镇时与友人一段著名对话的主旨，文载《传习录下》：

> 先生游南镇，一友指岩中花树问曰："天下无心外之物，如此花树在深山中自开自落，于我心亦何相关？"先生曰："尔未看此花时，此花与尔心同归于寂。尔来看此花时，则此花颜色一时明白起来，便知此花不在尔的心外。"

以往这段话大都被引用来作为王阳明否定有独立存在的客体的主要证据。有人认为，从这段话可以看到，王阳明提出了外物（客体）当未被感知时，便不存在，它类似于巴克莱"存在就是被感知"的命题。如果单就"便知此花不在尔的心外"的结论来讲，以上的分析不能说没有一定的道理，但如果仔细读一下王阳明的文字，则以上的分析未必完全符合这段话的意思。首先，王阳明这里所讲的"寂"，不是"不存在"的意思，而是下面的"明白"的对文，为"暗寂"未显的意思；其次，王阳明不是单讲"花"

的"寂",而是讲"此花与尔心同归于寂",也不是单讲"花"的"明",而是讲"此花颜色（颜色指心的感知）一时明白起来"；再次，王阳明讲"尔未看此花时""尔来看此花时"等，也还是以花的存在为前提的。

事实上，在任何一个具体的认识过程中，只有当主、客体有接触时，才有认识可言，这时认识的主体和被认识的客体才具有实际的存在意义。一个未被任何认识主体所认知的客体，是一个死寂的存在；同样，一个未与任何认识客体接触的主体，也只是一颗死寂的心。仅就这一点来说，王阳明的这一段论述，尚有值得注意之处。比如，他说的"尔来看此花时，则此花颜色一时明白起来"，着重强调了客观事物的形色等性质只有通过人的主观认识活动，才能"明白"起来。其中也包含了这样的意思，即调动和发挥认识主体的主观能动作用，对于扩大和深化对客观事物的认识，有着重要的、积极的意义。

大道至简

一、道与德

什么叫道？在中国传统文化中，强调由问道、思道、辩道最后落实到行道。我们学习的过程是学、问、思、辨、行。《中庸》曰："博学之，审问之，慎思之，明辨之，笃行之。"此外，我们还要去修道、去证道。那么道究竟是什么？道可学吗？道可说吗？只有一个道，还是有许多道？道是非常笼统的字眼，道可说，也不可说；可问，也不可问；可修，也不可修；可证，也不可证。这不是在诡辩，而是事实。

中国的学问常常分为上达和下学两个层次，下学就是我们日常生活中的行为规范、举止言行。上达是什么呢？"君子上达"（《论语·宪问》），下学可以言传，可以通过语言来传颂、来学习；上达必由心悟，它需要去体悟，不仅仅是用语言就可以说得清楚的。

老子《道德经》的第一句话是："道可道，非常道。"自古以来针对这句话有多种的解释。什么是常道？我认为常道就是一种恒常之道、平常之道。在我们的生活中，普普通通的、时刻也离不开的那些道，叫常道。这种道不是用语言可以说清楚的，而是需要我们在生活中去体悟的。比如说为人之道，我们该怎么样做人呢？说得再多都没有用，得自己去做。很多时候，说了，就把它复杂化，就让我们一天到晚去抠字眼。因此道是既可说，又不可说，不可说，还得说。说了以后，还得把言词抛掉，用心去体会它。

在中国哲学史上，每个学派有每个学派的道，儒家有儒家之道，道家有道家之道，佛家有佛家之道……。所以有一句话，"道不同不相为谋"，即走的路不一样，追寻的目标不一样，就无法共事。儒有儒之是非，墨有墨之是非，儒家的是，可能是墨家的非；墨家的是，可能是儒家的非。因此，道又是非常复杂的。我们要从不同的角度去理解道。我们暂不考虑道的多样性，只讲中国文化中具有某种核心价值的那一个道。它既是我们思考的基本方法，也是我们实践的基本原则。

道是什么？道教传奇人物张三丰说过的一句话："夫道，中而已矣。"（《张三丰全集》附录四《张三丰真人玄谭集》）其实，道就是一个中字。儒曰致中，道曰守中，释曰空中，儒、释、道都讲一个中吗？儒曰致中，致就是达到的意思。致中思想出自《中庸》，《中庸》第一章就讲"喜怒哀乐之未发，谓之中；发而皆中节，谓之和。……致中和，天地位焉，万物育焉。"天在上，地在下，天地各就其位，万物就在天地之间生生不息地生长。道曰守中，即掌握中这样一个原则。《道德经》讲："多言数穷，不如守中。"释曰空中，佛教中"空中"这个概念是从哪儿来的呢？它出自佛教经典《中论》。《中论》讲："因缘所生法，我说即是空，亦为是假名，亦是中道义。"假名就是幻影。幻影的本质是空，也就是无常、无我。无常、无我是事物的两个方面，是不可分割的，这就是中道思想。"中"这个概念在中国文化当中贯穿一切，所以在《论语》中，连孔子都感叹："中庸之为德也，其至矣乎！"中庸作为德行，是至高无上的。中是什么？儒家的解释就是无过，无不及，"中"即恰到好处。

怎样才能做到恰到好处？清代道学大家黄元吉说过："圣人之道，中庸而已。中庸之道，顺其自然而已。"什么才是分寸、适度？就是顺其自然。只有顺其自然，才能符合每个事物的度。每个事物的度都不一样，事物之间有很大的差异。因此，我们不能用一个标准去要求所有的事物。

什么叫道？什么叫德？我们现在已经在新的意义上来使用道德这个概念，道德常被等同于伦理，因此，我们才会常常讲伦理道德。道德和伦理最初是具有相反意义的两个概念。道德是指所有事物的自然本性；伦理是在处理人与人之间关系时需要遵守的规范。伦是伦常，人与人之间应该遵循的道理就是伦理。儒家倡导的伦理规范有"五常"（仁、义、礼、智、信）等。道家讲道德，什么叫道？"道者，路也。天地万物所共由也。"什么叫德？"德者，得也。天地万物所各具也。"天地万物所具有的本性，就叫作德。

在先秦，道家与儒家思想有冲突，因为道家强调道德、自然，倡导尊重每个事物的天然本性。而儒家认为在有组织的社会群体中，如果没有行为准则来规范大家的言行，那不就乱了吗？因此，儒家重视人为的规范。先秦时期，《庄子》中有很多批判儒家的东西。那是因为儒家的伦理束缚人的自然天性，使人不能自由发挥。魏晋时期出现了很多社会问题。为了解决这些问题，为了把人的自然天性跟社会责任统一起来，就出现了魏晋玄学，玄学就是要想办法把天性与责任统一起来。

二、名教与自然

玄学的主体是什么？就是讲礼教与自然的关系问题，即伦理规范与人的本性的关系问题。怎样协调两者的关系？我想这个问题大概是人类永恒的主题。作为肉体生命来讲，人类永远有自然本性的一方面，有各种各样的自然要求。但人类是有组织的群体，必然会碰到个体之间的关系问题。此外，除了肉体生命，人还有精神生命。人不能跟禽兽一样，更不能不如禽兽，因此必须要规范人的行为。

魏晋时期在讨论社会对每个成员的要求与每个成员的自然欲求之间的矛盾问题时，大致得出的结论就是人的自然本性与群体行动准则应该是统一的。我们制定各种规范必须要考虑人的自然本性，人的自然本性的发展也必须顾及群体的要求。从魏晋时代开始，伦理问题跟道德问题就结合为一体，伦理不能违背自然，自然也不能背弃伦理，这也是中国文化核心价值之一。

儒家强调孝道，相对于天性而言，孝道是儒家提出的伦理规范。魏晋时期，有一个著名的玄学家，他只活了23岁，他的名字是王弼，他给孝下了一个非常精彩的定义——"自然亲爱为孝。"中国传统的生命观是自然的生命观。从动物、植物到人类，都是自然而然生成的，"天地合气，万物自生"（《论衡·自然篇》），而不是造物主有意识地、有目的地创造出来。每个生命不只是孤立的个体，而是生活在群体之中，所有的生命都是关联在一起的，个体只不过是系统中的一个环节。

对中国人来讲，人的内在关系是要通过亲情来维系的，而不是靠外在的契约来维系的。中国文化是由近及远推衍的，由亲亲推衍到仁民，由仁民推衍到爱物。对此，宋代著名哲学家张载曾说过一句话："民吾同胞，物吾与也。"（《宋元学案》卷一七《横渠学案上》）意思是所有的民众都是我的一母同胞，所有的万物都是我的同类。我们不仅要爱自己的亲人，而且要爱所有人；不仅爱所有人，而且要爱天地万物。因为天地万物跟我们是一体的，不可分的。因此，中国人讲"天人合一"，即人跟天地万物是一体的。

在中国文化中，儒、道两家都建立在尊重万物、自然的基础之上。道家讲道法自然，顺其自然。儒家有一个非常优秀的、重要的传统就是以天为则，把天作为我们学习的准则。《论语》有一句赞扬尧的话："大哉！尧之为君也，巍巍乎！唯天为大，唯尧则之。"（《论语·泰伯》）天是最大的，所以尧要向天来学习。儒家的礼教是建立在人与人之间的自然、内在的关系之上的，我们经常讲到儒家强调五伦，有哪五伦呢？父子、君臣、夫妇、长幼、朋友。除了君臣这一伦，其他四伦都是讲人与人之间的自然的关系，比如父子、长幼的次序是不能颠倒的。夫妇也是自然的关系，男女、阴阳、刚柔都是不同的，但从自然而然的角度来讲，两者的关系不能变。还有朋友关系，在一个有组织的群体中，人与人之间自然要相互依赖、相互帮助。五伦中，唯有君臣似乎是外在的契约关系，如果把它放在一个有组织的框架中去看，我想这也是一种自然的、必须要有的关系。在古代社会中，不可能谁说的话都算，也不可能谁说的话都不算，我们常讲要民主，也要集中。从这个意义上讲，我们不要仅仅看到个人，而且要兼顾群体，古代的君臣也是一种自然关系，而不是外在强加的东西。

在中国古代的伦理中，试图把君臣关系诠释成父子关系，这就是为了不把这种关系外在化，而要把它内在化、自然化。很多人不太赞成这种做法。我觉得从某种意义上讲父母官很好，我希望父母官要尽到做父母的责任，那老百姓就享福了。天底下绝大多数的父母都是无偿地、不求回报地为子女服务，看来很私人的父母、子女关系中蕴藏着最无私的精神，我们要学的是这个方面。这一点连西方启蒙运动时期的法学家孟德斯鸠都看到了。他说，在中国，老百姓如果能把官员当作父母那样来尊敬，那么官员一定会像对待子女那样来对待百姓。反过来，百姓不把官员当作父母那样对待，官员也不可能用父母那样的情怀去关怀百姓。所以在中国传统文化中，看似外在的关系，我们也要想办法把它转化为内在的、自然的关系。

三、适性与逍遥

《庄子》中有个故事，有一只大鸟和一只小鸟，大鸟到处去觅食，要吃很多东西才能把肚子填饱，渴了要喝好多水才能解渴。而另外一只小鸟只要啄几粒米就不饿了，喝少许水就不渴了。大鸟和小鸟的自然本性是不一样的，因此，大鸟和小鸟不要盲目地去羡慕对方，也不要互相攀比。如果小鸟想："大鸟这也吃那也吃，尝遍天下美食，我要像它那样多好啊。"你倒试试看，一顿下来就把小鸟撑死了。大鸟也不要去羡慕小鸟，认为："小鸟那么轻松就填饱肚子，就解渴了，我要像它该多好啊，那我就不需要辛苦地到处去觅食了。"如果那样做，没几天就把大鸟给饿死了。所以关键是做事要适合自己的个性。只要适性，就能逍遥。现在许多人就是不愿意顺其自然，无谓的攀比会造成许多不良的后果。

希望富贵长寿是人之常情，但是人们真的了解什么是富、什么是贵、什么是长寿吗？《淮南子·缪称训》云："天下有至贵而非势位也，有至富而非金玉也，有至寿而非千岁也，原心反性，则贵矣；适情知足，则富矣；明死生之分，则寿矣。"这段话的意思是回归本性是最宝贵的，适情则富有，如果人只知道追求更多的钱财，就永远不会感觉到自己的富有。其中"明死生之分，则寿矣"，即明白死和生的道理就会长寿。

什么叫长寿？《吕氏春秋》讲得很明白："圣人……而年寿得长焉。长也者，非短而续之也，毕其数也。"（《吕氏春秋·季春纪·尽数》）我们现在说的寿可能是这个概念——延长生命就是寿。其实寿者，"毕其数也"，活到该活的年岁，才是寿。具体来讲，不是满身插满管子在床上躺几十年，通过降低生命质量来延长存活的时间才是寿，无疾而终才是真正的寿。寿是有长短的，不是每个人都能活到一样的岁数。我常常讲，人生最幸福的事情就是健康地活着，安详地死去。什么叫健康地活着？健和康是两个概念，健是讲身健，康是讲心安。我希望大家以后不要只讲身体，只说祝你身体健康，应该说祝你身健心康。名利、地位都是镜花水月、梦幻泡影。不仅如此，它们可能还会给我们带来无穷的烦恼和痛苦。

大道至简，真理平凡。我们把大道搞得越复杂，就离道越远；我们把真理说得越复杂，就离真理越远。凭我们的感觉去体悟道吧！中国的儒、释、道三教，都要我们把握中道，顺其自然，尊重每个事物的本来面貌和本性。因为我们要认识自己的本性并不是一件容易的事情，俗语讲你要知道自己几斤几两，这就是让人对自己的本性有充分的把握。人必须充分发挥自己的力量，把力量发挥到极致就是个人价值的体现。我们不要攀比，在我看来，成功学是一种毒学，往往是一个人成功，成千上万的人被毒害了，因为人跟人是不一样的。攀比让人永远都会沉沦在烦恼、痛苦之中，因为人比人会气死人。真正认识自己的本性，发挥自身的优势，并且能够做到最好，那么每一个人就都能够拥有愉快的、幸福的人生。

离开"道"，中国文化就失去了它的灵魂

离开了道，中国文化就失去了它的灵魂。我们现在面临的问题是如何弘扬传统文化。我想弘扬中华优秀传统文化也主要是从道的层面出发。

中国文化是一种"道"文化

世界上任何一种文化都有"有形的文化"和"无形的文化"两个层面，或者说分"物质"和"精神"两个层面，中国人称之为"艺"和"道"。《周易·系辞上》曰："形而上者谓之道，形而下者谓之器。""器"，就是具体可见、可操作的"艺"。各种技艺以"载道"为内涵。在中国文化中，这两者统一而不可分，强调要"以道统艺，由艺臻道"，并把"求道"作为根本的指归。"道"在中国文化中具有特殊意义，甚至居于至高无上的地位。在某种意义上，把中国文化称之为"道文化"也不为过。中国传统文化的任务是明道、行道、传道。中国古代知识分子的人生境界以求道、悟道、证道为根本。在中国文化中，"道"和"艺"

这两个层次也可称为"本"和"末"。人们做什么事情首先要"知本"，然后以"求本"为最终归宿。"道"是形而上之学；"艺"是形而下之学。"道"这个层面的东西看不见、摸不着；"艺"这个层面的东西是可见、可操作的。

在中国古代典籍中，有很多地方都提到了"道"。道家自不必说，《管子》也有很多对"道"的描述，如"道也者，口之所不能言也，目之所不能视也，耳之所不能听也，所以修心而正形也"（《管子·内业》），"道"只能心领神会，不能通过语言、形象、声音来传达。儒家非常强调学习要"下学"和"上达"，这也相当于"艺"与"道"的关系。"下学"者，学日常生活中的礼仪、规范等；上达者，达天道、性命等抽象道理。"下学可以言传，上达必由心悟。"现代教育中，有些时候把下学和上达割裂，人文科学（特别是哲学）专门研究上达，极端的情况就是变成无源之水、无根之木，沦为空洞的学问。而下学只注重所学的专业技能、知识。下学必须要上达，上达也必须落实到下学，二者结合的最终目的还是上达。我曾说过："读书学习所为何？通晓人道明事理，开启智慧增艺能，变化气质美其身。"变化气质、使人完美，这才是读书学习的目的。

"为己之学"与"为人之学"

《论语》曰："古之学者为己，今之学者为人。"（《论语·宪问》）中国历来就分"为己之学"和"为人之学"，荀子解释说："君子之学也，以美其身；小人之学也，以为禽犊。"（《荀子·劝学》）"以为禽犊"，即卖弄和哗众取宠。这句话是说，君子求学是为了完善自己；小人学习是为了名利。

为己之学是使自身完美，为人之学是将学习作为财富的象征，"君子之学也，入乎耳，箸乎心，布乎四体，形乎动静"；"小人之学也，入乎耳，出乎口，口耳之间则四寸耳"（《荀子·劝学》）。作为一个人，一定要不断提升自己。一切探讨和研究都是围绕"天、地、人"来做，研究天地，最终也是为了人。人们常说"以人为本"，提倡人本主义、人本精神。很多人认为"人本主义"是从西方引进的，这完全是错误的。中国文化的根本精神是"以人为本"的人文精神。

何为"六艺"？

在中国文化中，"艺"这个概念非常宽泛。《礼记》记载孔子经常讲要以六艺来教育青少年。六艺指礼、乐、射、御、书、数。礼、乐指各种各样的礼仪规范，包括唱歌、跳舞等，相当于"文艺"。射、御属于体育运动，也可称为"武艺"。至于书、数，"书"即"六书"，它是中国文字起源的六个方面：象形、指事、会意、假借、转注、形声。"书"也常指写字、书法。"数"，古代指一、二、三……十、百、千、万等数字和各种各样的计算方法，即算术，后来发展为术数。六艺之中包含文艺、武艺、技艺（包括天文、地理等），范围非常广，涵盖了日常生活中方方面面的知识和技能。

"艺"过去都是小学的教学内容。当然这个"小学"跟我们现在的小学概念不同。《礼记》有一篇文章被单独抽出来，成为"四书"里的《大学》。大学即大人之学，相对于大人之学的就叫小人之学，即小学，后来小学又专指文字、音韵、训诂之学。

朱熹《大学章句序》说古代儿童 8 岁入小学，到 15 岁之前学洒扫、应对、进退之节。洒扫是整理内务，应对即待人接物，进退即礼节。《孟子》里讲"徐行后长者"（《孟子·告子下》），即慢慢跟在长辈后面走，这是礼节，从走路何时在前、何时在后等方面可以体悟出做事要有进退等道理。

除了"洒扫、应对、进退之节"之外，小学还学"礼、乐、射、御、书、数之文"，习惯成自然，长大以后遵守行为规范也是自然而然的事。如果长大之后再学这些，就有点不自然了。

"射"这项体育活动从古到今从来没有中断过，只不过形式变了。古代射箭时对面摆一个靶子，然后去射箭。后来又有了投壶，即对面摆一个花瓶，拿一把箭往里面投，现在人们常见的是套圈等。古人非常重视"射"，因为这项活动有助于提升自身的修养。《礼记》里讲，若要射中靶心，首先要端正身体；其次要专心致志，心无旁骛，就像下棋一样；再次，万一射不中，不能去埋怨靶子，而是反求诸己、反躬自问。在现代社会中，存在一个很大的问题就是怨气冲天，怨气是一股很厉害的戾气，大家你怨我、我怨你，怨天怨地、怨人怨事，不利于身心安宁、社会和谐。如果每个人能够反省一下自己，这个社会就会更加和谐。在学习"射"这一武艺的过程中，不仅提升了技艺，而且培养了心性。

技艺（包括中医等）的内涵也很丰富，《汉书·艺文志》将各种典籍分类，其中"方技"类跟现在所讲的中医有关，它包括四方面：一是医经，即人体生命理论；二是经方，即医药；三是房中，即男女阴阳关系；四是神仙，即养生。在我看来，"方技者，皆生生之具"，也就是各种保护生命的方法。

得意忘言、得意忘象

上达之学，必由心悟，只可意会，不可言传，它是智慧之学，是哲学；说出来的就成为知识、技能，下降为形而下的下学。在西方，亚里士多德曾用"物理学之上"来描述哲学。哲学，即"爱智慧之学"(philosophia)。上达之学需要人们能够超越语言，得意忘言，我们要学会上达之学的思维方式。

所有的艺都是可见、可听、可触摸的。因此，我们就要通过外在的形象去领会它所包含的意义，这就叫得意忘象、得意忘言。一切的艺都是通过外在的形象来体悟内在的理念、观点。欧阳修有一次题画时说道"古画画意不画形"（《盘车图》，参见《欧阳修全集》卷六）。苏轼在题一幅画时言道："论画以形似，见与儿童邻。赋诗必此诗，定知非诗人。"（《书鄢陵王主簿所画折枝二首》其一，参见《苏轼诗集》卷二九）欣赏一幅画不是看它是否形似，而是看其所体现的精神境界。画、字如其人，一个人的修养到家了，就会体现在方方面面。我曾经言及书法曰："习字调心性，学书铸人格。"书法、绘画都寄托了作者的一种品格，它展示给人的是一种精神境界，中国的艺一定要有这样的深度才算是真正的艺。

艺术应该是正情的

日常生活中可操作的、看得见、听得见、摸得着的有形的方面都属于"艺"，我们在生活层面享受"艺"的成果。但艺既能提供享受，亦能为害于人。应用不好，便适得其反。比如食物越来越丰富，人们吃得越来越精细，用各种过度加工的食品来满足人的口腹之欲，究竟是好，还是坏？人们也许只看到这种食物当时有多好吃，看不到之后它对身体的损害。《吕氏春秋》讲养生之要是去害，太咸、太甜、太辣、太酸都是害；若是去掉这些，人就能够保持健康。

生命是因和而生，任何的"过"都不对。艺的"过"，同样是一种不良的引诱。过度刺激我们的眼、耳、鼻、舌、身，会给我们带来反面作用。中国文化强调艺一定要在道的统摄下面，否则就会走偏。艺（尤其是文艺）对人的影响极大，文艺作品实际上是在影响人们的情绪。以声音为例，它对人的影响很大，文艺演出里最疯狂的就是音乐会、演唱会，现场观众动辄上万人。这说明这种艺术形式是深入人心的，它也是能够潜移默化地影响人的。

"圣人制外乐以禁内情"（《汉书·艺文志·方技略》），即防止内部情感没有方向地过分发展。艺术应该是正情的，而不是纵情的。因此，艺术具有非常重要的引导作用。从某种意义上讲，它比理论的影响要大得多、快得多、深入得多。古代教育的普及程度远不及现代，老百姓很多时候是通过说唱、戏曲来学习做人的道理。在传统戏曲中，人物是脸谱化的，白脸是坏人，红脸是好人。通过戏曲表演，让人懂得什么是好、什么是坏、什么是善、什么是恶，这就叫高台教化。戏曲中都有一个指导思想或者价值观念，看戏也不能光停留在看热闹上，而是要从中学会做人和做事的道理。

艺都是用来陶冶性情的。宋代大文学家欧阳修在论述琴艺时说："弹虽在指声在意，听不以耳而以心"（欧阳修《赠无为军弹琴李道士二首》其一，见《欧阳修全集》卷四）。琴曲最重要的不是悦耳，而是陶冶性情。弹以无邪之音，听以清白之心。弹者、听者一同怡情归正，这才是传统的古琴美学的精华。艺的根本目的在于导情归正，把人们的情感引导到正确的方向，而非邪恶的方向。其他艺术如绘画、书法等莫不呈现出类似的情形。

艺术的实践和发展一定要遵循"以道统艺，由艺臻道"的原则，努力恢复艺术陶冶性情、净化人心、提升人生、促进和谐的本来功能，不要再让艺术异化为追逐名利、刺激感官、煽动人欲、腐蚀人心、污染社会的技艺。《论语·述而》曰："志于道，据于德，依于仁，游于艺。"为了求道，立志是第一位的，如果沉迷于玩物那就容易丧志。艺与道不可分，艺若无道，则没有灵魂。学艺如不能上升至道，那就只能沦为技艺。

如何由艺臻道

欧阳修在《删正〈黄庭经〉序》一文中说："自古有道无仙，而后世之人知有道而不得其道，不知无仙而妄学仙，此我之所哀也。道者，自然之道也，生而必死，亦自然之理也。以自然之道养自然之生……此自古圣智之所同也。"世上无仙而人人求仙，世上有道而人人不修道。道不远人，道就在事物的变化之中。有生，就有死，这是自然规律。养生之道，即以自然之道来养自然之身。因此，我们不能只停留在一个具体的、操作的层面。例如，气功是自古就有的养生方法之一，《庄子》已提到导引，马王堆汉墓也发现了《导引图》。许多人容易停留在艺的层面而上升不到道的层面。如何上升到道的层面？《汉书·艺文志》中说：

"神仙者，所以保性命之真，而游求于其外者也。"真性也可以说是先天之性，即天地之和气也。天出其阳，地出其阴，阴阳和合就有了万物。生命因阴阳之气的和谐而得以产生、发展。但是人一生下来性命之真就变成后天之性，经不起后天的诱惑，就失去了先天之真性，因此才会"游求于其外者"。如何来求？第一，"荡意平心"，或曰荡平心意。先秦道家著作，包括《管子》都提到"心正"，这说明净化不正的心念是很重要。第二，"同生死之域"，即打破生死界限，不要贪生怕死。越是贪生怕死的人，越死得早。第三，"无怵惕于胸中"，即不惊不怖，"君子坦荡荡，小人长戚戚"，心胸坦荡，就会心绪安宁。做到这三条，就是神仙。

育正气、养真气、化怨气

所修者何？气也。道家著名八仙之一吕洞宾所著《百字碑》的首句曰："养气忘言守。"（《全唐诗》卷八五九）这是说忘掉语言，忘掉守气。我们不能停留在气上面，而要去突破。气不是一种简单的物质，亦不是一种简单的精神，也不是什么能量，它是不可言说之物。这个气跟具体可操作层面的气功没有关系。

儒、释、道三家都讲气，各自所讲的气都不一样，但都有其特点。儒家育正气、浩然之气。文天祥的《正气歌》云："天地有正气，杂然赋流形。"文天祥在序中说道，元人把他俘虏以后希望他投降，但他坚强不屈，于是他被关在一个简陋的茅棚里两年多，边上的厕所臭气熏天，外面煮饭的地方米气很多。夏天热气，冬天寒气，雨季湿气、霉气，受多种气的干扰，可是他没有得病，原因就是他身上有正气。

儒家讲"诚意正心"，朱熹也讲，15岁之后进了大学，要学穷物、明理、正心、治人的道理，正心从诚意而来。诚意者，要慎独，毋自欺也（不欺暗室），要养一股浩然之气。这股气说不清，道不明，不过每个人可以感受得到。某人正气凛然，某人一身邪气，一眼就能看出。佛教讲相由心生，长期的思想或念头会表现在外貌上。儒家强调，育天地、自身之正气。道家讲究养真气，要保住先天之气不被后天事物所干扰。

人们现在如果去西医院，可能都不知道自己的病究竟要挂哪一科，但在中国古代一切会很简单，所有的病无非三大类：一是意外伤害，如跌打损伤；二是外感伤寒；三是内伤，即喜、怒、哀、乐、悲、恐、惊七情是导致内伤疾病的主要因素之一。治疗人的身体疾病的方法用两句话就能概括："去其所本无，复其所固有。"（《明儒学案》卷五一）这就是道家讲的保性命之真，恢复其天然的和谐。达到"天和"的状态就是保真气，或曰保元气。佛教化人怨气，人一切烦恼、痛苦的根源在于贪、嗔、痴三毒，其中最严重的大概应属嗔，嗔即怨恨。如果老是怨天尤人，嫉妒比自己强的人，看不起比自己差的人，心情是不能平静的，因此也得不了道。因此，一定要把怨气化成感恩心。可以说，真正的气功要练三气：育正气、养真气、化怨气。

艺术的创造与再创造

做一个真正的艺术家是很不容易的，一些所谓的艺术家恐怕都只能算是匠人。匠人只会在技能上模仿，却没有艺术的灵魂和思想的寄托。艺不能上升到道，不能让人回味，不能启发人，那只能算是复制品，而不是真正的创造。同样，在人们欣赏一件艺术作品的过程中，完全可以让欣赏者进入再创造的状态。如果我们仅仅停留在表象上，那就无法进行再创造。例如，我们在欣赏中国画时，在不同环境、不同时间、不同心情之下体会出的意义是完全不同的。

汉代董仲舒说"诗无达诂"，诗没有统一的解释，可以这样体会，也可以那样体会。无论怎样体会，都能获得精神上的享受。中国文化完全允许欣赏者进行再创造，而不是将之定式化，甚至可以脱离其最原初的描述去领会深层次的意韵。唐代王之涣《登鹳雀楼》："白日依山尽，黄河入海流。欲穷千里目，更上一层楼。"这首诗如果只局限在字面，按场景来讲是很直白的几句话，但中国人不应停留在写实上面，而是引申为人应该站得更高，看得更远，以此激励人。另一首诗："未出土时先有节，及凌云处尚虚心。"这两句话很真切地描述了竹子的特点，可如果只是看到这一点，那就不懂中国文化了。从诗中要体悟到的是一个人在没有出头之时、默默无闻时，要坚守气节，要有大丈夫的品格；即使飞黄腾达了，也要虚心谦下。20世纪30年代，北大哲学系的一群教授有一次喝茶聊天，说到大丈夫的气节时，大家说不就是孟子说的"富贵不能淫，贫贱不能移，威武不能屈，此之谓大丈夫"嘛。这时候，胡适坐在一边说，还得加一句才行，"时髦不能动"！我觉得加得很好，许多人丧失了气节，问题就出在赶时髦上。

艺不忘道

没有道的艺是没有意义的。学艺、欣赏艺，也必须从道的角度去欣赏、去学习。学艺是为求道，而不是简单地为了提升技能。仅仅沉迷于技艺，那就必然沦为玩物丧志。随着时代的发展，艺的层面有许多变化，我们可以去恢复一些传统的东西，也可以改变一些传统的东西。例如，恢复古代礼仪不一定要穿古代服装，可穿可不穿。当然服装也是属于艺的层面的东西，它必然会体现道的精神。服装虽然是小事，但它也体现了对文化的认同感。在欧洲很多国家，到了传统节日时都要穿传统服装，周边东南亚国家在传统节日里也是如此。国内一些少数民族到了节日的时候也会穿上民族服装，可是绝大部分汉族人却没有自己的传统服装可以穿。服装是一种文化符号，汉服可以千变万化，但有几个特殊的因素不能变：一、溜肩的设计体现了崇尚自然的精神。一上肩就变成平肩了；二、不在衣服上挖窟窿去扣扣子；三、背后是拼接的，不是一整块。如果能保持这三个特点，纵使千变万化，也是传统的汉服；不能保持这三个特点，即使再像，也不是传统的汉服。

以中医为例，如果诊断方法和治疗理念是中医的，即便开西药，那也是中医；如果治疗理念是西医的，哪怕开中药也不是中医。我们可以多穿传统服装，多一份文化认同，但我不主张一定要复古，一定要穿上某类服装。

如何弘扬中医之道

中国的传统文化，讲究道、艺结合，要以道为主，以道统率艺，由艺上升到道，下学上达。离开了下学，离开了艺，道便空了；脱离了道，脱离了上达，艺就没有灵魂。在某种程度上，可以说，中国传统文化现在处于一种"失魂落魄"的境地，失去了传统文化的主体意识（也就是魂）。我们原本在世界上被称作"礼义之邦"，可是现在人们一举手、一投足都不知道什么才是规矩。从艺入手，通过可视、可听、可触摸的具体的艺，来了解中国传统文化。把艺放到整体的文化当中去，我们就可以领会艺所包含的道。要让年轻人有更多的机会接触传统的艺，不管是琴棋书画，还是气功、武术。例如，传统的太极拳、五禽戏、八段锦、六字诀、易筋经等，目前在世界上都相当受欢迎。国家体育总局办的培训班曾有三十六个国家参加，有一百多位来自世界各地的教练参加，可见世界各国对我们传统文化的认同度之高。

我呼吁把"中医"改回"国医"这个称呼。20世纪30年代，我们对自己国家的文化都加上一个"国"字，如"国画""国术""国文""国史"等。改回"国医"才可以让中医本来的含义得到彰显。西医是治疗医学，中医不是，中医呈现的是中国文化中的道。

中医本来有很明确的几个概念，如"上医治国，中医治人，下医治病"，中医是治人的，而不仅仅是治病的，这个理念与世界卫生组织提出的重要理念完全吻合。世界卫生组织肯定了传统医学的合理性，承认其科学性，而且提出要从对病的重视转移到对人的重视上来，这正是传统中医坚守的理念。中医要关注的不是人所生的病，而是生病的人。中医还有个概念："有病不治，常得中医。"（《汉书·艺文志》）《黄帝内经》说："圣人不治已病，治未病。"20世纪，世界卫生组织也提出把预防放在重要位置。等到有病，才去治，就不是中医了。第三个概念更厉害："不服药为中医。"这句话是清代钱大昕在注《汉书·艺文志》时提出来的，中医强调人体具有自主恢复的能力，这也是符合实际的新理念之一。中医的核心是"中和"，人体只有达到"中和"状态，才能保持健康。任何疾病的根源就在于身体的阴阳不调、五行失序。中医改回"国医"称呼也许很难，尽管不少中医院的院长认同。但即使改不回来，我们也要了解到中医最核心的理念——致中和。

现在中医院也使用西医的治疗手段，如拍片、验血、B超等，这完全背离中医的本义，但这也是没有办法的事情，因为大家更相信科学数据，喜欢把身体交给机器，去做各种测试；更相信医生而不相信自己的感觉。如果说一眼就能看出你有什么病，很多人会不相信这个事实，而这恰恰是"望、闻、问、切"中的"望"的境界，其次是"闻、问"，最后才是"切"，而我们现在把切脉视作中医最高的技艺，这是错的。人们去看病，对一看就知道其病的中医反而不相信，直到一大堆数据表明其确有这种病，才开始相信。现在许多人开始认识到癌症很多时候是死于过分治疗，但还是愿意去开刀、化疗……。可以说，观念问题害死人。其实扁鹊当年也有明确的"六不治"。其中有"阴阳并，藏气不定，四不治也；形羸不能服药，五不治也"（《史记·扁鹊仓公列传》）。我提出一个观念：要为自己的感觉活着，而非为数据活着。

中医作为具体的艺，如果离开了"道"这个文化理念，就必然会沦为技艺性的东西。我们不能把中医降到艺的层面，然后在艺的层面与西医比拼，而应当从理念上去弘扬中医之道。中医传统的、整体的辩证思维的方式以及阴阳五行的理论框架与西医简单的对抗性的理论相比，是有优势的。近年来，西方已经冲破了对抗性医疗的理念，更加重视自然疗法、情绪疗法、直觉疗法，强调提升自身的修复能力。自然疗法的原则是：将

来的医生将不仅是开药方的医生，而且更多地是指导人们如何
健康地生活。中国文化的优势就是它的道、艺结合，而且是在
道的统摄下来指导艺。对于任何艺，都要把它提升到道的层次
来认识它。

中国文化的思想特色

何谓人文？

"人文"这个词是怎么来的？"人文"是跟"天文"相对的，在《周易·贲卦·象传》中称："刚柔交错，天文也。文明以止，人文也。观乎天文，以察时变；观乎人文，以化成天下。"我们通过天文，可以看到一年四季的变化；通过人文，就可以教化天下。因此，中国文化的根本精神就是"人文化成"。

用人文的方法改变这个社会，究竟要改变什么呢？就是把人们的恶习等去掉，从而构建一个和谐的社会。什么叫人文？"文明以止，人文也。"四书中的《大学》《论语》《孟子》都特别讲到，做人一定要懂得"止"。怎样达到"止"这样的境界呢？就是要靠文明，所以叫"文明以止"。

"文化"这个词最初是跟"武化"相对的，文化是用文明的方式改变社会，武化是用武力改变社会。文明是相对于野蛮、原始而言的。《论语》中有这样一段话："子曰：'质胜文则野，文胜质则史。文质彬彬，然后君子。'"（《论语·雍也》）在中国文化中，文明即教化。通过教化，让人明白做人的道理，规范人的言行举止，去改变那些不良的社会习俗，构建和谐的社会秩序，这就是中国人文教育的意义所在。

除了不忘本，礼还有一个核心理念是敬，即敬重、敬畏。既要敬重自己、别人，同时要敬重自己所做的事业。除了敬，还有畏。没有畏，人类就可以为所欲为了。做人一定要有敬畏之心，才会懂得有所不为。

中国的人文精神，就是通过教化来让人认识到自己的身份、义务，管束好自己。中国的人文主义是自觉自律的，只有这样做，才能处理好各方面的关系：跟我们的生存环境搞好关系，达到人与自然的和谐；跟我们所处的社会中的各方面的人士搞好关系，达到人与社会的和谐；自己把内心各种欲望管束好了，就能达到身心的和谐。

中国文化的根本特色是管好自己、管住自己

我们个人的言行举止，都是由什么来支配的？以中国传统的观念来看，是由"心"来支配的。我们的心怎么想，我们就怎么去讲、怎么去做。支配肉体的活动都是人的思想、心念。一个人的心念很重要，一念之差，就会万劫不复。因此，我们需要端正自己的心术。

《礼记·礼运》说："人者，天地之心也，五行之端也。"

人在天地之中的位置，就像心在人体上的地位。人是集五行（金、木、水、火、土）的精华而成的。人的一言一行、一举一动都会对天地万物产生各种各样的影响。所谓"天人感应"，即天地本有自己运行的规则，但经过人为的干预以后，天地就会发生变化。人是很渺小的，但人又能对万物的变化产生作用。道家讲顺应自然，"以辅万物之自然而不敢为"（《老子》六十四章），就是告诫人们要认识万物发展的趋势，不能按照人类的想法去随意改变自然。

在人类社会中，人与人之间存在各种关系。在人际关系中，又有内在的和外在的关系。在中国文化中，宇宙万物都是自然生成的，不是造物主造出来的，物与物之间有着内在的关系。人与人之间内在的关系体现为生命之间的血脉联系。中国文化强调的是"向内"，而不是"向外"，强调任何事情都要反求诸己、反躬自问。

在中国传统文化中，一切学习都是为了提高自身的素养。《大学》说："自天子以至于庶人，壹是皆以修身为本。"中国文化又是一种"修身文化"。《大学》有"三纲领""八条目"，"八条目"其实是一个修身过程。朱熹在《大学章句序》中，把它分为"小学"和"大学"两个部分。小学的年龄段是8—15岁，主要学习日常的生活规范："洒扫、应对、进退之节"和六艺"礼、乐、射、御、书、数之文"；15岁之后入大学，学习的是"穷理、正心、修己、治人之道"。这是对"八条目"

的总结，强调把自己"修"好，才能"治人"。中国文化的根本特色是管好自己、管住自己。

我们要对文化有自信，首先必须要了解、热爱它。但是不可否认，这一百多年来，我们对自己的文化失去了信心。我们曾面临着亡国的危险，在当时人们的心目中，救亡图存始终是放在第一位。

当时一些人认为，中国的文化传统束缚了社会的发展，把矛头指向了传统文化。鲁迅在《狂人日记》中写道："我翻开历史一查……每叶上都写着'仁义道德'……仔细看了半夜……满本都写着两个字是'吃人'。"礼教是历史上构建社会制度、处理社会人际关系以及规范每个人言行举止的根本文化理念。按照鲁迅的说法，我们的历史变成了"吃人"的历史，礼教也就成了"吃人的礼教"。我们还能对自己的文化有自信吗？不可能有自信。在"文化大革命"中，传统文化又受到了很大的打击。我们要重建文化自信，并对五千年的传统文化有一个全新的认识。

没有一种文化是十全十美的，文化有正面的，也有反面的。同时，文化也具有多样性，中国文化自古以来就强调要全面地看待一切事物，整体地看待我们的世界，而不是走极端。

中国文化的根本精神，用一句话就可以概括，就是它的人文精神。什么叫作人文精神？简单地讲，人文最初的意思是纹饰、纹路、纹理。人不能像动物一样，赤裸裸地奔跑。一个文明的人必须要有外在的装饰，而不是赤裸的，必须要能够自我管理、约束，这才能称为人。

孟子说，人生来就有"恻隐之心""羞恶之心""辞让之心""是非之心"，这四心扩充为仁、义、礼、智四德，这是中国传统的德行。什么叫义？义就是知道什么该做，什么不该做，只有人，才能分辨出什么该做，什么不该做。人跟其他生物的区别就是有"义"。孟子也曾经讲过："仁，人心也"，我们要有仁心。"义，人路也"，义是人走的路（《孟子·告子上》）。

中国文化的根本精神就体现在人的自我管理、约束上。我们不是靠外在的力量来管束自己，而是靠觉悟来自我约束。中国的儒、释、道三教都有这样的特点。儒家强调慎行。道家的目标是成为仙人，什么叫仙人？即能够保持纯朴本性的人。什么叫佛？佛就是觉悟的人，明白了人生的道理，超越生死轮回，能够放下，那就是佛了。

儒、释、道三教其实都是在追求人的自我觉悟、约束、超越。只有做到了自我约束，我们才能够调理好自己的身心，才能处理好人与人、人与天地万物之间的关系。在处理人与天地万物之间的关系时，如果你不能约束好自己，想怎么样，就怎么样，我们的生存环境就会变得很可怕、很危险。

发扬中国文化的自觉、自律精神

孔子最重要的思想就是强调"仁"的概念。孔子之所以强调"仁"，是为了改变春秋时期礼崩乐坏的状态。他主张一切的行为都要符合周礼的规范，回归原原本本的"仁"。荀子说："知者自知，仁者自爱。"（《荀子·子道》）老子说："知人者智，自知者明。"（《老子》三十三章）中国文化的根本精神之一就是自爱。只有自爱的人，才会去爱人，也才会被人爱。一切都要从自身做起是中国文化自觉、自律精神的基本理念。

"礼"的作用是什么？"礼别异"，通过礼，让我们认识到人与人之间的不同状态及区别。人与人是平等的，但不等于所有人的身份都是一样的。我们要通过礼来认识不同的身份，还要认识到不同身份背后承担的责任。作为父母，"生而养，养而教"；"父慈子孝"，作为子女，对应的责任就是孝（还包括顺、敬等）。父母养育、教育子女，子女孝敬、赡养父母，是一个自然的过程。

人类不仅需要自我管理、自我节制，还需要把这种管理与节制扩展到万物之中。1955 年，我到北大求学，那时的海淀区随处可见水塘，自然生态环境很好。而现在由于人为的破坏，很多水塘都消失了，经常会有沙尘暴等污染。我在想，我们在强调"生态伦理"的同时，还要有"科技伦理"的观念。什么是"科技伦理"？就是在人类有能力去做的时候，还要考虑该不该做。

要更多地考虑到我们跟万物的关系，考虑子孙万代的生存环境，考虑到社会能不能可持续发展。在实践中，我们要发扬中国文化的自觉、自律精神。

与人文文化相对的是"物文文化"。物文文化，就是一切以物为中心。中国文化这种以人为本的精神，对世界是有重大贡献的。16世纪欧洲宗教改革以后，有一大批传教者来到中国，他们把欧洲文化带到中国，同时把中国文化传回欧洲。西方的思想家发现，中国文化不是通过造物主来震慑大家的，而是通过教育来让大家认识到自己的责任和义务，自觉、自律地约束自己，这同样促进了社会的发展。当时，欧洲有许多思想家都欣赏中国文化，比如伏尔泰、狄德罗等。在中国文化中，人的作用得到了充分的肯定，他们要用中国这种以人为本的文化去批判西方中世纪以来的以神为本的文化。

西方打倒神的绝对权威以后，人成为主宰者。在人类中心主义的指导下，到了20世纪，不可避免地发生了两次世界大战。此时，欧洲的思想家又开始反思：战争最终的目的是什么？很明显，是争夺资源与财富。这就意味着人的自我沦丧，人被资源与财富等支配了。人刚从神的脚下站起来，又拜倒在物的脚下。

两次世界大战以后，西方的许多思想家提出要重塑人文主义。而这种新的人文主义，还是要到中国的传统文化中去寻找。古人讲："君子役物，小人役于物。"（《荀子·修身》）做一个君子，要警惕物对人的德行的损害，要提升德行，不能被物征服。在中国的人文思想中，强调人文教育，其核心就是人的德行的自我提升。

浅谈文化自信

要达到文化自信，必须先对传统文化有所了解。现实生活中，国人对传统文化的了解是有所缺失的，一些领域的文化传承甚至出现了断裂。

文化自信缺乏的原因

中国是一个以文化来立国的国家，是一个文化氛围浓厚的国家。是什么原因导致我们对自己的文化认知产生了误区？从晚清开始，中国人对传统文化一直存在着误读，因为近代中国一直处于被动挨打、乃至丧权辱国的境地，国民丧失了文化的自信心，他们批判中国传统文化，尤其是把儒家的主体文化礼教说成是吃人的礼教。另外，传统文化流传既久，真意渐失，也确实存在着各种各样的问题。因此，人们丧失了对中国文化的自信。事实上，中国的礼教对于维持社会稳定非常有意义。当一个民族有良好习俗的时候，法律就是简单的。

许多人把文化看作是一个历史发展过程，注重文化的历史性，认为不同的历史时期产生的文化是递进的，后一个时期产生的文化，一定比前一个时期的文化先进。因此，总觉得西方工业文明产生的文化一定比农业文明的文化进步。古代中国的文化，恰恰是以农业文明为主的文化。到了近代，世界迈入工业文明时代，农业文明的落后性就凸现出来了。我们要赶上世界的潮流，要与世界同步，势必要批判传统的农业文明。

文化不仅是时代性的，更是超越时代的，并不是说农耕文化只适于农业社会，而应该看到文化的传承性。不同的文化具有不同的类型和特色，而这种差异性，恰恰是世界文化发展的重要动力。如果文化都一样，那就无法相互推动了。

文化自信的内涵

"越是民族的，越是世界的。"文化自信是对中国传统文化的特质有信心，认可其独到的人文价值。中国传统文化可以让世界共享，为人类文明和谐共存提供思路。人文就是不以武力，而以一种文明的办法，以礼乐来教化人民，由此建立起一个人伦有序的、理想的文明社会。

中国文化是一种知恩报本的文化。中国古代最崇敬"天地君亲师"，"天地"是万物的生命之源，"亲"是个体生命的来源，代表的是某一类的祖先，而"君"（国）和"师"是教化的根源。中国传统的祭祀是对万物之本、生命之本、教化之本的感恩与尊敬，包含着一种敬畏与神圣的情感。

中国文化强调人的道德的自我提升和完善。明道正谊、节制物欲、完善自我人格的观念深入人心。"观乎天文，以察时变"，通过对天文刚柔交替的观察，来发现万事万物的次序变化。"观乎人文，以化成天下"，人文化成是中国文化中最核心、最根本的内容。人文化成，即通过礼乐教育来改变人性，形成整体和谐的社会环境。

中国人不仅通过礼乐教化建立和谐的人际关系，也非常重视建立和谐的人与自然的关系，即天人合一。其中包含着更深层的意义，人只是天地万物中的一部分，部分不能离开整体，人应该不断向天地万物学习，顺应自然的发展，而不是让天地万物来顺从人的意愿。中国文化归根到底，就是尊重天地万物，又要保持人的主体性、独立性、能动性。

我们只有树立民族自信心，才会有辨别能力，然后再广泛地吸收外来文化的优点。西方两次提倡人文主义，在某种程度上都跟中国的传统文化有关联。他们都看到了中国传统文化中"上薄拜神教，下防拜物教"的人文精神的价值所在，中国文化不会让人变成上帝的仆人，也不会让人成为物质的奴隶，这种宝贵的人文精神在不同的时代都焕发着光彩。当今西方文明的危机，促使它们第三次从中国传统文化中找寻解决的答案。

怎样培养文化自信

在培养文化自信方面，要先让人们深入了解中国传统文化。有了了解，才会真正地认同中国传统文化；有了认同，才会去尊重它，才会有自信。我们的文化要走出去，首先要走回来，把传统文化的意义、成就在民众中广泛传播，才能让世界人民都看到我们文化的特点、优点，让他们来吸收中国的文化，去充实和发展他们的文化，让世界都来共享中国文化。

中国文化的根本精神就在于它的人文文化特质，在科技高度发展的情况下，人文显得格外重要。如果没有人文文化的引领，科技文化就会像一匹脱了缰的野马，不知道往哪个方向去。人文文化会让我们不至于沦为物质生活的奴隶。如果中国能坚持人文文化，并用人文文化来弥补科技文化的缺失，这对人类来讲，会是重大的文化贡献。

文化是价值观念、思维方式，是生活样式、信仰习俗。前两者是理念，后两者是实践。理念只有运用到实践中才会有生命，若两者脱节，理念充其量不过是知识而已。如果我们能从传统中去寻找那些对今天有启发意义、有鼓舞意义的元素，那么中国传统文化将是宝贵的财富和前进的动力，这也是文化自觉的一种体现。对文化传统的认同是根，只有继承中国传统文化之后，才有创造，以此为基础的创新，才有真正的生命力。

当今世界，文化交流、交融、交锋之势前所未有，西方强势文化深刻影响甚至侵蚀着一些欠发达国家和民族的文化。如何保持和增强自身的文化主体性，成为这些国家和民族最关切的问题之一。中国人增强文化主体意识，就是要认识到中国文化独有的特质，做到既不妄自尊大，也不妄自菲薄。只有坚持并不断增强文化主体性，才能有针对性地吸收异质文化的有益养料，滋润、丰富和发展中国文化。中国文化是中华民族对世界文明的重大贡献，是中国人赖以生存发展的精神家园，是最深厚的文化软实力。

为学贵在解蔽，教育贵在启发

认识荀子以及中国哲学传统

在认识上，对"为学贵在解蔽"等思想过去我们有很多成见，现在我们应该更全面地认识荀子以及中国哲学传统。荀子揭示了人性是"本始材朴"（《荀子·礼论》），但也要看情况，这不是否定"本始材朴"，而是要分清该发挥什么，不该发挥什么，然后通过学习来修身成人。我们喜欢讲"性善"，但"善"不是天生就有的，而是后天努力的结果。孟子讲"学问之道无他，求其放心而已矣"（《孟子·告子上》），把放逸的心找回来，这也需要通过后天的努力。道家在这点上与儒家是一致的，道家讲一切的修炼都是为了"保性命之真"（《汉书·艺文志》），即保持原来最真挚的天性，这也需要后天不断地努力。《黄帝内经》第一篇讲"上古天真"，所谓天真就是最初的、真实的状态。随着社会的发展，人类的天性丧失了，所以我们要通过修道把上古的天性重新找回来。保持童真非常难，但又是非常重要的。只有保持童真，才能度百岁而去，才是自由自在的。荀子的思想揭示了，人们需要通过后天的学习才能将"善"显现出来，这虽然与孟子的性善论以及道家等主张有差异，但是这些主张之间并不矛盾。

历史上，对人性有各种各样的讨论，孟子看到人与动物不一样，指出人类应该相互关怀、尊重。但是自然的天性，经不起后天的污染，孟子讲了一个牛山的故事：一个土丘绿树成荫、碧草满坡，但是经不住今天有人割些草，明天有人砍棵树。慢慢地，原来的青山变得光秃秃的了。牛山的故事讲的就是后天养护的重要性。孟子和荀子虽然一个强调性善；另一个强调性恶，在目的上，一个要回归性善；另一个要改变性恶，但在方法上，两者都强调通过教育来回归本心，或去掉恶心。孟子讲"人皆可以为尧舜"（《孟子·告子下》），但不是说人生下来就是尧舜，只有通过好好学习正面的做人道理，才能成为尧舜那样的圣人，反过来讲也是一样。没有谁生来就是尧舜或者桀纣，都是在后天的影响下，有一些人走了尧舜的道路，而另一些人走了桀纣的道路。

古人讲性三品，即上品、中品、下品。上品是善，中品有善有恶，下品就是恶，这样讲也是有道理的。在现实生活中，上品的人能够坚持行善，下品的人却很难改变，因此是"唯上知与下愚不移"（《论语·阳货》）。中品的人就是大多数人。从社会的角度来讲，也是如此。我们不可能要求大家都做上品的人，所有人也不可能都变成下品的人。总之，社会上有上品、下品的人，也有一般的、可上可下的人，关键看我们怎样引导了。社会的风气总体上是善良的，有一些恶人恶事没有关系；但若整个社会风气是坏的，那就麻烦了。一个社会不可能都是善良的，也不可能全部都是邪恶的，总是两个方面都有。我们应该努力弘扬正气，让邪气不泛滥；如果想把邪气一下子全部扫光，那就有些理想主义，也是短时间内不可能办到的，而且如果太过理想化，就会让自己越来越困惑。因此，社会的导向非常重要，教育的目的就是构建良好的社会基础。

我们没有必要把很多问题对立起来，例如，许多人认为荀子的思想跟孟子的思想是矛盾的，其实我们应当搞清楚荀子讨论的到底是什么问题。荀子认为，人的认识都是有"蔽"的，"蔽"就是被蒙蔽了，荀子在《解蔽》篇讲"欲为蔽，恶为蔽，始为蔽，终为蔽，远为蔽，近为蔽，博为蔽，浅为蔽，古为蔽，今为蔽"，局限于任何一个角度、任何一方面，都会让你看不清整体，从而带来错误或者困惑，遇到不一样的情况就想不明白了。同时，如果心不在焉，或者心很乱，也可能无法分辨是非。例如，只有当水面非常平静的时候，才有可能将里面的东西看得清清楚楚，水一晃动就什么都看不见了。心也如此，心如止水，才能理清问题。对荀子的思想，我们也要排除偏蔽，更全面地看荀子的问题。荀子通过《正名》篇告诉我们，事物有大概念、小概念，大前提、小前提，用逻辑思维来正名，并建立了体系。很多人以为中国古代是没有逻辑思维的。其实，荀子就很擅长逻辑思维。

为什么要重新研究荀子？因为历史上荀子被忽视的时间太长了，特别是在受到理学家批判以后，人们对荀子的认识是不客观的。很多理学家是把变化气质放在第一位的，其实变化气质就是荀子说的"化性"。理学家之所以比较推崇孟子，与他们受到佛教的影响有关，佛教认为自性本来清静，人人都有佛性，这比较符合孟子的说法。虽然理学家批评佛教，但他们很多地方还是受到了佛教的影响，并且吸收了佛教的很多理念，比如"体用一源，显微无间"（《周易程氏传·易传序》），这和佛陀的世界观相似。此外，据记载，程颐到寺庙里一看，不禁感慨："三代礼乐，尽在是矣！"（《全元文》卷一〇二八）世俗社会把礼弄丢了，但在寺庙里面还保存着礼的仪式。很多人只看到了理学家批佛，而没看到他们吸收佛教思想的一面，更没有看到他们吸收佛教思想并使宋明理学产生更大的影响。如果以理学为绝对标准，就会把人性恶的问题单一化、绝对化了。历史上很多关于人性善恶的探讨等，都是从各个不同角度去探讨人性问题的，这说明人性的问题不是那么单一的，不能简单说这种才是对的，那种就是错的。

传统文化中"学"的概念的变化

在传统文化中，"学"的概念是变化的。从整体上来讲，至少在近代教育产生之前，教育的根本目的是学会为人之道，我认为这是没有变化的。孔子讲的"学"与后来某些人讲的"培养人"的差别就是启发和灌输的差异，孔子讲的是启发式教育，启发人学习的主动性，让你心中累积各种问题，然后自己努力地学习。我们可以通过看书来学习，也可以求师问道，或者与同学交流，这都是主动的学习，而不是被动的学习。从某种程度上讲，人才不是主观培养出来的，而是在环境中一点一点地、自发地涌现出来。学校聚集了很多好的老师，这提供了好的环境。在这样的环境中，人才会自然地涌现出来。"礼闻来学，不闻往教"（《礼记·曲礼上》)，这句话就是说你要主动跟我学习，而不是我主动要去教你。有一段时间，我对马一浮先生的观点很不理解。浙江大学校长专门去请马一浮先生去教书，马一浮说："礼闻来学，不闻往教……他们想学可以找我呀！"我曾认为马一浮太迂腐了，后来我渐渐明白了其中的道理。马一浮先生后来自己办了复性书院，人们主动来求学。人如果没有主动性，自己不想学的话，用灌输的方式，效果不会好。《礼记·学记》讲到人通过学习，一年一年地变化气质，到第三年就"敬业乐群"了，敬业就是对学问有敬畏心、恭敬心，求学也是如此；而"乐群"是指师生、同学关系和谐融洽。

学问是琢磨、切磋出来的，琢磨是自己思考，切磋是相互探讨。有了好的环境，才能切磋。在切磋中，自己再去思考，但归根结底要靠自己。我孙子考大学时，我也这么对他说："好学校、好老师都重要，但最后还是要靠你自己。"自己不努力，有再好的学校、再好的老师，也没有用；自己奋发学习，老师、学校差点，都没关系，这都是可以弥补的，可以在别的地方找老师。不要以为自己找到好老师、好学校就一定能出人头地，不一定。有很多高考状元考上了名校，但一松懈，就不行了，退学、挂科的情况每年都有，北京大学也有。

现在一些学校把人格、人品的培养变成技能的培养。就总体而言，古代的书院的教学目的确实不是全民的知识教育，它是想培养精英，培养社会道德的引领者。在古代，一般的人懂得一点知识后可以去拜师学艺，只有少数人继续学习穷理、正心、修己、治人等道理，学懂了这些道理就是社会的精英，做官的也应该是这些人。为官之人应该把这些道理贯彻到做官、治理社会中去，以此来引领社会的风气，而不是去贪污腐败，败坏社会的风气。

科举考试不是专业考试，它相对来讲，是全面的、宏观的、整体的考核。通过考核，来看你有没有为官的能力。古人中，很多人儒释道、琴棋书画不一定每一样都精通。但苏东坡却是一个全才，儒释道、琴棋书画他都能贯通，而且他的研究是很精深的。苏东坡具备渊博的学识，他有全局的观念，有良好的修养，这让他知道自己的责任究竟是什么，让他到任何地方为官都能够造福于民。其实他多次被贬，但他并不因被贬而灰心丧气。贬到杭州，他修了苏堤；贬到黄州，他在赤壁留下了千古名篇，黄州赤壁也因此被称为"东坡赤壁"；贬到儋州（即海南岛），他使海南的文化有了天翻地覆的变化，海南开始与中原交流。这就是中国古代读书人的胸怀、志向，不论贬到哪里，就算越来越苦，但匹夫之责却一直没有忘。同时，我们看到，苏东坡在被贬路上还畅游山水、吟诗作画，很乐观、潇洒。

通过《荀子》理解中国人的文明观

何为文明？
——荀子化性起伪的文明观对现代文明的启发

《荀子》开篇即是《劝学》篇，讲通过"学"来修身。修身就是让每个人不断地自我完善，很多人将中国的传统文化归结为修身文化，这是有道理的。能够修身，并让自我不断完善，这是人类和禽兽的区别之一，也是"文明"的重要内涵之一。

什么是文明？我们现在流行用生产方式来定义文明，认为文明的进程就是生产方式的发展，先是游牧文明，接着是农耕文明、工业文明。可以说，我们即将进入人工智能时代。这只是文明的一种定义，"文明"的要义不在此。生产方式仅是人类掌控外在世界、利用外在资源的方式，用它来理解人类的生活和文明的内涵有很大的局限性。如果从更全面的角度来理解"文明"，在某些方面，工业文明不一定就比农耕文明好。

在传统的观念中，"文明"就是"以文来明"，"明"是彰显的意思。"文明"的概念产生以后，就与"质朴"区分开来，孔子曰："质胜文则野，文胜质则史。文质彬彬，然后君子。"(《论语·雍也》) 其中，"文"即纹饰；"质"就是质朴。这句话的意思是孔子说："质朴超过纹饰就显得粗俗，纹饰超过质朴就显得虚浮。只有纹饰和质朴搭配得当，才能成为君子。"从外在的角度来讲，人类文明就是要通过修饰、装饰显示出人类的独特性。从内在的角度来讲，人开始认识自己的身份，开始懂得相互尊重，知道应该怎样对待尊者、长者，又该怎样对待幼者、弱者。礼乐文明让我们自觉地懂得文明的道理，自觉脱离野蛮，这是一个自我提升的过程。

人也具有很多像动物一样的本能，对动物而言，这些本能是无所谓的，但是对人而言，如果不对此加以改变的话，就会给整个社会带来麻烦。这就是《荀子·礼论》讲的："人生而有欲，欲而不得，则不能无求；求而无度量分界，则不能不争；争则乱，乱则穷。"所谓"穷"就是社会陷入没出路的状态，因此这段话的关键是"度量分界"，度量即限度。人都有欲望，欲望无法满足，就不能不去追求；太执着地追求而完全不顾及限度和界限，就不可能不产生争夺；争夺会导致混乱，混乱会使社会陷入困境。我们有欲望，但是欲望是不是要节制一下？是不是应该有一个合理的限度？不同工作的人、不同地位的人应该怎样做？礼就是用来规定度量分界的。无度量分界，社会就乱了。荀子这段话也说明文明就是人类不断地认识自我与约束自我的过程，如果人不去约束自己，而像动物一样，那就谈不上文明了。因此，并非人类物质水平越发展，文明程度就越高。在某种意义上讲，只有抛弃很多动物的习性，化性了，那才是真正的文明。

近代以来，中国流行的"社会达尔文主义"，强调弱肉强食、物竞天择、适者生存。其实，生物界要想维护生态平衡，就不可能一直是弱肉强食。弱强是相对的，弱者、强者是相互制约的，生物界也有大量的相互合作、共生。只有这样，生物界才可能保持平衡。

退一步讲，就算动物世界可以弱肉强食，把动物世界的规则引入到人类社会来，要人类也按照这个规则运行，将弱肉强食、物竞天择、适者生存等观念灌输到我们头脑中，可以吗？只有强，才能战胜弱；只有强者，才能生存，这种理论其实是人类的自我退化。人类既然已经认识到了人类社会和动物世界不一样，弱肉强肉等规则不适用于人类社会。我们应当互助互爱，"讲信修睦，尚辞让，去争夺"，这才是人类社会的规则。如果按照动物界的规则，把世界上的民族分为优等民族、劣等民族，劣等民族天生就应该被消灭，优等民族天生就要统治别人，这样就全乱了，会引发战争等。

我们追求现代文明，但结果却回归到了动物世界，现在许多人相信，人类社会就应该是这个样子。这是不对的，是值得反思的。对此，荀子讲要"化性"，化人不好的性，只有"化性起伪"，人才能明白应该遵守的根本原则。虽然现在一些人总是想着怎么和别人争，但总的来讲人类是朝互爱、互助的方向发展，而不是互相争斗、残杀。荀子认为："无性则伪之无所加，无伪则性不能自美。性伪合，然后成圣人之名"。(《荀子·礼论》) 这句话是说，没有自然天性，人为的修饰就无法施加；没有人为的修饰，人的天性是不会完美的。只有两者结合，才能使圣人之名精纯。

当自由资本主义发展到垄断帝国主义阶段，整个社会就是相互攻杀、吞并，而不是去相互帮助、扶持。人性应该和兽性有所区别，人和动物的区别之一是人有分辨能力，人懂得什么该做，什么不该做，怎样做是对的，怎样做是错的。荀子在《礼论》篇讲："天能生物，不能辨物也；地能载人，不能治人也；宇中万物、生人之属，待圣人然后分也。"

《王制》篇讲："水火有气而无生，草木有生而无知，禽兽有知而无义，人有气、有生、有知，亦且有义，故最为天下贵也。力不若牛，走不若马，而牛马为用，何也？曰：人能群，彼不能群也。人何以能群？曰：分。分何以能行？曰：义。故义以分则和，和则一，一则多力，多力则强，强则胜物，故宫室可得而居也。故序四时，裁万物，兼利天下，无它故焉，得之分义也。"这段话的大意是：人有气、有生命、有知觉，而且也有道义。因此，人是天下最尊贵的。人能驱使牛马的原因是人能组成社会群体……人根据天地的运行规律，管理万物，使天下万物受益，没有别的原因，就是因为人有名分、道义。荀子告诉我们，得分辨清楚什么该学，什么不该学。尊重自然，并不等同于完全不假思索地做，我们要有所选择，该学的要学，不该学的则要提防、拒绝它，这是"文"的特性。人"有气、有生、有知，亦且有义"，故"最为天下贵"，这是《荀子》对人类文明独特性的理解。最重要的就在这个"义"字，"义"就是分辨能力，没有分辨、不知取舍、不明是非，那就不是人了。"文明"若只是从生产方式上来考量，就太不符合它的本义了。我们也不能局限于"文明"的外在形式，认为仅仅是言行举止上的礼貌。文明的真正含义，是人类的自我提升，人类的自觉、自律、自尊意识增强了，就会离动物越来越远。

在天地间
—— 荀子论人的主体性与责任

"礼义"让人有自律性。但其实很多情况下，我们丢掉了人的尊严，没有自尊了，就会把什么都交给别人。在现代文明的观念中，把病人交给医院，把教育交给学校，把犯罪的人交给法院是很自然的事情。虽然可以让法律来制约我们，但我们为什么不能自律一下呢？在中国传统文化中，保持人的主体性、独立性、庄严性（即自尊），自己管好自己，而不是靠别人来管我们，是人的一个根本特点。动物是没法自律的，它完全依赖外在的环境。

人有主体性，人能"自我限制"（"自律"）。人发挥主体性，并不是没有限制。在人与自然的关系上，自然是刚，人应该是柔，应该去顺应大自然，在顺应自然的同时改变自然，而不能用强硬的手段去改造自然。在顺势的过程中，人完全可以主动地利用势。通过顺势，用势来达到人类的目标。《淮南子》讲"推自然之势"，势，我们现在叫规律，古代叫趋势。任何一个事物都有它自身的发展趋势，不能违背。《荀子·天论》讲"天行有常，不为尧存，不为桀亡。应之以治则吉，应之以乱则凶"，也是强调需要充分尊重自然的规律，在此基础上发挥人的主动性。

或许只有想不到的，没有人类做不到的，人确实有这个能力。但是作为人，是否应该反思——想到了，但要不要做到？很多科学家晚年会后悔自己早年的一些发明创造，因为他们本来希望通过这些发明创造给我们带来更好的人生，结果反而危害了人类的安全。作为人，就必须要有这样的反思，而且前人已经有那么多的历史教训，我们为何还要去重蹈覆辙呢？

我们面临人的主体性的危机。如果有一天我们人类的生活中的一切都要听人工智能来指挥，那会怎样呢？我们需要那么多人工智能吗？我们是否已经真正认识、开发了天然的智能？让人跟机器人比赛下棋，如果我是个棋手的话，我一定拒绝参与，那是明摆着的事，跟人下，我才下。为什么要把十个人的乃至一千个人的智慧装到一个机器人的脑袋里去？那样人类绝对胜不了它。人工智能确实是非常先进的东西，可是它又给人类带来很多的困惑，那么人要不要把更多主动权交给它，让自己失去主动性、主体性？

现在这个问题一直在困扰着我们，对此，许多人都无能无力。

《周易·贲卦·彖传》说："文明以止，人文也"，"文"是人的自觉性的体现，这句话的意思就是通过文明来给自己定位，让人明白应当止于何处。通过礼乐教化天下，这就是文明。人在天地之间，只有真正找到自己的定位，才能参与天地的变化，才能明白如何去对待万物。荀子在《天论》篇中讲"天有其时，地有其财，人有其治，夫是之谓能参"，意思是天有四时的变化，地有宝藏，人有治理自然的方法，天生、地养、人治三者应相互配合。我们要维持大自然的生态平衡，保护天地万物，就应该顺应、尊重自然，顺势而为，因势利导。

荀子论礼乐刑政
—— 平衡的治理体系

荀子致力于让社会有序，社会有序就需要每个人都安分守己、尽伦尽职。也许这样的话现在大家都不愿听了，可是你若是管理层的人员，你一定希望每个成员都尽伦尽职。如果你在经营一个企业，或者管理一个学校，你难道不希望每个职工、教师都能把本职工作做好吗？你一定希望的。只有每个职工、每个教师把自己承担的任务做好了，这个企业、学校也就好了。因此，尽伦尽职是每个人都可以理解的一个道理。尽伦尽职其实与传统文化中的"正名"思想有很大关系。古代强调"君君、臣臣、父父、子子"，我们现在对这一思想有很多误解，其实"君君、臣臣、父父、子子"就是尽伦尽职的意思，在君位的人就要尽君的责任和义务，在臣位的人就要尽臣的责任和义务，父、子也是如此。法家后来把"正名"思想运用到现实层面，提出"循名责实"这个概念，即考察你是否承担了与相应的责任，从而使名实相符。今天，我们考察干部仍然要"循名责实"。

若治理社会，就教育每个人都从自己的本职工作做起，把本职工作做好，对得起自己的身份。荀子说的"度量分界"就是指不能超越限度，做父母就要尽做父母的责任；做子女就要尽做子女的责任。做父母不像个父母，做子女不像个子女，这样的家庭生活怎么能愉快呢？这就是荀子"礼治"的思路。但是现在一讲到"礼"，好像就是封建的、落后的，大家都不敢讲礼治。其实在《荀子》中讲到礼与法的时候从不把它们对立起来，在中国古代也是这样，"礼"其实也是一种"法"，叫"礼法"，还有一种"法"叫"刑法"。"礼"和"刑"都是一种规范性的要求，只是两者的方式不同。"刑法"说这个能做，那个不能做，你触犯了"刑"，那就要制裁你。"礼法"不是强制性的，是让你自觉遵守，教你养成习惯，从而形成社会习俗。"礼"和"刑"是相互配合的。

《论语》里有句话，很值得深入探讨："道之以政，齐之以刑，民免而无耻；道之以德，齐之以礼，有耻且格。"（《论语·为政》）"政"就是用正确的价值观引导人，用正确的行为方式要求人，这就是"道之以政"。"齐之以刑"是将"刑法"作为一个标准，用"刑"的标准来要求你，教育你要遵守"刑法"。如果走歪了，"刑"可就不饶你了。那结果呢？"民免而无耻"，即大家不敢去做，但不一定因为做了这个而觉得丢脸，这还是没有羞耻心。那另外一种方法呢？"道之以德，齐之以礼"，就是用品德来要求人，开发人的德行，"德"本身就是每个人所具有的，是天性。通过对人的天性的开发，然后用"礼法"要求每个人遵守规则。结果怎样呢？"有耻且格"，人人都有羞耻心，知道什么不该做。这句话告诉我们，有"刑法"，也要有"礼法"；有"刑"的标准，也要有"礼"的标准；"刑法"是政治教育，"礼法"就是道德教育，两者会产生不同的结果。

清代有位学者叫陆世仪，他看到当时社会有个现象——很多家庭非常重视"家法"，不太重视"家礼"，他就讲不能忽视"家礼"，"家礼"比"家法"要重要。为什么呢？"法使人遵"，家法是我们要遵守的，但是不能从根本上解决问题；"礼使人化"，通过礼来教化，人的性情就会变化，人际关系也就更加融洽了。结果是什么呢？"法使人畏，礼使人亲"，遵守法律是因为心里面有畏惧。

"礼法"和"刑法"有哪些差异呢？礼法是我们在生活中自觉遵守的习惯，尊老爱幼、做事要讲诚信等，是在生活中自然而然形成的。如果总想用法律来规范人的行为，人与人之间的关系就冷冰冰的。一些人认为，现在讲"礼治"就不行了，只有"法治"才行，这就让人与人之间的关系越来越冷淡了。比如，因为你是老师，我没办法，一定要给你鞠个躬，那是"法"；如果从内心觉得老师就应该被尊重，那就不一样，跟老师的关系就很亲密。和父母的关系也一样，推而广之都是一样的情况。我们轻视"礼治"的观念已经根深蒂固了，一时很难改变，我们现在更多的是在讲"法治"。而《荀子》一书就讲得很清楚："隆礼重法"，其中的"法"包括"礼法"和"刑法"两方面内容。

学以成人
——荀子论为学与教化

《荀子》讲："学至乎礼而止矣。""学至于行之而止矣。"（见《荀子·劝学》《荀子·儒效》）学习要知止，学了再多的东西，最终不能落实到做人，落实到礼，那就白学了。因此，荀子讲学要止于两点：一个是止于礼；另一个是止于行，在这里"止"有落实的意思。

中国传统的教育教的就是为人之道，让人学做人的道理，而不是学技艺。但我们现在的教育许多时候都是教人将来谋生的技巧，这样教育的性质就发生了变化。而且这种教育许多时候是标准化的，有统一标准，是批量生产的，根本不是因材施教，没能发挥每个人的聪明才智，这是现在教育的最大问题。

什么是师？老师就是模范，师者要以身作则，身教重于言教。在家庭中，父母是老师，父母的身教对孩子的影响最大；在学校里，只有老师进行身教，才能影响学生；社会上的名人也应当以身教去影响别人。有些人书读多了，但是没能落实到自己的行为上，那是根本没用的。也不见得读书多，做人做事的德行就越高，在古代，大概90%的贫苦百姓没有很好的读书机会，连字都不识，那他们是怎么懂得做人做事的道理？就是靠家庭中的身教，以及社会环境的影响，再加上艺术的手段，例如，通过听戏、听说书等，他们就懂得了做人做事的道理。现在的观念发生了很大的变化，很多人认为只有读书才能懂得做人做事的道理。其实，读书不是教育的全部，读书不一定明理，有言教，更要有身教。

教育首先是要发挥老师的作用。"三人行，必有我师焉。"（《论语·述而》）每个人都既是学生，又是老师。只不过有时候老师年长一些，人生的经历多一点，他有可能感悟到的东西比你多一点，但他也有感悟、接触不到的地方，说不定某个学生在这个方面就比老师好，那这个学生就值得老师学习。因此，人人都应该用老师的标准要求自己，而不能把老师固定化了。韩愈的《师说》中也讲到这点，年纪比你轻的人也可能在某方面成为你的老师。

传统的教育理念是把一部分人培养成社会精英，这些精英并不是技能上的精英，而是德行上的精英，也就是社会大众学习的榜样。必须要有学习的模范和榜样，并形成社会的正气。古代的科举考试不是技能考试，而是按照人的品德和治国理念来选拔人才，它是综合性的考试。至于做官，古代的"官"和"吏"是两回事，"官"掌控和把握全局，"吏"一般是固定在某个地方、某个部门。官是四处游走的，对官的要求，首先是看德行。现在强调职业道德，其实没有基本的德行是谈不上职业道德的。过去有一句话让很多人反感："女子无才便是德。"这句话实际上是有两句，前一句是："男子有德就有才。"这句话的重点是男子"无德"就把"才"用到歪的地方去了，要防止"恃才傲物"，不然有才也是枉然。在古代，非常重视女子的"才"，心灵手巧的女子是受人尊重的。因此，这句话是讲无论男女都要把"德"放在第一位。在很多情况下，我们没有把古语诠释清楚。"男子有德就有才，女子无才便是德"也可以说成"女子有德就有才，男子无才便是德"，这样说也是对的。总之，古人是在强调"德"的重要。只有这样，才能构建一个充满正气与温情的社会。

Ⅲ

传统文化的体系

儒家是中国文化的主干

——从孔子像的议论说起

我记得刚立孔子像的时候，有人在课堂上问我怎么看，我当时就说了不要把这件事看成是一件了不起的大事。从国家博物馆的角度来看，这也是根据其重新布展的规划来做的日常工作，孔子像也是在国家博物馆的围墙之内。但很多人把它渲染成是某种标志，认为这是要回归到孔子时代等，我觉得没有必要这样来看。现在的时代不可能是某种思想独统天下的时代，而是多元文化并存的时代，多种文化之间应相互尊重，不应极端推崇某种文化。

十几年前，我曾经写过一篇文章讲到，台湾的新儒家有一种情结，主张三统并建，三统是道统、政统、学统，这不符合时代发展的需要。现在是多元化的时代，不可能只用一种思想来一统天下。从中国的历史来看，儒家是中国文化的主干，但儒家从来没有一统天下，也没有把其他的思想消除、压制掉。在汉武帝"罢黜百家，独尊儒术"的时期，也还是儒、道并存的。司马迁的父亲司马谈写《论六家要指》，评析了儒、道、名、法、墨、阴阳六家，后来经过自然淘汰，主要是儒、道两家。即使在儒家中，也不是一个学派占统治地位，我们后来推崇孔、孟，把荀子排除在外。到了宋代，荀子成了杂驳，不被视为儒家正统，可事实上，荀子的思想一直在中国历史上占有重要的地位。荀子主张"隆礼重法""霸王道杂用"，汉宣帝也曾讲到："汉家自有制度，本以霸王道杂之，奈何纯任德教，用周政乎！"(《汉书·元帝纪》)

在中国历史上，儒家是主干，但它从来没有独霸天下，也没有排斥其他的文化，反而现在有些人有这种倾向，这可能是受了西方文化的影响。西方的基督教是独尊的，一切违背基督教教义的都是异教，异教徒都会遭到残酷迫害。在曲阜建基督教堂的时候，也有人问我如何看待这个问题。我也讲了，我们到罗马去建孔庙，人家肯定不允许，西方的文化传统和思维模式就是这样，不会让异教去建教堂，可中国的文化并不是这样的，我们是不是也会像西方那样不允许在孔子的家乡曲阜去建基督教堂呢？有些人还是比较理性的，在网上就有人提出我们是学韩愈，还是学宋儒这一问题。我们不能学韩愈灭佛，应该学习宋儒把佛教的精华吸收进来发展、壮大自己。我看到一篇文章，大意是说要在曲阜建的教堂其规模超过孔庙，容纳的人数也要超过三千人，这对儒家的信徒是一种很大的伤害。但我们也不能由此用公权力来禁止建教堂，这反过来会伤害另一拨人。

在国家博物馆门前立孔子像这一问题上，我们要分清是非，孔子像立在国家博物馆门前，有人就夸大它的象征意义，也会有人有另一种诠释，这就有了冲突。要防止这种事的发生，我们就不应该再挑起意识形态的冲突。改革开放以来，意识形态、思想文化的包容度不断扩大，好不容易营造出良好的气氛，如果再挑起意识形态的纷争，这对社会是没有多少好处的。我们要看得淡一些，过分的诠释是无益的。我希望新闻媒体不要掺合这件事，不要去煽风点火，不同立场的人这样吵，西方媒体也会加入讨论，这样非常不好。当然，我们的做法是不是有问题还是另外一回事。国家博物馆立了孔子像，信儒的人可能会欢呼，但信道的人可能就会有意见，信道的人也许会问，为什么不把老子像立在那里？

中国的文化本来就是很包容的，说到包容，其核心内容就是能挺得住，我们要有自己的文化主体意识，什么文化进来都可以消化、吸纳，可以用来充实自己的文化，这是中国文化的根本特点。我们不是用排斥其他文化来维护自己，而是用吸收其他文化来壮大自己。中国文化应该有这种气魄，没有这种气魄，我们就是不孝子孙，因为我们没有去努力弘扬传统文化。最关键的还是我们的观念问题，把一些东西作为保护伞恰恰是心虚的表现，我们不要再在这个问题上纠缠，做一些踏实的工作更重要。我们不要坐而论道，更重要的是要起而行之。我曾去参加过一个活动，有一批企业家成立了中国企业社会责任联盟，他们要做有社会责任的企业家，现在社会上的诸多问题都是由于社会责任的缺失而产生的。

荀子讲："君子役物，小人役于物。"（《荀子·修身》）役就是支配、掌控的意思，君子要掌控物，小人是让物来掌控的。役物和役于物的区别是什么呢？这其实就是动物性和人性的区别，役于物就是动物性的表现，人不能让物牵着鼻子走。我们是人，不是动物，不能被物欲牵着鼻子走。为什么人要有更高的理性追求呢？天地间，唯独人有最大的自由，动物做不了自己的主，如果我们像动物那样任性，那就连动物都不如了，所以人要限制、约束自己。人的自觉性体现在人的行为规范上，这也就是荀子讲的义，义就是要让我们有所节制，人要"发乎情而止乎礼"，没有止乎礼就麻烦了。我们不择手段、毫无限度地去攫取财富，结果就会"役于物"。

首先，在金钱的问题上，我们要有基本的认识，用《大学》里的话讲就是"德者本也，财者末也"。德是本，财是末，不能舍本求末。

其次，我们还要考虑义与利的关系问题，不要见利忘义，要见利思义。《孟子》的第一章讲到，梁惠王见孟子来了，就问："叟不远千里而来，亦将有以利吾国乎？"孟子就回答："王何必曰利？亦有仁义而已矣。"在这段文字中首先提出了义和利的关系的问题，《大学》中也提出了国要以义为利。《荀子》里有篇文章叫作《荣辱》，他提出把义放在第一位是荣，把利放在第一位是辱，不能见利忘义。

最后，我们还要注意天理和人欲之辩，宋儒提出的"存天理，灭人欲"（《宋元学案》卷四八《晦翁学案上》）一直受到批判，人们说它是抑制人的欲望，是禁欲主义。其实这个命题不是宋儒提出来的，在《礼记》中就提出要"存天理，灭人欲"，宋儒在这个命题上指出，人欲是私欲，天理是公义。如果你做一件事是为了全社会的人都能够受益，这就是天理；如果你为了一个人得利，那就是人欲。天理和人欲之分实际上就是公私之分，我们不能为了一己私利而损害公利。

有了这些理念就需要落实，要落实就需要先修身，修身是落实我们认同的道理的过程。《大学》里提到八条目，格物、致知、诚意、正心、修身、齐家、治国、平天下，修身的结果是要落实到齐家、治国、平天下，格物、致知、正心、诚意是内圣，齐家、治国、平天下是外王，外王不一定只是对君主而言，也可以指一项事业。《大学》就讲了"自天子以至于庶人，壹是皆以修身为本。"修身也就是对格物、致知、诚意、正心的实践。"格物致知"用宋儒的话来讲就是"即物穷理"，我们要明白道理，用它来诚意、正心。

中国人修身要做到诚意，诚意之后才可正心。修养中很重要的一点就是要有羞耻心，没有羞耻心就不是人了。有过不怕，就怕不改。有过能改就是有羞耻心的人，有错不能改就是无耻的人。你有了诚意，能做到勿自欺，有羞耻之心，就守住了我们的道德底线。现在的社会问题不能光靠严打来解决，而是要靠良心的发现。

我不知道是什么时候才开始为孔子塑像的，但明代是禁止给孔子塑像的，韩国的孔庙里也没有孔子像，只有孔子的牌位，这个牌位是神主牌位，即将神明、祖先的名号写在板子上，供人祭祀。佛教的造像传到了中国，中国也开始造像了，道家原来也是没有造像的，学了佛教的做法之后，才开始造像。韩国的大成殿建于 14 世纪，只供着孔子的牌位，没有造像。我觉得供奉牌位比供奉一个孔子像要神圣得多，这也是人本精神的体现。中国一直都追求人本精神，神都是人做的，不需要神圣化，有个精神标志就好，可供后人去祭拜。我希望国家博物馆立孔子像这件事情赶紧过去，不要在这件事上过多地发挥。你可以有情绪，但不能用公权力去禁止另一种声音，这也是社会需要的良好气氛。

"用中"和"时中"

——儒家实践的辩证原则

在中国传统哲学中，有着丰富的朴素辩证法思想。其中不仅有大量充满智慧的、一般的辩证法命题，更有许多直接指导各种社会生活实践行为的、具体的辩证原则。

中国传统哲学的特点是实践理性最为发达。尤其是在儒家哲学中，任何的哲学思考都必须落实到道德实践中去，而人在社会生活中的行为原则，又是哲学思考中的首要问题。这也就是儒家一再强调的"下学"和"上达"。"下学"是指学"人事"；"上达"是指达"天命"（"天理"）。只知行人事，而不知求上达，那这种下学有可能沦为只知求利欲；反之，只知讲上达，而不知行人事，那么这种上达也必将是空洞无用的。所以，在儒家哲学中，纯理性的抽象辩证法讲得不是很多，而大量讲的是与社会现实有直接联系的、实践中的辩证原则，或者说实践理性中的辩证法。

在儒家大量有关实践的辩证原则中，"中"和"时"是两个最为重要、最具普遍意义的原则。关于"中"，在儒家哲学中，据其所叙述的问题，在用词上，有许多种表述。如："中庸""中和""中道""中正""中行""折中""执中"等。然而，不管有多少种表述，归结起来说的都是"用中"。儒家把"用中"看作是自尧（儒家心目中的"圣人"）以来圣圣相传的最高的道德原则。据说，尧在传位给舜时，谆谆叮嘱的就是要他把握"执中"的原则。儒家认为如果不这样的话，天下的老百姓就会穷困，君主的地位也就保不住了。后来，舜又以此教导禹。舜之所以为舜是因为他有大智慧——善于"用中"。

在儒家哲学中，"中"的最基本含义是"标准""限度"的意思。如"折中"一词，就是指用某一标准来判断或衡量是非的意思。现在人们都把"折中"（或作"折衷"）理解为"调和"矛盾，殊不知这是后来引申出来的意思，而不是它的原始含义。"中庸"强调坚持某个标准和限度，因而在社会激剧变动时期就有可能成为维护某种旧事物，调和矛盾，反对变革的工具，这是"中庸"思想的局限性。但是，"中庸"思想中也包含着朴素的辩证法思想，即任何事物超过或达不到一定的限度就会向其对立面转化。运用折中思想来调和矛盾时，并不是对矛盾的简单否定或抹杀，而是在意识到对立面超过一定限度就会向相反方向转化的前提下，在实践行为中保持矛盾的某种平衡，从而取得最好的实践效果。在日常生活中，人们随时都会遇到由于"过"或"不及"的行为而造成事物向其反面转化的情况。只要举一个常见的例子就能充分说明这一点。譬如，父母爱子女，是人之常情，可是如果爱得过分，就会变成溺爱，其结果则是"爱"之愈切，而"害"之也愈深。孔子赞扬"乐而不淫"（快乐而不放荡），"哀而不伤"

（悲哀而不伤身）（《论语·八佾》）等，也都是因意识到事物如果超过了一定的限度就会转向反面才提出来的。因此，在人们的实践准则中，辩证地把握一定的"标准"或"限度"，确实有一定的现实意义。

"用"包含着调和矛盾的意思，如"执其两端，用其中于民"就有这方面的意思。所以，"中"也常常被解释为"和"。有子说："礼之用，和为贵。"（《论语·学而》）这里所说的"用和"，其实也就是"用中"。反过来，从某一方面讲，"用中"也就是"用和"。对儒家的"用和"原则，以往也有许多的批评，这主要也是由于片面地理解儒家的"用和"精神而造成的。

首先，儒家所说的"用和"，并不是无原则的调和。相反，它是把坚持一定的原则作为贯彻"和"的前提。在有子那段关于"用和"的话中，紧接着他就明确地表示："有所不行，知和而和，不以礼节之，亦不可行也。"（《论语·学而》）这句话的意思就是说，不讲原则的为和而和是不可行的，不用礼的原则加以节制的和也是不可行的。可见，儒家讲的和是坚持原则的。为此，儒家严格区分"和"与"同"这两个概念。"和"是指不同性质的事物或意见之间的互相补充与配合；而"同"则是指相同性质的事物或意见的彼此附和与合流。《国语·郑语》中有史伯论"和"与"同"的一段话，可资参考。他说："夫和实生物，同则不继。以它平它谓之和，故能丰长而物生之。若以同裨同，尽乃弃矣。"这是说，不同性质的事物相互配合，就能产生新的事物，而相同性质的事物放在一起，则不可能产生新事物。宋儒叶适在论述"中庸"时也十分强调，对立的事物通过相互补充、配合以达到统一。如他说："道原于一而成于两。古之言道者必以两。凡物之形，阴、阳，刚、柔，逆、顺，向、背，奇、偶，离、合，经、纬，纪、纲，皆两也。……中庸者，所以济物之两而明道之一者也，为两之所能依而非两之所能在者也。"又说："中庸足以济物之两而明道之一，此孔子之所谓至也。"（《水心别集》卷七《中庸》）这里包含了深刻的辩证原则。因此，孔子说："君子和而不同，小人同而不和。"（《论语·子路》）孔子把"和"看成是"君子"的品德。

其次，"和"或"中"也强调不要陷于片面，而应兼顾多面。儒家在许多方面，特别是在品德修养方面，也都重视全面地认识事物。三国时的刘劭以"兼德"来解释"中庸"。他说："兼德而至，谓之中庸。"（《人物志·九征》）他认为，木、金、火、土、水五者表现在人身上就是仁、礼、信、义、智五种品德，但这五德是各有侧重的，只有五德兼备的人，才是完美的，而"中庸"就是指五德兼备。同时，他还认为，"中庸"之德有防止人在行为方面过分拘谨或放肆，以及指明人的短处而弥补其不足等重要的作用。这是刘劭对"中庸"思想的积极方面的重要发挥，它对人们全面理解"中庸"思想是有启发意义的。

上文讲到，"用中"和"用和"是反对无原则的为中而中与为和而和的，但是如果对坚持"用中"和"用和"的原则作僵死的理解，而不懂得根据不同情况加以变通，那同样是片面的。"用中"不仅需要有坚持原则的一面，而且也要有灵活变通的一面。这也就是我要讲的儒家实践理性中的另一个重要的辩证原则——"时中"。

"时中"一词最早出现于《周易·蒙卦·彖传》："蒙，亨。以亨行，时中也。"蒙，即亨通。所以，以"通"来行事，是符合实际的。"时中"的思想早就受到儒家的关注。所谓"时中"的原则，主要有两方面的含义：一是要"合乎时宜"；二是要"随时变通"。儒家思想家注意到了这样一个事实，即同样的言行，在不同的时间、场合下，将会产生不同的实际效果。因此，他们认为，一个人的言论、行为要获得好的实际效果，遵守"合乎时宜"和"随时变通"的原则是十分重要的。《论语·宪问》中记载着这样一件事：有一天，孔子在向公明贾打听公叔文子的为人时说："听说公叔文子不说话，不笑，不取钱财，是这样的吗？"公明贾回答："这完全是传话人说错了。""夫子时然后言，人不厌其言；乐然后笑，人不厌其笑；义然后取，人不厌其取。"（《论语·宪问》）意思是说，公叔文子是该说时才说，所以人们不讨厌他的话；高兴时才笑，所以人们不讨厌他的笑；该拿的才拿，所以人们不讨厌他获取钱财。孔子听了大为赞赏，接着问："真是这样吗？"公叔文子的言、笑、取，可以说是合乎"时中"原则的。又如，宋儒杨时在解释孟子"执中无权，犹执一也"时，也说道："禹稷三过其门而不入，苟不当其可，则与墨子无异。

颜子在陋巷，不改其乐，苟不当其可，则与杨氏无异。子莫执为我兼爱之中而无权，乡邻有斗而不知闭户，同室有斗而不知救之，是亦犹执一耳。"（《四书章句集注·孟子集注·尽心上》）这一解释充分地阐发了"变通""时中"原则。

荀子也一再强调君子要能把握"与时屈伸""与时迁徙"的原则。他说："与时屈伸，柔从若蒲苇，非慑怯也；刚强猛毅，靡所不信（伸），非骄暴也；以义变应，知当曲直故也。《诗》曰：'左之左之，君子宜之；右之右之，君子有之。'此言君子能以义屈信（伸）变应故也。"（《荀子·不苟》）这段话的意思是说，如果能随时而屈伸，那么即使柔顺得像蒲苇编的席子那样卷曲，也不是懦弱害怕的表现；即使刚强勇猛而得以到处伸展，也不是骄横凶暴的表现。这是因为按照原则来应变，懂得在什么情况下应当柔曲、顺从，什么情况下应当刚强、正直。《诗经·小雅·裳裳者华》一诗说，无论是向左的行动，还是向右的行动，君子都能做到恰如其分。这就是说，君子能按照一定的原则来屈和伸以适应变化的环境。

在儒家思想中，"时中"不仅被视作个人道德修养和生活实践所应遵循的根本原则，而且也被视作治国安邦的重要原则之一。农业生产对天时变化很依赖，儒家深感"适时"的重要性。因此，儒家认为"使民以时"（《论语·学而》），"不违农时"（《孟子·梁惠王上》）等，是治理国家的基本原则之一。荀子把草木开花结果时禁止砍伐，鱼鳖怀卵时禁止撒网下毒，春耕夏耘秋收冬藏，不失其时，称之为"圣王之制"，并根据"养长时则六畜育，杀生时则草木殖"的道理，推论出："政令时则百姓一，贤良服。"（《荀子·王制》）这句话是说，国家的政令如果合乎时宜的话，那么老百姓就会行动一致，而有才能的人也会拥护朝廷。这样的推论是极其直接和朴素的，没有深奥的理论论述，但却有广泛的实际意义。即使在今天，播种适时，不乱砍伐、捕杀等思想中所包含的辩证原则，对保护自然资源，维护生态环境等，也仍然有重要的现实意义。

儒家思想家看到了事物在自发运动中往往是向着不平衡的（或片面的）方向发展的，于是提出了"中"和"时"的原则，用以防止和克服思想、行为方面的片面和极端，并在综合对立两方不同性质的情况下，求得某种平衡。应当说这一原则包含了积极的辩证因素。不过，如果被滥用，再好的原则也会走向它的反面。儒家"中"和"时"的原则，在实际运用中不断被滥用，而演变为折中调和、见风使舵的代名词。折中调和、见风使舵的人因而也就成了为孔孟所痛斥的、"乡愿"式的人了。这也是我们在探讨儒家实践的辩证原则时，特别需要注意的问题。

儒家的"节欲"观

当今世界，有识之士无不为人类赖以生存的自然环境的日趋恶劣而忧心如焚。生态平衡被肆意破坏，引起了全球的气候反常；生活环境横遭污染，带来了致命的怪病恶疾。环境恶化不仅严重地威胁着人类的生存，而且将贻害于子孙后代，甚至会大大缩短人类在地球上的生存历史。这绝不是故作危言耸听，而是摆在当今人类面前的、无情的现实。

从现象上看，造成当今人类生存环境危机的原因是：人类过度地向自然索取，进行破坏性、掠夺性地开发，以及存在大量有害的生产、生活废弃物的污染。因此把对自然的破坏性、掠夺性开发，改变为计划性、保护性开发，加强对有害的生产、生活废弃物的积极治理，是改善当前人类生存环境的有力措施。但是，这并不能从根本上解决问题。追根究底，引发当今世界人类生存环境危机的根本原因是，人们无限度地放纵自己欲望的，不顾一切后果地疯狂攫取自然资源，并且肆意挥霍、浪费全球资源。因此，人类如果不能从节制自己的欲望入手，就不可能从根本上消除潜伏着的、对未来造成严重危害的隐患，同时也不可能真正解决人类的生存危机。

我认为，在21世纪人类应当认真自我检讨，并切实节制自我的欲望。人们需要设计各种科学合理、利于身心健康的生活方式，重新调整人类与自然之间的关系，为子孙后代创造一个良好的生存环境。为此，重温一下中国传统儒家的"节欲"观，则将非常有益于人们思考节制欲求的问题。学习儒家的"节欲"观，具有重要的现实意义。

欲，是人类生活中一个基本的问题。儒家在欲的问题上的基本立场，就是认为欲不应当无限度地放纵，而要受到一定社会规范的制约。

孔子说，他70岁以后达到了一种随心所欲而又不违背规范的境界。这也是孔子以后历代儒学家追求的、理想的精神境界。孔子所说的欲，其含义是很宽泛的，包括各种生理要求和社会行为。个人欲求既能得到自由发挥，同时又能不违背社会规范，显然是对欲求有所节制的结果。孔子到70岁以后才能做到"从心所欲不逾矩"，这说明他是通过长期、自觉地节制欲求才能培养出这样的精神境界。

孟子也认为，人们的欲求是受到道德规范制约的，而且应当按一定的道德标准去取舍。如他说，求生是我的欲望，求义也是我的欲望，当二者不能兼得的时候，我将牺牲生命而去求义。孟子遵循这样一条原则：不去做不当的事，不去追求不当的东西。孟子还认为，太多的物质欲望甚至会有碍于提升人们的道德修养，因而提倡"寡欲"。他说，修养心性的最好方法是减少物质欲望。如果欲望不多，那么善性即使有缺失，也不会丧失很多；如果欲望很多，那么善性即使有所保留，也只是保留很少的善性。

　　荀子提出了一套较为详细的"节欲"理论。例如，他在分析"礼"（指社会各种制度、道德规范、礼节仪式等）的起源时，曾这样说：人生下来就有各种欲求，欲求得不到满足，就会不断去追求。人们的欲求如果没有一定的限度，就不可能不发生争斗。争斗会造成社会的混乱，混乱会使社会陷入困境。古代的圣王，为防止社会陷于混乱，因而制定各种等级制度、道德规范、礼节仪式等，以规定人们的社会地位，调节人们的欲望，满足人们的要求。从而使人们的欲求不至于因为物资的不足，而得不到满足。此外，自然物资也不至于被用尽。总之，使自然物资和人的欲求相互制约，保持协调地增长，这就是社会等级制度、道德规范、礼节仪式等产生的原因。荀子的分析是相当深刻的，他既指出欲是人类生理本能的一种要求，也说明它是构成人类社会关系的基础。同时，荀子强调社会各种制度、道德规范等在调节人们的欲望，协调自然物资和人们欲求之间关系方面具有重要作用。这就是说，人的欲求应得到满足，但也不能放任自流，而要由社会来加以限制和调节。我们应当充分发挥社会制度、道德规范等的作用，因为它既能使人们的合理欲求得到满足，同时又可以保护好自然资源。

荀子不同意"寡欲""去欲"等主张。他认为:"欲不待可得,所受乎天也。"(《荀子·正名》)欲不是有没有的问题,而是受之于自然的本性。那种认为只有去除人们的欲求,才能治理好国家、社会的理论,完全是由于他们没有办法正确引导人们的欲求,而被人们的欲求给困住了。那种认为只有减少人们的欲求,才能治理好国家、社会的理论,完全是由于他们没有办法来合理节制人们的欲求。其实如果人们的欲望是合理的,即使多些,对国家、社会的治理又有什么影响呢?相反,如果人们的欲望是不合理的,即使再少,也会给社会带来混乱。荀子指出,虽然不可能完全满足人的欲望,但可使它接近于满足;虽然不可以完全去掉人的欲望,但可加以节制。同时,荀子又指出,欲虽然受之于自然本性,但在很大程度上要受到多方面的制约,这样现实中的欲望就不再是单纯的、自然本性的欲了。他举例说,人对生的欲望是最迫切的,而对死的厌恶是最强烈的。但是,有人竟放弃生的希望,而去死,这并不是不愿意生,而愿意死,只是由于考虑到某种情况下是不可以偷生的,而应当去死。因此,对于欲不是简单地去除和减少的问题,关键是如何按照正确的原则来节制欲望。人们如果能掌握这个原则,那么在条件允许的情况下,欲望将得到最大程度的满足;在条件不许可的情况下,欲望将得到有效的节制。

荀子在充分肯定欲存在的合理性的前提下,针对"去欲"说,提出了"道(导)欲"说;针对"寡欲"说,提出了"节欲"说。

"寡欲"的反面是"纵欲"。在战国时期也有一些学派着力地鼓吹"纵欲主义"理论，荀子对此持尖锐的批判态度。他认为，"纵欲"会使人在道德上堕落，成为物欲的奴隶，以致损害自己的寿命。针对养生，他又提出"养欲"的说法。对人的欲求既不能"无欲"和"去欲"，也不应"寡欲"和"纵欲"，那么唯一可行的就是"道（导）欲""节欲"和"养欲"了。我认为，荀子的"道（导）欲"说、"节欲"说和"养欲"说，不仅在历史上是一种正确调节人类欲求的理论，而且在当今世界，也仍然有重要的现实意义。

荀子也曾经从经济的角度来分析和阐明"节欲"的必要性。荀子说，吃想吃鸡鸭鱼肉，穿想穿绫罗绸缎，行想有车马代步，此外还想有大量的积蓄，永远也没有满足的时候，这就是人的真实本性。然而，在现实生活中，人们虽养了鸡、鸭、猪、狗，又养牛、羊等，但在吃的时候也不敢又是酒又是肉的；虽然储存了钱财、粮食，但在穿的时候也不敢全身丝绸，行的时候也不敢出入以车马代步。这并不是人们不想得到更多，而是要从长远的角度来考虑问题。因此，人们采取减少消费和节制欲望（"节用御欲"）的办法来积累财富。荀子批评那些目光短浅的人，只图眼前，不顾以后，无限度地挥霍浪费，那么用不了多久，财物就会耗费殆尽，他也就免不了因挨饿受冻而死。荀子在经济理论上强调节约，而同时又强调积极发展生产，使人们过上富裕的生活。这也就是荀子向往的理想社会。

宋明理学家十分重视"天理"与"人欲"的分别。所谓"天理",是指自然的、普遍的、公共的准则或道理;所谓"人欲",是指一己的私欲。如以吃为例,朱熹曾分析说:人必须吃东西,才能维持生命,吃这种生理需要是"天理";然而为了满足个人口腹的欲望,那就是"人欲"了。理学家们把"人欲"归为一己的私欲,并把它与恶联系在一起,因此在总的倾向上朱熹是排斥欲的。北宋著名思想家周敦颐提出"无欲"说。他认为,孟子提倡"寡欲"还不够,而应当"寡而至于无",才可以达到"圣人"的境界。周敦颐的"无欲"说,明显受到了道家思想的影响。理学的主要创立者之一程颐认为,人所有的不善行为,都是受到了欲的诱惑。因此,必须遏止人的欲望,使人寡欲,才不至于做出违背"天理"的事来。理学的集大成者朱熹,则把"天理"与"人欲"的对立推到了绝对的、互不相容的地步。如他说:在一个人的心中,保存着"天理","人欲"就会消亡;相反,"人欲"如果旺盛,那么"天理"就会消亡。"天理"和"人欲"是不可能混杂在一处的。因此,他大声疾呼要彻底消灭"人欲",完全恢复"天理"。

朱熹等理学家过分夸大了"人欲"的可恶和可怕,过分强调压制和消灭"人欲",表现出了禁欲主义的倾向。应当说,朱熹等理学家并不是完全反对欲,只是他们把那些最基本的、合理的欲划归到"天理"中去了。但是,他们把人的欲求降到最低标准,也确实有某种禁欲主义的倾向,因而遭到了当时和以后许多思想家的批评。例如,与朱熹同时代的,以提倡心学而闻名的陆九渊,他就不同意朱熹等把"天理"和"人欲"截然对立起来的观点。他认为，这种说法把天与人分割开来，是一种极有害的说法。明末清初大思想家王夫之，也不同意把"天理"和"人欲"截然对立起来。他认为，离开"人欲"，也就无所谓"天理"；每个人的合理的欲望应当得到满足，这也是"天理"的内容。但是，他并不主张纵欲，特别是放纵"私欲"，而主张发扬"公欲"（合理的欲望），彻底去除私欲。

程朱学派的后学，对朱熹等在理欲问题上的一些偏激说法有所纠正。如明代著名学者罗钦顺，对其前辈不无批评地说，人的欲望是天性，既不是个人能去掉的，也有其不可改变的理由。只要合乎礼义的欲望，就不可能是不善的。只有任意放纵欲望而不知节制，才会发展为恶。前辈学者都说要去除、遏制"人欲"，他们的出发点固然是为了防止人堕落，因而不得不严格防范，但是却有些过分了。人的欲望与喜怒哀乐，都是本性中所具有的，怎么能去掉呢？

清代著名思想家戴震与王夫之一样，反对把"天理"和"人欲"对立起来，而认为理就存在于欲中。他一方面对道家、佛教思想以及周敦颐等的"无欲"说进行了尖锐的批评；另一方面也坚决反对纵欲。他认为，人的欲望如不加注意，很容易失去控制，从而影响人的道德行为。因此，他主张人们应当用正确的原则来节制欲望，像大禹治水那样来疏导欲望，而不是简单地遏制。特别值得注意的是，戴震直接把"天理"与"节欲"说联系了起来。他明确地说：所谓"天理"，就是要节制人的欲望，从而使人不至于无限度地放纵欲望。所以说，欲望只是不应当无限度地放纵，而不是不应当有。有欲望，但能节制它，使欲望既不超过它应有的限度，又能得到满足，这难道不是"天理"吗？这些论述，可以说都是与荀子的"节欲"说、"道（导）欲"说相呼应的。

人类欲求的膨胀，从大处说破坏了整个自然界的生态平衡，使人类的生活环境恶化；从小处说也直接影响到个人生理和心理的健康成长。此外，无可讳言，社会上有许多国与国之间、人与人之间的纷争，也与人类的贪欲有密切的关系。我们不是禁欲主义者，但同时也反对纵欲主义。为此，我们很有必要大力宣传一下儒家丰富的"节欲""道（导）欲""养欲"理论，用它来合理地规范一下人类的欲求，让人类摆脱无尽的欲求的桎梏，把当今人类生活的格调和情趣提升到一个新的境界。

儒家的传统伦理

一

儒家伦理在中国是一个很有争议的问题，而这种争议是有其深刻的历史原因的。中国在由传统农耕社会向近现代工商社会转变的过程中，在绝大多数社会改革家和进步思想家的头脑里，都把儒家伦理看作阻碍社会改革、进步的政治理念。因此，近百年来，一些人对儒家伦理观念发起了一次比一次激烈的批判运动。

19 世纪末，西方民主、自由、立宪、共和等思想观念、政治理念被大量地介绍到中国来。与此同时，国人也开始对中国传统政治理念和伦理观念进行深入的检讨与严厉的批判。在变法维新运动的领袖中，对传统政治理念和伦理观念批判得最激烈的是谭嗣同。他号召人们去"冲决罗网"，而他所谓的"罗网"就是传统伦理观念的核心——"三纲五常"。

新文化运动把批判传统伦理，特别是儒家伦理作为根本任务。新文化运动高举"德先生"（民主）和"赛先生"（科学）两面大旗。新文化运动的代表人物认为儒家的传统伦理与以"民主""科学"为标志的新文化是不相容的，不彻底打倒"孔家店"，就不可能建设"民主""科学"的新文化。所以，他们对传统文化的批判，与维新运动的领袖们相比要尖锐得多，深刻得多。新文化的代表人物，如陈独秀、胡适、鲁迅、李大钊等，无不致力于批判儒家的传统伦理。鲁迅通过小说，把中国两千多年封建社会的历史，描绘成一部"吃人的历史"，把儒家传统伦理称之为"吃人的礼教"；而以历史论文形式痛斥宗法制度与儒家伦理的吴虞，亦被胡适赞誉为"只手打倒孔家店的老英雄"。

自维新变法运动以来，对传统文化的批判，应当说都是有其历史的必要性和合理性的。没有这种冲击，中国社会向近现代转化可能要困难得多。然而，同时我们也不能不看到，1915年以来，新文化运动代表人物对儒家传统伦理的批判带有严重的偏激情绪和全盘否定的倾向。这种倾向的影响是极为深远的，以至于在相当长的一个时期里，人们不能从正面来继承和发扬传统文化。

在"文化大革命"中，在"大破四旧"（即破除"旧思想""旧文化""旧风俗""旧习惯"），在"狠批封资修""横扫一切牛鬼蛇神"等口号下，儒家传统伦理再一次遭到了"史无前例"的批判与否定。在这样的社会政治环境下，人们是根本不可能对儒家传统伦理作出客观、公正的评价的。

"文化大革命"以后，否定一切的思维方式得到了纠正。不少知识界人士认真地反思了在对待传统文化上的片面态度等问题。人们普遍认为，继承与发扬传统文化中的优秀部分，对建设现代中国新文化来讲，是极其重要且必不可少的。当然，同时也有一些人对传统文化抱有很深的成见，例如，他们仍然把儒家传统伦理看作封建意识，而予以根本的否定。尽管如此，我个人仍认为，在对待传统文化的问题上，现阶段是中国近百年来最为正常的时期。

经过长时期对儒家传统伦理的批判和清算，儒家传统伦理在中国当前社会现实中究竟还有多大的影响呢？对于这个问题，人们也有不同的认识。一些人认为，儒家传统伦理根深蒂固，尽管经过这么长时间的激烈批判，但在社会生活的各个方面仍然有着很深的影响，尤其是在比较闭塞、落后的农村。因此，他们认为，清除儒家传统伦理中那些不符合现代社会生活的规范，仍然是当前思想文化方面的一项重要任务。

另一些人则认为，儒家传统伦理在中国社会已经没有多少影响，无论在家庭生活中，还是在社会生活中，有多少人脑子里还有"孝悌""忠信"等伦理观念？而由于以往过分否定儒家传统伦理，以至于一些人连最起码的家庭、社会伦常观念都不清楚。也有一些人在模糊不清的"自由""平等"等观念的驱使下，甚至连如何在正常社会分工下恪尽职守的伦理观念都没有。因此，当前很有必要强调一下继承和发扬中华民族的传统美德，并且认真地吸收儒家传统伦理观念中的合理的内容，建立起反映时代精神、符合时代需要的伦理观念。

　　我认为，当前的问题是"破"和"立"哪个更迫切，哪个应当放在第一位。以往人们把"破"看得比"立"重要，乃至以为"破"了旧的，新的自然就会"立"起来。因此，长期以来在思想文化方面是"破"多"立"少，"破"强"立"弱，甚至有些方面是有"破"无"立"，其结果则是造成人们在思想文化方面的混乱、迷茫。其实"破"和"立"是既有联系，又不能互相代替的。"破旧"只是为"立新"创造了条件，而并不能替代"立新"。"新"如果"立"不起来，或长期不"立"起来的话，除了让人们无所适从之外，已"破"的"旧"还可能会死灰复燃、卷土重来。就现实意义来讲，"立"比"破"更重要，而且通过"立"，人们将全面地检讨此前的"破"，因而也能减少继续"破"时的盲目性和片面性。

　　基于以上认识，我认为当前中国社会最迫切需要的是要强调继承和发扬中华民族的传统美德，并且认真地研究和吸取儒家传统伦理观念中的合理的内容，建立起符合时代需要的伦理观念、道德规范。我相信，通过建立和倡导这些新的、符合时代精神需要的伦理观念、道德规范，对于继续清除那些残留的、不符合时代需要的伦理观念，将会更有力，也会更有效。

二

　　在现代中国谈论儒家伦理，一是不能忽视儒家伦理曾长期与封建专制政治制度结合在一起，其中确实包含着许多为封建专制政治制度服务的规范和不再符合时代潮流的内容，前者如"三纲"等，后者如"女子无才便是德"等。二是不能无视近百年来严厉批判传统伦理的事实，因为当时的批判是有其广泛的群众基础的，是有其历史的必要性和合理性的。三是在当今世界文化日益趋向多元、综合的整体环境下，必须打破儒家思想文化、伦理一统或独尊的传统思维模式。

20世纪60年代初，港台地区一批知名学者感叹于中华文化的"花果飘零"，国人在文化意识上的漂泊无根，奋起疾呼复兴中华传统文化。他们口宣笔述，大力阐发宋明性理学和儒家伦理的丰富内涵及其现代意义，其影响延续至今，这些知名学者被学术界称之为"当代新儒家"。应当肯定，这批学者弘扬中华传统文化的精神是可嘉的。他们的著述成果，对中国传统文化和哲学的研究也产生了不小的影响。然而，由于他们中的一部分人有较强烈的"儒家情结"，因而不自觉地陷入了儒家文化、伦理一统或独尊的传统思维模式。他们不满足于仅仅从儒家文化、伦理中汲取和发扬那些有助于现代社会文明建设的内容，不甘心于儒家文化、伦理仅是现代社会的多元文化中的"一元"。因此，他们中的一部分人总是想着从传统儒家的政治理念和心性学说中开发出现代"民主"理念和"科学"知识，并以此作为"第三期儒学"的文化使命。例如，"当代新儒家"的主要代表人物之一牟宗三先生在1948年写的《重振鹅湖书院缘起》一文中就曾明确宣称：

> 自孔、孟、荀至董仲舒，为儒学第一期，宋明儒为第二
> 期，今则进入第三期。儒家第三期文化使命，应为"三统并
> 建"，即重开生命的学问以光大道统，完成民主政体建国以
> 继续政统，开出科学知识以建立学统。

以上的"三统并建"说，是牟宗三先生最早提出来的，以后的"新
儒家"则强调要从传统儒家"内圣外王"之学中，重兴"内圣之
学"，开发出新的"外王事功"来，然其具体内容并没有变化。
这可以从1979年牟宗三先生的一次讲演中得到证明。他在那次
讲演中说：

> 儒家学术第三期的发展，所应负的责任即是要开这个
> 时代所需要的外王，亦即开新的外王。……今天这个时代所
> 要求的新外王，即是科学与民主政治。(《从儒家的当前使命
> 说中国文化的现代意义》，见《时代与感受》)

毫无疑问，科学与民主是时代的要求，儒学也必须适应科学与民
主的要求，才有可能存在下去，并得以发展，然而这并不是说
要从传统儒学中开发出科学与民主来。把"开这个时代所需要
的外王"和"三统并建"作为"儒家第三期文化使命"，说穿了

就是认为儒学只要经过"当代新儒家"们的弘扬和创造，就能把现代民主政治理念、现代科学知识和生命伦理学问都统括在内。这也就是说，儒学仍然可以去一统社会的"道统""政统"和"学统"。"当代新儒家"们主观上可能并没有"独尊儒术"的想法，可是"三统并建"的文化使命，则不能不在客观上给人们以"独尊儒术"的观感。正因为如此，"当代新儒家"们的努力，虽然赢得了一些知识分子的回应，但也招来了不少的批评，而且它对具体社会生活和文化观念也没有产生多少实际的作用。相反，那些借助部分儒家伦理来阐发的现代企事业管理、经营之道，倒是在现代企事业文化的建设中发挥了不少的实际作用，它不仅成为东亚儒家文化圈中国家的共识，而且成为世界瞩目的趋势。这种反差是很值得思考的。

在20世纪40年代，贺麟先生谈及"建设新儒家"和"儒家思想新开展"问题时，曾特别指出："我们既不必求儒化的科学，也无须科学化儒家思想。"我认为，贺麟先生的这句话是很有道理的。需要说明的是，贺麟先生这里并不是说不用科学的态度去对待和研究儒家思想，而是反对当时有些人简单比附儒学与科学的做法。如他说：

> 因科学以研究自然界的法则为目的，有其独立的领域。……一个科学家在精神生活方面，也许信仰基督教，也许皈依佛法，也许尊崇孔孟，但他所发明的科学，乃属于独

立的、公共的科学范围，无所谓基督教化的科学，或儒化、佛化的科学。反之，儒家思想也有其指导人生，提高精神生活，发扬道德价值的特殊效准和独立领域，亦无须求其科学化。换言之，即无须附会科学原则以发挥儒家思想。（《五伦思想的新检讨》，见《文化与人生》）

我想在贺麟先生的这段话后面再加一句话，"我们既不必求儒化的政治，也无须政治化儒家思想"。这句话的意思是说，在今天这个时代，我们既没有必要，也没有可能以儒家的理念去规范政治，也没有必要继续把儒家学说确定在为"政统"作证的地位上。这仅是针对牟宗三先生等把"继续政统"作为"儒家第三期"的文化使命有感而发的一句话。

有些学者主张把传统儒家伦理大体分为两个层面：一个层面是与封建专制政治制度有着密切关系的道德规范；另一个层面则是一般社会公共伦理观念和道德规范，以及作为个人心性的修养学说。他们认为，今天讨论儒家伦理问题，首先应当分清上述两个层面，然后扬弃前者，继承和发扬后者。这也是鉴于传统儒家伦理中与封建专制政治制度密切关联的那些理念和规范，确实有着严重的负面影响，且与当今的时代潮流相背离，所以务必扬弃。这也就是说，应当把儒家学说从"政统"中剥离出来，还它以一般学术思想的本来面貌，这一点非常重要。

儒家学说本来只是一般的学术思想，是百家中的一家，只是在汉代以后才成为与"政统"联系在一起的，具有特殊身份的官方学术。唐宋以后，理学家们又为儒家学说编造出了一个"道统"，并进一步与"政统"捆绑在一起。正因为如此，它也就成了近代社会变革时期思想观念上首当其冲的批判对象。因此，放弃其"独尊"的特殊身份，扬弃其为特定历史时期"政统"服务的层面，恢复其一般学术思想的普通身份，是使儒家思想与伦理在当今时代得以正确发挥其社会作用的先决条件。

需要说明的是，我这样说时，并不是说儒家学说中就没有能为现代政治和科学提供营养的理论成分。相反，我一直认为，儒家学说对克服西方实证科学思维方法中的某些片面性有着重要的启发意义。同样，儒家学说中的政治理想、治国原则、官僚人格等也不乏可借鉴之处。儒家学说完全是凭借其自身深刻的学理去影响社会的，它与其他东西方各家学说是平等的。

三

就现代中国来讲，传统文化（包括儒家伦理）参与现代社会文明建设具有特别重要的意义。

近百年来，由于对传统文化与伦理的激烈批判，传统的伦理价值观在社会上已所剩无几，在人们的头脑里这些伦理价值观也已非常淡漠。因此，当各种各样的西方文化和伦理价值观涌进来以后，人们一方面深感其与本土国情、民俗有甚多相违之处，不应当任其自由泛滥；但另一方面又困扰于传统伦理价值观长期被自我否定，难以理直气壮地去面对和回应西方伦理价值观的挑战。这一历史的和现实的教训，终于使人们有所醒悟并开始认识到：传统文化和传统伦理价值观不应当全盘否定，中华优秀传统文化是建设和发展现代文化的根基，现代伦理价值观应当在与传统伦理价值观的整合中确立。

20 世纪 90 年代以来，政府部门大力弘扬优秀传统文化，社会上广大群众对传统美德的呼唤，以及教育界、理论界乃至许多企事业管理部门对传统伦理规范的热烈讨论，可以说都是在政府的支持下产生的。在中国，传统伦理，主要是儒家伦理，重新受到了政府、社会和民众的关注与重视。

近年来，人们对儒家伦理学说中的心性修养理论、家庭孝悌之道、仁爱待人之心、见利思义之理等问题展开了广泛的讨论。大部分意见认为，儒家在这些问题上的诸多论述，对纠正我们当前社会现实生活中存在的问题是很有启发的。我们应当积极继承并发扬儒家思想的合理内容，并通过新的、通俗的阐发，普及到广大民众中去。

随着我国经济的发展，国际交流的广泛开展，人们越来越感觉到我国国民素质亟待提高。而从某种意义上来讲，或从广大民众的角度来说，确立基本的做人准则、道德规范，在国民素质提升方面具有更为重要的意义。掌握为人之道等，主要靠教育（社会教育、学校教育、家庭教育）和自我修养。教育是外在的、被动的，自我修养则是内在的、主动的。伦理道德的践行既需要靠外在的他律约束，更需要靠内在的自律自觉。自我心性修养既是主动养成正确伦理观念和不断提升人格境界的途径，也是在行为上自觉践行伦常义务、道德规范。可以这样说，有没有自我修养是检验一个人是不是一个自觉的人的根本标志。因此，自我修养问题在理论上、实践上重新引起了社会的关注，人们开始为"修养论"恢复名誉。同时，对儒家伦理中丰富的心性修养理论和实践经验，人们也开始敢于如实地肯定其中所包含的各种合理因素，以及值得我们继承和借鉴的东西。

儒家的修养学说建立在对人的本质的认识的基础之上。儒家认为，人的本质就在于人具有伦理观念和道德规范，这是人与禽兽根本区别之所在。而能不能自觉地培养、遵循伦理观念和道德规范，能不能不断提升人格境界，则是圣贤与一般人的区别之所在。儒家十分重视教育在基本伦理观念和道德规范养成方面的作用，但是在培养伦理观念和自觉遵守道德规范，以及不断提升人格境界方面则更为强调自我修养。孔子说："为仁由己，而由人乎哉？"（《论语·颜渊》）这也是在强调人的自觉自律。

人们一般都把儒家的修养论理解为仅仅是道德方面的修养，其实儒家所讲的修养，是以道德为中心的全面素质修养。儒家学者认为，道德修养不是孤立的，而是与一个人素质的全面提高密不可分的。因此，在儒家所讲的修养论中，同时也包括了提高文化知识、职业技能水平，乃至培养日常生活中的礼仪规范等。儒家学者把日常生活中的各种礼仪规范，如洒扫、应对等，也看成是进德修业不可或缺的修养内容，这是很有道理的。试想一个连最起码的生活中的礼仪都不懂的人，怎么能期望他会成为一个有高尚品德和能成就大事业的人呢？

科学越发展，人类驾御和支配自然资源的力量越强大。同时，也就要求人们能更自觉地约束、节制自己的欲求，而且要学会尊重自然，爱惜资源，树立起"生态伦理"观念。在这方面，儒家伦理中强调"不违天时""节用御欲"，反对不分时节砍伐、渔猎，禁止"暴殄天物"等思想是很值得我们借鉴的。同样，民主越发展，个人越自由，同时也就要求每个人都能更加自觉地约束自己，更加懂得尊重他人，树立起真正符合平等、自由原则的"人际伦理"观念来。在这方面，孔子说的"己所不欲，勿施于人"的"恕"道等，即使在今天也不失为一条有益的伦理准则。可是我们今天有多少人能有这样的修养功夫呢？不多。仍有人利用高科技疯狂掠夺自然资源，沉湎于挥霍浪费型的"现代生活方式"之中，不能自拔。仍有人以为民主自由就是无拘无束、任性妄为，殊不知当你要求的自由与他人所要求的自由发生矛盾时，各自所要求的自由，同时也就成了制约。每个人的自由度越大，相互间发生矛盾的概率也就越大，制约也就越多。更何况还有各种团体的、社会的、国家的守则、制度、法律等约束着你。所以，一个人如果不能自觉自律，而滥用民主自由，即使在一个高度民主的制度下，也会"动辄得咎"的。

孟子说："天将降大任于斯人也，必先苦其心志，劳其筋骨，饿其体肤，空乏其身，行拂乱其所为，所以动心忍性，曾益其所不能。"（《孟子·告子下》）对于生长在现代优越的生活环境中的青少年，尤其需要加强自我修养，否则是担负不起未来的建设任务的。值得一提的是，在 1995 年纪念五四运动 76 周年的日子里，北京大学研究生会实施了以自我修养为中心的道德建设工程。这一消息在报纸和电视台发布后，得到了全国许多高等院校的热烈响应，这些院校也纷纷开展了道德建设活动，这是一件十分可喜的事。它完全是学生们主动发起的，是他们从时代、社会的要求和自身形象塑造中体会出来的，所以既亲切又真实。在他们所制定的计划中，学习传统伦理学说是重要内容之一。这就充分说明，即使在青年中也已认识到传统伦理，包括儒家伦理，在建设现代社会文明中还是有重要意义的。

在儒家伦理中，"忠""孝"问题也是一直受到激烈批判的，而其中尤其是对"孝"道的否定，更是长期以来使人不敢正面议论的一个话题。然而，近年来社会上弃老不养，乃至虐待亲生父母的事情时有发生，至于对尊长不讲礼貌，甚至连基本的尊老敬长礼貌都不清楚的，则更是一个相当普遍的现象。在当前大量"四二一"结构（祖父母、外祖父母为四，父母为二，独生子女为一）的家庭中，由于祖辈或父母的溺爱，独生子女成了家庭中的"小皇帝"，更不知尊老敬长为何物了。目前，在中国家庭中，父母对子女慈爱有加，而反过来子女对父母的孝敬则不仅无增，反而有减。这样的家庭伦理，长此以往是十分令人担忧的。家庭是社会的细胞，是最基础的社会结构，家庭伦理习惯的养成，是接受社会伦理的准备。孟子说："老吾老，以及人之老；幼吾幼，以及人之幼。"（《孟子·梁惠王上》）一个在家庭中不知孝敬父母长辈的人，在社会上也不会敬重师长。因此，目前中国社会上伦序失常的现象，并不比家庭伦常失序的现象好多少。而社会伦序的失常，除了表现在对尊长缺少礼貌外，更表现在大量的职务、职责上的失伦失序，即不能在各自的职位上尽伦尽职。

有鉴于此，近年来一些有识之士不断呼吁社会重视家庭伦理的建设和教育。一些伦理学学者提出要重新审视"孝"道，他们认为，在当前中国社会环境下，在家庭伦理中，只提倡一般的"尊老爱幼"是不够的，还应当强调子女对父母的孝敬之道。因为，父母对子女有直接养育之恩，这种亲情之间的孝慈关系与对一般尊长的敬重关系并不完全相同。提倡孝敬父母，正是要人们增强天伦观念，也是让人们懂得对家庭尽伦就是对社会尽职的道理。

对理论的讨论推动了行动的开展，现在"尊敬父母"的条文已正式列入了"小学生守则"，成为国民基础教育的一项内容。这一变化对中国来讲应当说是十分巨大的。甚至可以说是近百年来在对待传统文化，特别是传统伦理问题上，价值观念的一个根本性转变。随着对传统文化、儒家伦理的种种偏见和误解的消除，在去掉了那些不应当再由儒家伦理来担负的责任以后，我相信，儒家伦理是能够对现代中国的经济建设和文化建设作出积极贡献的。

儒家修养论

一

人与动物的本质区别究竟在什么地方？古今中外的先贤硕儒从不同的角度进行过大量的探讨。有的以人具有智识、理性将其与动物区别开来，有的把人不能离群（社会组织、人际关系）作为与动物区别的标志，有的将行为的自觉性和目的性视为人与动物的本质区别，有的把人有伦理观念、道德意志看作人与动物的根本区别等。这些论点，虽说有深浅的不同，有本质和非本质的区别，但并不是互不相容的。如果人们能够正确地理解这些从不同角度说明人与动物区别的论述，则对全面把握人的本质还是大有裨益的。

中国古圣先贤们更强调把是否具有伦理观念和道德意志作为区别人与动物的根本标志。如孟子说："人之所以异于禽兽者几希，庶民去之，君子存之。"（《孟子·离娄下》）人与禽兽的差别只有那么一点点，一般人常常轻易地丢弃它，而君子则牢牢地保住它。这一点点的差别就在于人具有伦理意识、道德情感。荀子在论述人与万物区别时也特别强调，人是因为具有了礼义，才成为天下万物中最尊贵者的。他还说，天上最明亮的是日月，地上最明亮的是水火，万物中最明亮的是珠玉，而对于人类来说，最明亮的则应当是礼义了。孟、荀以上的论述，代表了中国传统文化的基本观点。"今人而无礼，虽能言，不亦禽兽之心乎！夫唯禽兽无礼，故父子聚麀。是故圣人作，为礼以教人，使人以有礼，知自别于禽兽。"（《礼记·曲礼上》）《礼记》归纳说，人如果不讲礼义，即使能说话，那也还是禽兽之心。禽兽没有礼义，父子可与同一雌性禽兽发生关系。因此，圣人出来制定礼义以教化人，使人因有礼义而自觉地与禽兽区别开来。《礼记》之后各时代、各学派学者的有关论述，虽说也有不少发展，但从总体上来讲，都没有超过这一基本观点。

基于以上对人的本质的理解，在中国传统文化中，尤其是儒家文化中，把人格的确立（以区别于禽兽）和提升（以区别于一般人）放在第一位，因而也就特别强调伦理观念、道德规范的教育。儒者们十分推崇孔子"学而不厌，诲人不倦"（《论语·述而》）的精神，重视个人的学习和对他人的教育。而在他们的心目中，学和教的首要内容是完全相同的，即学习和教人如何做人（为人），亦即提升人格的问题。孟子说："有天爵者，有人爵者。仁义忠信，乐善不倦，此天爵也。公卿大夫，此人爵也。古之人修其天爵，而人爵从之。今之人修其天爵，以要人爵，既得人爵，而弃其天爵。"（《孟子·告子上》）孟子讲的"修天爵"，指人格的提升；"要人爵"，即把"学"作为追求名利的手段，这是儒家大师们反对的。我们以南宋两位不同学派的著名学者的论述为例，来说明这一点。如，心学大家陆九渊说：人们学习究竟为了什么？人生在天地之间，做人就应当尽其为人之道。因此，人们之所以求学，就是学如何为人而已，没有其他的目的。理学大家朱熹则在他的《白鹿洞书院揭示》中说道：考察以往圣贤之所以教人，无非是让人们明白做人的道理，践行修身，然后推己及人，并不只是教人们广闻博记，写漂亮文章，以便去沽名钓誉，追求利禄。

在中国传统文化中，关于人的伦理道德的根据问题，有着各种不同的、甚至相反的观点。如有的以性善论作为人的伦理道德的根据（如孟子等），有的则以性恶论作为人的伦理道德的根据（如荀子等）。此外，还有性无善无恶、性有善有恶、性可善可恶等理论。尽管在人的伦理道德的根据上有众多的分歧，然而在如何才能成为一个真正的人的问题上，则几乎是一致的，即都认为必须通过教育、学习，才能树立正确的伦理道德观。孟子认为，人人都具有"亲亲""敬长"的"良知""良能"，人人都具有"恻隐""羞恶""辞让""是非"之心，这些是为善之端。所以，从根本上来说，人的本性是善的。但是由于环境的影响和个人的懈怠，这些善的本性在不断地丧失。如果不通过教育、学习，这些"良知""良能"和为善之端，是不会自动地发展为仁、义、礼、智等道德行为的，当然人也不会自动成为具有完善人格的人。荀子认为，人生而好逸恶劳，好利恶害，有好利心、疾恶心和耳目之欲求等，如果任由其发展，必然走向争夺、暴乱。所以，从根本上来说，人的本性是恶的，必须通过教育、学习，才能使人成为一个有伦理观念、遵守道德规范的人。因此，荀子所著之书，首篇即题为《劝学》。他说，从学的意义来讲，就是要从学做一个懂礼义的人开始，而最终成为一个圣人。从这一意义来讲，学是一刻也不能没有的。学了，就能成为一个人；不学，就会沦为禽兽。

　　纵观历代儒家学者的有关论述，我们可以看到，在人格的确立，基本伦理观念、道德规范的养成方面，他们着重强调的是社会良好环境的影响，以及师友、父母的言传身教。而在人格的养成、伦理观念的深入和道德境界的提升方面，则着重强调个人提高修养。孔子说："为仁由己，而由人乎哉！"（《论语·颜渊》）"仁远乎哉？我欲仁，斯仁至矣。"（《论语·述而》）仁的实践，完全是自己的事，难道还要靠别人！仁的品德离我们很远？不，我想要得到它，它就会来到。孟子也说："君子深造之以道，欲其自得之也。"（《孟子·离娄下》）"夫道，若大路然，岂难知哉？人病不求耳。"（《孟子·告子下》）君子遵循正确的原则和方法不断地提高自身的修养。正确的道理和方法，就像大路一样一目了然，哪有什么难以理解的？怕的是人们不去探求罢了。这些论述都强调了个人修养在提升道德人格方面的决定作用。毫无疑问，社会环境对人格、品德的形成和提升有着巨大影响，但同时显而易见的事实是，生活在大致相同的社会环境中的人在人格、品德等各个方面却往往存在着极大的差异。这说明，同样的社会环境对不同的人所产生的影响是很不相同的。究其原因，主要与每个人的主观努力和接受程度直接相关。而从理论上讲，也就是人们常说的，外因必须通过内因起作用。这就是提升个人修养的现实和理论根据之所在。

近代以来，人们对儒家的修养论有许多十分严厉的批判，其中有不少是缺乏科学性的，但如果把它放在近代反封建的历史背景下去考察，这些严厉的批判也还是可以理解的。"文革"期间炮制出来的、完全否定自我修养的谬论，一度曾给社会的道德教育带来了极大的冲击。至今，人们也不应当忽视其在理论上和思想上所造成的混乱，而应当予以澄清。对现代社会的每一个成员来说，不是要不要提升自我修养的问题，而是如何增强自我修养意识以适应现代社会的问题。古语说得好："玉不琢不成器，人不学不知道。"（《礼记·学记》）这是一个朴实无华、颠扑不破的真理。

二

我国古代哲人在修养问题上有着极其丰富的理论阐发和实践原则，对于这些理论和原则我们不仅要进行研究，而且要根据时代的需要"择其善者而明用之"（《荀子·王霸》），即选择其精华，阐明其现代意义，把它运用到现代人的修养生活中来。以下就儒家修养论所论及的有关修养范围和方法等方面的内容作一些考察，探求一下其中有没有值得今天借鉴的东西。

儒家所讲的修养主要是道德方面的修养，但他们所讲的道德是一种广义上的道德，它包括了作为一个人所应具备的各方面的基本品质。因此，儒家讲的修养范围，实际上包括了一个人的文化、艺术、性格、品德等多方面的修养。

由于儒家着重强调的是道德教育、修养，所以在许多人的印象中，儒家轻视一般文化知识的教育。其实，这种印象不正确，儒家是以从事国民教育为主要职业的一个学派，也传授文化知识。他们的教育对象，从幼儿开始各种专门人才都有。儒家的教育内容，则从童蒙识字到各种专门知识都传授。据《论语·述而》，孔子以文、行、忠、信四方面的内容教育学生，在教历史文献时，他也认为，通过学习《诗经》，不仅可以学到许多做人的道理，同时也可以增加鸟兽草木方面的知识。孔子非常注意"因材施教"，在他的学生中既有以德行著称的颜渊、闵子骞等，也有长于政事的冉有、季路等；同时也还有语言方面的专家，如宰我、子贡等；文学方面的专家，如子游、子夏等。可见，儒家对于文化知识的教育还是相当重视的。儒家反对的只是为知识而学知识的倾向，而强调学知识要有助于提高人的道德品质。在瞬息万变的信息时代，人们如果在文化知识水平方面不能不断地提高并更新知识，则必将被时代所淘汰。但是，在人们不断更新文化知识时，也不能回避这样一个问题：这些高、新、精、尖的知识在迅速提高人们的物质生活的同时，是否有利于改善人的整体生存环境，是否有助于人的精神生活的改善？目前世界上日益热门的研究课题，如新兴的"生态伦理学"（我以为还应当开拓"科技伦理学"），以及古老的"人生价值论"等，正是由此而提出来的。这样，儒家把一般文化知识与伦理联系起来的传统观念，对今天人们所关心和思考的热点问题，不是也有某种启发意义吗？

儒家所讲的文化修养，不单单是知识的多少，同时也表现在一个人的礼仪风度方面。我觉得，这一点似乎很有必要特别提出来讲一讲。今天，许多人似乎特别欣赏那些在礼仪上不拘小节的人，认为这样才是"潇洒"。而在我们对青少年的一般文化教育中，也主要偏重于知识的传授，而对他们的基本礼仪规范的养成教育则是很不够的。孔子是"席不正不坐""割不正不食""食不语，寝不言"（《论语·乡党》）。举这个例子，并不是说要我们今天的人还要完全照孔子的样子去做。但是，我想一个坐没有坐相，站没有站相，吃没有吃相，穿着邋遢，见了尊长连个招呼都不打，麻烦了别人连句感谢的话也不说，在公共场所目中无人、任性妄为的人，总不能说是一个有教养的人吧？礼貌、仪表、风度是反映一个人文化素质高低的重要方面。在儒家经典《仪礼》《礼记》等著作以及许多著名学者的"家训""学规"中，有大量的关于日常衣食住行、待人接物等方面的礼仪规范。其中有相当一部分礼仪规范，在经过新的解释后，是可以作为今日礼仪教育或修养之用的。它不仅可以供青少年道德修养之用，而且也可以供成人职业礼仪教育和修养之用。

儒家对艺术教育和艺术修养的重视，丝毫也不亚于对伦理道德的教育、修养的强调。在儒家看来，艺术修养有助于提升道德修养，同样有助于塑造完美人格。在先秦儒家那里，艺术教育和修养的主要内容是"诗教"与"乐教"。孔子认为，认真地学习古代诗歌，可以提升人的心志，提高观察能力，培养合群性，学到表达感情的方法。而且诗歌中所讲述的道理，近则可以用于侍奉父母，远则可以用于服侍君上。孔、孟、荀等诸子都注意到了不同的音乐会对人产生不同的影响，带来不同的社会效果。这些音乐有的使人哀伤，有的使人悲壮，有的使人淫荡，有的使人端庄。所以，儒家十分重视音乐的格调和品位，认为一首好的乐曲应当是美与善的统一，如孔子说："（《韶》）尽美矣，又尽善也。"（《论语·八佾》）随着时代的发展，艺术的样式和内容越来越丰富，书法、绘画、戏剧、小说等都成为人们表达情感、陶冶性情、提升格调的手段。

中国的艺术作品内涵丰富，具有深邃的哲理性。它寄托着创作者的感情，又使欣赏者产生无限的情思。艺术活动，无论是创作，还是欣赏，都是一个人内心感情最直接的表露，反映了他对于自然、社会、人生的理解和追求。艺术创作中立意的正邪，欣赏趣味中格调的高低，也都会反映出一个人境界的高低。因此，通过提升艺术修养，培养高尚的艺术欣赏趣味，这对于确立高尚人格、追求理想人生境界都有重要的、积极的意义。追求艺术的完美与追求人生的完美，在其终极处是相通的、一致的，这就是中国传统文化中艺术精神的体现。

儒家在修养论中还提出了一个"变化气质"的问题。所谓"气质"，一些学者把它说成是与生俱来的，而另一些学者则认为是后天习得的。从现代科学的观点看，所谓"气质"，与个人某些先天的生理特征有一定的关系，但主要还是由后天的环境影响决定的，它大致相当于我们今天所讲的"习性"。变化气质，改变习性，也就是上文所提到的性格方面的修养。北宋著名的哲学家张载十分重视变化气质的问题。张载说："为学大益，在自求变化气质，不尔皆为人之弊，卒无所发明，不得见圣人之奥。故学者先须变化气质，变化气质与虚心相表里。"(《经学理窟·义理》，见《张载集》) 他认为，求学最大的益处在于能使人自觉地改变自己的气质，否则学问反而会对人有害。而变化气质是与能否虚心互为表里的。由此看来，儒家所讲的"气质"含有某种贬义，是与心浮气躁、骄傲自满等习性联系在一起的。所以，儒家强调的"变化气质"，如果从正面来讲，主要是指涵养、意志等方面的锻炼。

一个趾高气扬、自以为是、指手画脚、高谈阔论的人，人们一定会说他是一个缺少涵养的人。所以，变化气质，从而使自己成为一个有涵养的人，其关键就在于要能虚心地待人接物，这也就是人们所说的涵养功夫。在孔子弟子中，曾参是一位特别注重修养的人，他说的"吾日三省吾身"（《论语·学而》），是人们熟知的名言。此外，他更大力提倡要向在才能上、学问上不如自己的人请教，而自己则应当表现为像是一个没有学问、腹中空空的人那样。即使是受到了别人的欺侮，也不要与人计较。曾参说，他从前的一位朋友（指颜渊）就是这样提高修养的。一个人要做到时时事事都能够谦虚谨慎并非易事，尤其是要做到如曾子所说的不耻下问，更是需要经过长期的磨炼才有可能做到的。汉末思想家徐幹曾说：人的品德就如同一个器皿，器皿是空的，才能装进东西，满了就装不进东西了。所以，一个人应当经常地保持虚心和恭敬，不要以自己有超群之才，而凌驾于别人之上。要处处看到别人的优点，而时时看到自己的不足。这样，别人才会愿意帮助你、教导你。古语说："人道恶盈而好谦。"（《周易·谦卦·象传》）又说："满招损，谦受益。"（《尚书·大禹谟》）"君子以虚受人。"（《周易·咸卦·象传》）这些都是儒家学者所推崇的人生哲理，而至今读来也仍然不失为有关为人处世的至理名言。

汉代著名儒者刘向编撰的《说苑》一书中有一个故事，孔子在周庙中看到一种空时倾斜，注入一半水时持平，而灌满水时就倾覆的器皿（"欹器"），而得到"恶有满而不覆者"的启示。并且借子路之问，进一步引发出了孔子关于"持满之道"当"挹而损之"和如何"损之"的一番议论。所谓"挹而损之"，就是从灌满水的器皿中舀出一些来，使它不致倾覆。以人的修养来讲，

"损之"之道的具体内容则如孔子所说的那样，当是"高而能下，满而能虚，富而能俭，贵而能卑，智而能愚，勇而能怯，辩而能讷，博而能浅，明而能暗"。这就叫作"损而不极"，即保持谦虚，而不是自满到了极点。最后，孔子十分肯定地说："能行此道，唯至德者及之。"（《说苑·敬慎》）今天，我们以《说苑》中的孔子的故事和孔子所论述的"持满之道""损之之道"来作为个人修养的教材，也还是相当生动而深刻的。

孟子为他心目中的"大丈夫"（真正的人）立了三条标志，即"富贵不能淫，贫贱不能移，威武不能屈"（《孟子·滕文公下》）。一个人如果真能做到这三条，那他就是一个无愧于天地，具有高尚品德的、真正的人。然而，一个人要真正做到这三条又谈何容易。他需要进行品德修养方面的长期训练，树立起正确的人生观和价值观，才有可能做到上述三条。在这方面，儒家以"义利""公私""苦乐""生死"等人生面临的、现实的价值选择问题，对人们进行教育，是很值得今人注意的。因为现代人的品德修养同样也离不开这些基本的、人生价值的选择。而儒家学者在这方面的许多精辟论述，无疑也可以指导人们的品德修养。

讲到"义利"问题，儒家总的倾向是重义而轻利、先义而后利，主张以义制利、见利思义。在当今这个功利至上的世界里，如果有人按汉代大儒董仲舒所提倡的"正其谊不谋其利，明其道不计其功"（《汉书·董仲舒传》）的训条去做，则将被人们视为迂腐。其实，无论哪一个社会，也总是有这么一些只问耕耘，不计功利的"迂腐"者的，他们的真诚和高尚的品德是无可非议的。我们并不要求每个社会成员都这样去做，都要达到这样的境界。但是，我们也总不会希望社会每个成员凡事都斤斤计较吧！当然，我们更不会希望人人唯利是图，见利而忘义。因此，希望人们做到如清初大儒颜元修正后的训条——"正其谊以谋其利，明其道而计其功"（《四书正误》卷一）。

在公私问题上，儒家一贯强调大公无私、先公后私，提倡公而忘私，反对假公济私。虽然随着时代的发展，"公"和"私"的具体对象和内容都已发生了根本的变化，但是我想在处理公与私之间的关系上，儒家所强调的这些原则至今仍然是正确而有效的。

在苦乐问题上，儒家历来不以物质生活的贫富论苦乐，而是以精神生活的充实与否论苦乐。儒家主张个人之苦乐算不了什么，众人的苦乐才是真正的、最大的苦乐。历史上为儒者所称道的"孔颜乐处"就是一种安于物质生活的贫困，而去追求充实的精神生活的"乐"，孔子赞扬颜渊说："贤哉，回也！一箪食，一瓢饮，在陋巷，人不堪其忧，回也不改其乐。贤哉，回也！"（《论语·雍也》）孟子则反对"独乐"，而强调要"与民同乐"。他曾以欣赏音乐为例说，一个人乐，不如与他人一起乐；与少数人乐，不如与所有人一起乐。在《岳阳楼记》中，北宋大政治家范仲淹的名言"先天下之忧而忧，后天下之乐而乐"可以说集中表达了儒家的"苦乐"观。

至于生死问题，孔子说的"死生有命"（《论语·颜渊》），代表了儒家对待自然生死问题的基本态度。而对于来自社会原因的生死问题，儒家则总是将其与义利、公私等问题联系在一起，而始终提倡"杀身成仁""舍生取义"，而反对"苟且偷生"。儒家这些有关苦乐、生死方面的基本观念，至今也还是值得肯定并应当效法的。

三

儒家在修养论上十分强调"知行合一"，也就是说，修养既要在认识上弄清道理，又要在行为上身体力行。由此，他们在"求知"和"力行"方面，提出了许多具体的修养方法，其中也不乏可供今人择善而用之的东西。以下要介绍之。

儒家讲修养，首先讲立志。所谓"立志"，就是要确立宏大的、坚定的志向，明确自身的责任和奋斗的目标。一个重任在肩的人，必定要经历种种磨难。由此也可知，只有那些有宏大的、坚定的志向的人，才会自觉地去提高修养，主动地接受艰难困苦的磨炼。孔子弟子子夏说："博学而笃志，切问而近思，仁在其中矣。"（《论语·子张》）这句话的意思是，广博地学习而且有坚定不移的志向，诚恳地讨教并联系实际地思考，这样仁德就在其中了。宋儒程颐在解释第一句话时说："学不博则不能守约，志不笃则不能力行。"他明确地指出了坚定的志向对修养实践的重要性。反过来说，一个志向不坚定的人，他的修养是无法提高的；而一个志向不宏大的人，他的修养至多也就是独善其身。

儒家以"反求诸己""改过迁善""见贤思齐"为修养之要旨。孔子说："君子求诸己，小人求诸人。"（《论语·卫灵公》）所以他总是强调"不患人之不己知，患其不能也"（《论语·学而》），君子要"不怨天，不尤人"（《论语·宪问》）。孟子则更具体地说，如果你爱别人，而别人并不亲近你，那就应当反思你的仁爱是否真诚；如果你管理别人，而别人并不服从你的管理，那就应当反思你的智慧是否足够；如果你礼貌待人，而别人并不敬重你，那就应当反思你的礼貌是否虔诚（参见《孟子·离娄上》）。总之，一切行为如果在实践中达不到预期效果，都应当"反求诸己"。反求诸己就是要能发现自己的不足或过错，不足者，补足之；有过错，则不讳言而勇于改过。儒家是允许人们犯错的，只是要求人们知错必改。诚如孔子所说"过则勿惮改"（《论语·学而》），"过而不改，是谓过矣"（《论语·卫灵公》）。程颐在解释这一思想时，进一步发挥说："学问之道无他也，知其不善，则速改以从善而已。"又说："君子自修之道当如是也。"朱熹也说："自治不勇，则恶日长，故有过则当速改，不可畏难而苟安也。""子曰：见贤思齐焉，见不贤而内自省也。"（《论语·里仁》）此外，荀子也说："见善修然，必以自存也；见不善愀然，必以自省也。"（《荀子·修身》）要善于发现别人的长处，积极主动地学习别人的长处，这就是儒家常说的"见贤思齐"。而如果当你见到别人身上有"不贤"的方面，则应当赶紧反思一下，自己是不是也存在着这方面的问题，以便一并改正。修养就是要通过平时长期的磨炼、改造以适应环境。所以，儒家在修养中强调"严以律己""反求诸己""见贤思齐""改过迁善"等，这仍然是我们今天提高修养的有效方法。

在"严以律己"方面，儒家还提出了"慎独"的修养方法。所谓"慎独"的主要含义是洁身自好。如孟子说，古时候的人，得志时则普施恩惠于百姓；不得志时则修品德以显于世。一个人不通达时，应当"独善其身"；而当其通达之时，则应当"兼善天下"（《孟子·尽心上》）。孟子所谓的"独善其身"，也就是"洁身自好"的意思。荀子最早提出"慎其独"这个命题，并把它与"诚"（诚实不欺）的概念联系在一起。他认为，一个人的修养，最重要的就是要做到"诚"。君子有至德，之所以被尊敬，是因为君子能"慎其独"的缘故。然而只有做到诚，才能慎其独，只有慎其独，才能显示出至高的品德，才能教化百姓。在《大学》和《中庸》中也都讲"慎其独"，并进一步发挥了荀子所强调的"诚"的思想。如把"慎其独"解释为"诚其意"，而"诚其意"就是"毋自欺"；或者说，在人们看不到、听不见的地方要格外地谨慎，不可做亏心事。后人引申此意，有所谓"不欺暗室"之说。我以为朱熹在讲解《大学》"慎其独"一句时说的"独者，人所不知而己所独知之地也。言欲自修者知为善以去恶，则当实用其力，而禁止其自欺"，还是很有道理的。试问一个连"毋自欺"都做不到的人，还何谈修养呢？

提升自我修养也与做其他事一样，要从一点一滴做起，要专心致志、持之以恒地去做，否则达不到目的。"道虽迩，不行不至；事虽小，不为不成。其为人也多暇日者，其出入不远矣。"（《荀子·修身》）"故不积跬步，无以至千里；不积小流，无以成江海。"（《荀子·劝学》）"将有所止之，则千里虽远，亦或迟或速，或先或后，胡为乎其不可以相及也？""夫骥一日而千里，驽马十驾则亦及之矣。""故跬步而不休，跛鳖千里；累土而不辍，丘山崇成。"（《荀子·修身》）荀子曾说，路虽然很近，不走是到不了的；事虽然很小，不做是成不了的。一个经常无所事事的人，是不会出人头地的。所以，不从半步半步地开始积累是不可能达到千里的，没有一条一条细小河流的汇集是不会有大江大海的。荀子还认为，人们在修养方面应当有明确的目标，目标确定之后，只要坚持不懈地去做，那么不管什么样的人，或快或慢，或先或后，总能到达目的地。千里马日行千里，而平常的马不停地跑上十天也能到达；同样，只要半步半步不停地往前走，一只瘸了腿的鳖也能达到千里之远；只要一筐一筐不断地往上垒，最终总能堆成一座高山。持之以恒与专心致志也是分不开的。弈秋教二人下棋，一个人专心致志，另一个人三心二意的故事是人们十分熟悉的。而孟子举这个例子，则正是为了批评那种"一日暴之，十日寒之"，即不能持之以恒的现象的。决心、专心、恒心是修养者实现修养目标的关键所在。荀子有两段十分精辟的话,可以作为我们修养时的座右铭:"锲而舍之,朽木不折;锲而不舍,金石可镂。""无冥冥之志者,无昭昭之明;无惛惛之事者,无赫赫之功。"(《荀子·劝学》)

俗话说:"近朱者赤,近墨者黑。"环境和师友对一个人的影响是不容忽视的。子曰:"里仁为美。择不处仁,焉得知?"(《论语·里仁》)即孔子以能与仁者相邻为美事,认为不能选择仁者做邻居,就不能算是有智慧的人。而荀子则反复强调"隆师而亲友"(《荀子·修身》)。他认为,一个人不管他原有的资质如何好,如何聪慧,也必须"求贤师而事之,择良友而友之"(《荀子·性恶》),然后才能不断地进步。假如整天与不良的人在一起,那么最后连身陷囹圄时还糊里糊涂呢!所以俗话说:"不知其子视其友。"荀子还说,所谓朋友的意思,就是在共同理想的基础上互相帮助,如果没有共同的理想,又怎么能互相帮助呢?因此他告诫人们:"不可以不慎取友。"(《荀子·大略》)这是人们在修养中绝不可忽视的一个方面,否则有可能因师从不当、交友不慎而使长期的修养成果毁于一旦。

言行不一是儒家修养论中最为人所不齿的。子曰:"古者言之不出,耻躬之不逮也。"(《论语·里仁》)"君子耻其言而过其行。"(《论语·宪问》)孔子说:"古人不轻易说话,就是怕自己在行动上做不到。"又说:"君子以说得多、做得少为羞耻。"这些都是要求人们在修养中做到言行一致。一个人志向远大,但如果他只是一个言而不行的人，那就反而不如那些志向不那么高远，但说到就能做到的人。

以上所提到的儒家关于修养的方法和要求，只是全部儒家论修养方法和要求中的一小部分而已。我认为，这些修养方法和要求，在经过现代阐释后，可以供今人参考。

儒家认为，修身是做人的根本，要达到"齐家、治国、平天下"，都要从"修身"做起。因此，《大学》的经文就讲："自天子以至于庶人，壹是皆以修身为本。"我并不认为现在修身有如此之大的作用，因为社会经济的决定力量大大超过道德的教化力量。但是，我也不认为因此就可以放弃道德教化，否定自我修养的必要。人不应当沦为单纯的经济动物，把自己变成自己创造的物质文明的奴隶；人应当用自己创造的物质经济成果来净化人的生活环境，提升人的道德品格。物质文明越发达，精神文明就越重要，自我修养也就越不可缺少。所以我认为今天在小学、中学、大学都应当考虑设立一门"修身课"，作为青少年养成教育的一个重要内容；而在大众中也应当广泛地、经常地开展各种与职业有关的"修身"活动，将其作为成人终身教育的一个重要内容。

儒与释

在宋初，王安石曾感叹："孔子去世百年生孟子亚圣，后绝无人何也？"当时跟王安石讨论问题的学者张方平说："儒门淡薄，收拾不住皆归释氏耳。"（《宋人轶事汇编》卷九）"儒门淡薄"，儒学笼络不了人心，大家不崇尚儒，后世也没有人才。张方平就说，不是这样的，其实在佛门也有很多杰出的人才，他就举了一些唐代高僧的例子。这也刺激了儒学的复兴，儒学知道"收拾不住"人心，就从佛教中吸收营养，以此来丰富、发展自己。唐末韩愈的弟子李翱写了《复性书》，他在书中指明儒门淡薄，是因为人们认为儒家只讲一些道德实践的标准、方法，没有去探讨天道性命之学，或者说是一些形而上的道理，所以人们都到佛教中学习天道性命之学。李翱认为，其实儒家经典《周易》《中庸》《大学》中就有丰富的、有关天道性命的学说，只是人们没有去关注这方面的学说。

理学兴起于北宋，北宋五子张载、周敦颐、程颢、程颐、邵雍对佛教都有吸收和批判。在吸收和批判过程中，儒家丰富了自己的理论，同时突出了《周易》的地位，张载的《正蒙》《横渠易说》，周敦颐的《太极图说》《通书》，程颐的《程氏易传》，邵雍的《皇极经世书》，都是在讲易学。只是邵雍偏向于象数学，其他人偏向于义理学。程颐强调《周易》的意义就在于它的义理，他秉承了王弼的传统，弘扬《周易》的义理之学。王弼用《周易》的义理学来批判汉代《周易》的象数学，程颐继承了这个传统。一方面理学家们批评佛教的不当之处；另一方面他们又发现佛教中有很多思想值得借鉴。他们批评佛教论空，是虚学，不是实学，佛门强调个人的解脱，不关注社会的发展，用佛教不能建立起社会的伦常制度。这些论调充分地体现在程颐的一句话中，他说，一部《华严经》抵不过一个艮卦。《周易》的"艮卦"中的"艮"是止的意思，程颐的意思是我们的思想和行为都要有所止。佛门强调不要拘泥于社会的伦理，而要强调自我的超脱，所以理学家们的批评与当时人们对佛教有很多误解有关，也有历史的局限性，至于他们是从现象上，还是从教理上去批评佛教，这就很难说了。北宋时期的苏轼写文章批评当时禅宗的流弊：耍嘴皮子，让大家不知道怎么做，只是讲参公案，参话头。他主张要认真去读佛教的经典，明白佛教的义理。

有关儒门淡薄的话题在历史上就出现了，汉末以后，经学日益繁琐化、教条化，儒者的理论和行动脱节，出现了大量的伪君子、假道学。因此，儒家思想受到人们的严厉批评。为了应对挑战，才有了魏晋时期的玄学。随着佛教思想深入到民间和精英阶层，在政治制度和伦理道德方面还是以儒家为主，但在精神领域、思想追求上都倾向于佛、道，这就反映出儒家的影响力在下降，儒门淡薄也是从这个角度来讲的。如果从社会的政治体制、官僚制度，以及日常的行为规范和道德理念方面来看，儒门没有淡薄，不存在影响力下降这个问题，但在精神追求上其影响力确实比不上佛、道。解决问题的办法是取长补短，接纳新的东西来丰富、发展自己，这才有了宋明理学的发展，也使儒学逐渐恢复了在社会上的影响力。反过来，研究佛教的人就讲，宋代以后，佛教衰落，儒与释的地位发生了变化。

在历史发展中，阴阳消长是一个很自然的变化过程。佛教的衰落也是由于高僧逐渐减少，缺乏对佛教义理的发展。在具体的实践中，不重视修身养性，经忏越来越多。但换一个角度讲，宋以后的佛教也没有极度衰落，它已经渗透到社会的方方面面，不仅在民间，而且在精英阶层也是如此。佛教的很多经典也成了知识分子的必读书，尽管儒家排斥佛教，但也还是认为佛教中有很多思想可以用来解决精神问题、思维方式、理论问题等。朱熹是理学的集大成者，我们去看他的《中庸章句序》，他最担心的是佛教逐渐深入到儒门，程门的弟子都入了佛。从这个角度讲，我们又不能简单地说佛教衰落了。

几乎每个时代的人都会感叹世风日下、人心不古，如果要回到古代，那社会不总是在倒退吗？南宋的时候，朱熹跟陈亮之间曾发生过一场论战，朱熹从道统立场上说"三代专以天理行，汉唐专以人欲行"，陈亮不同意朱熹的观点。陈亮认为，果真如此，那这几千年人们都是这么凑合过来的吗？历史还是在一点点地前进。每一个时代都有其学术景象——"其道常新"。现在世界文化的发展很明显有两个重要的趋势：一个是复古。包括西方在内都在复古，要回到原来的古代文化中去。近几百年的文化发展强调物质文化的发展，而忽视人的内心需求，于是物质丰富了、财富多了，精神却空虚、痛苦，甚至身体也越来越差了。不要认为，现代医学能让人的寿命延长，有一些人可能是寿命延长了，但也有一部分人的寿命很有可能缩短了。另一个是关注东方的传统文化。回归传统思维是当今的一大趋势。在东方的传统文化中，有整体关联的思想，用西方的话讲就是系统观念，为什么我喜欢用关联这个词？因为有很多人讲，中国的关联思想跟西方的系统观念是两个概念，不能简单地比附。但是关联的思想表明整体中的每个部分都是连接在一起的，你离不开我，我也离不开你；你中有我，我中有你。关联的概念比系统的概念还要更丰富一些。

中国传统文化讲究动态平衡，平衡就是一种和谐、中道，不管是儒家、道家，还是佛教，都讲达到"中和"就是一种最好的状态。此外，中国文化强调自然合理，只有符合事物的本来状态才是最合理的。与西方不同，在中国符合事实就是合理的，不要去管它应该如何。适合的就是合理的，我把它叫作"自然合理"，"自然"即自然而然、本然。事物面貌本来如此，为什么要用一个标准化的东西去规范它呢？没有必要。西方往往讲标准化、规范化。当今科学也证明，越符合事物的本然，就越合理，而不是标准化、规范化才是科学。一种文化通过不断吸取其他文化的思想来丰富、发展自己。新的东西不一定是过去从来没有过的，也许是过去没有注意到的，或者没在自己的学说系统之内。每个学说都有自我的系统，因此我们才会讲儒、释、道各有是非观。只要持之有故、言之有理、自圆其说，就是一个学说体系。科学体系也是如此，科学是在自己的学说体系里，在一个假设的前提下，构建起一套理论。如果把前提去掉了，这套科学体系就无法成立。我们不能用别的体系的标准来要求它、衡量它，那样做，就破坏了它自身的体系，这是非常重要的。

今天似乎也是儒学淡薄，这也是由很多客观原因造成的。这跟近代以来的文化发展有关系，一百年来，我们对传统文化的批评主要针对的是儒家。在封建社会，没有国，只有家，家国同构使公天下变成了私家，这是许多人对儒家核心理念的理解。因此，只有拼命地批判儒家，只有破除礼教的束缚，才能实现科学和民主。受这种观念的影响，此后人们谈儒色变。

相对来讲，近代以来佛教的命运就要好一点。康有为提出以儒教为国教，但在当时是行不通的。佛教在当时就没有遭到那么激烈的批判，最多是批评它出世、不关心社会。儒学的整个组织结构遭到破坏，过去儒学也有自己的组织体系——孔庙系统，全国各地都有孔庙，也有学校建制。儒家的建制在韩国保留了某些原始形态，儒学在中央的建制叫作成均馆，它在各地都有分馆，还有各地的乡校，儒生都可以集中在乡校学习。佛教的组织系统没有遭到彻底的破坏，它还有寺庙，有文化传承的载体，而现在的孔庙里已经没有儒生了。从国家管理方面来讲，对宗教还要讲团结、统战，允许宗教存在。儒家不是某个宗教，再加上很多仪式没有了，如祭天、祭祖等都没有了，婚礼也变成现代式的了，祝寿歌变成唱西方的歌了。时代发生变化，儒家从组织到仪式都没有了，这不就是衰落了吗？当然现在简单地、原封不动地恢复儒学也是不可能的。

我发现当今儒生比古代儒生还要封闭，不愿意去接触外界，自诩是纯儒。哪来的纯儒？我在一次讲座中讲到，没有佛教，就没有宋明以后的儒学，现场就有个人说我胡说八道。他认为没有佛教，也可以有宋明理学，这说明这个人根本不懂儒学发展的历史。没有阴阳五行，就没有汉代的儒学；没有佛教，就没有宋明以后的儒学。儒学是吸收各种思想以后，才有阶段性的发展，展示出新的生命力。儒学要发展，不是封闭起来自我发展。什么叫新儒学？我常常讲，不是港台地区学者讲的第三期新儒学。一些港台地区的学者认为儒学分三期：第一期是孔孟时代的原始儒学；第二期是宋明理学；第三期就是新儒学。我认为这不符合事实，可以说，汉代就有新儒学，这是不能忽视的，汉代的儒学既不同于原始儒学，也不同于宋明理学。首先新儒学不是第三期，要算也是第四期，应排在原始儒学、汉代儒学、宋明理学之后。另外，第三期也不能说从熊十力、牟宗三开始。什么叫新儒学？新儒学都是吸收了儒学之外的学说来丰富自己，并变为新的儒学，汉代是吸收了阴阳五行，宋明理学吸收了佛、道思想，现代的新儒学应该吸收什么呢？是吸收西学。学习西学是从康有为、梁启超开始，从康有为的《论语注》《孟子微》就可以很清楚地看到这种趋势，他们都引用了大量西方科学、哲学的思想来诠释儒家的思想。今天儒学要复兴，还能自我封闭、欣赏、发展吗？那是不可能的，儒学必须要开放，并吸收其他文化的营养。

儒学不仅要自强，还要有开放的心态以及重构的能力，这样它才能复兴。从什么基础、从怎样的立场来重构也是一个问题，从西学的立场上来重构儒学，其结果是通过吸收西学来重构儒学，这是完全不同的。恕我说句不恭敬的话，牟宗三先生的新儒学就是用新康德主义来重构儒家的，他最推崇陆、王，但他并不是站在陆、王的基础上来重构儒学。我们要有很深的传统根基，能够把握儒家的核心、灵魂才可以正确地重构。儒学是完全可以复兴的，它的民本思想、人文思想都是当今社会需要的传统文化资源。西方能把我们儒学的民本思想、人文思想吸纳进去，构建西方近代的民主、民本思想体系，我们自己为什么不能？我们构建的儒学是不是一定要符合西方的民主、民本的模式呢？我想不一定，我们要构建我们自己的民本、人文思想。现在很多人习惯于西方的标准，似乎只有达到西方的标准，才是现代化，这是不对的。我们的文化有自己的特色，而且我们必须要构建出更适合中国的本土文化。

为什么我们一定要有自觉的主体文化意识? 这非常重要。西方吸取我们的东西, 是在它的基础上发展出新的东西, 我们可以从西方文化中吸取经验, 也可以去学西方, 但是我们的根还得长在自己的传统文化中。现在是更加多元和包容的时代, 所以儒学在道统、学统上有很多资源可以利用, 但这并不意味着要构建以儒为主体的学统。牟宗三在早期提出三统并建时, 已经有一批儒学的学者表示不认同他的观点。

儒学最重要的作用不是在社会政治层面上, 而是在个人修养、道德提升层面。今天我们应该更关注个人的人生修养、道德建构。社会政治与道德修养两方面内容既不能混淆, 也不能以儒学来重建整个社会, 把社会政治都纳入到儒学的系统中, 也是不现实的。传统跟现代不能看作是矛盾对立的、相互排斥的, 但也不能把传统原封不动地复制到现代来, 传统跟现代永远是割不断的。我们要弘扬中华优秀传统文化, 总是要吸收它的精神内涵, 而不必过于在意它的外在形式, 外在形式可以不断变化。同时, 我们也不需要过多的、标准化、规范化的规定。比如, 正式场合现在一律不能用跪拜礼, 因为跪拜礼是封建时代的产物。但若有人喜欢用跪拜礼, 就让他行跪拜礼, 这不是一个要规范的东西, 有的人喜欢鞠躬礼, 就行鞠躬礼; 有的人喜欢拱手礼, 就行拱手礼, 这是可以多样化的, 没必要都一样。比如说, 一些人志同道合, 大家都行拱手礼, 只要自己的圈子里大家都认同就好。在部队, 都行军礼, 那就行军礼, 要部队行拱手礼、跪拜礼是不可能的。这些外在的形式是可以多元、多样的，但礼的核心是什么？是敬，即对别人、对自己的尊敬。无论采用什么形式，只要表达内心的敬，那就可以了。这不是一个简单的、仪式的问题，有的时候看着一些人毕恭毕敬地行礼，但是你心里感受不到敬，这反而会觉得落入俗套了。在《孟子》中，孟子的一个弟子问孟子："我对人很恭敬，但是人们漠视我的恭敬。"孟子就说："恭敬之心，礼也。"（《孟子·告子上》）你不要问别人，要问自己，你行这个礼是不是真正出于尊重。一个真正尊敬别人的人，一举一动都会让人感受到，而不仅仅是在外在的仪式上。据《五经正义》，唐代人就讲到，《礼记》里记载的先秦礼仪等许多人已经搞不清楚了。从先秦到唐代，社会发生了变化，现在的仪式跟古代的仪式相比，变化就更多了，没必要形式一致，但是要把握住其根本精神。我们要用适当的仪式表达其精神内涵，但是不能随随便便地搞个仪式。外在的仪式也是要有程式的，也要通过外在的仪式让人感觉到内在的恭敬，这是一个很复杂的事情。

当下的根本问题是，首先，我们对传统文化要有比较深刻、广泛的认识。其次，要尊重优秀传统文化，要有自信。通过尊重和自信，建立起我们的文化主体意识。在这种文化主体意识下，要尊重儒、释、道文化，而且还要吸纳其他的文化，包括西方的宗教、科学、哲学思想，把它消化、吸收到我们的系统中来。提升、完善我们的文化体系，使之真正能跟时代相契合，让人感受到传统文化的魅力。

《金刚经》《心经》的智慧

《金刚经》的核心精神就是去探求诸法实相，它是大乘佛教的一部关于佛教"空性"的根本经典。空是佛教最核心的理论，是佛教对于宇宙万物的一个认识。《心经》强调，用佛教的智慧（般若）去认识佛法所讲的"空"。它告诉人们佛法所讲的空是不离有（色）的，即所谓"色即是空，空即是色"。由此，对佛法的理解也不能停留在或执着于名相上。无论是"五蕴""六根""六境""六识"（"十八界"）"十二缘起""四谛""六度"（"六波罗蜜"）等都是一样的。因无所得，故无挂碍，这才真正把握了佛法的根本精神。

诸法空相

读汉传的《金刚经》，最合适的版本是明成祖朱棣组织编辑的《金刚经集注》。这个集注中收集了从南北朝到唐代九十多家有关《金刚经》的著作。我们做学术研究一般读的是鸠摩罗什翻译的《金刚经》，这部《金刚经》一共五千多字，可以分成两大部分。两大部分之所以有重复，可能是因为当年佛陀在讲经的过程中又有新人加入进来，佛陀又从头开始讲，这样就形成了两个开头，后来又把它汇集到一起，形成了一部《金刚经》。

《金刚经》核心的精神就是去探求诸法实相，它是大乘佛教的一部关于佛教"空性"的根本经典。大乘佛教对空的理解与原始佛教各派别对这一问题的理解不是完全相同的。空是佛教最核心的理论，是佛教对宇宙万物的认识，空不等于没有，不等于不存在。宇宙万物不是由某一个神创造的，而是各种因素、各种条件聚集在一起而生成的，这就是佛教根本的宇宙观——缘起论。缘起论告诉我们，一切现象世界都是各种因素、各种条件聚集在一起的，因此事物之间是不可分离的。有了这些条件，就有了这些事物，所以整个世界是一个互相关联的整体。佛教缘起论有关世界的形成有四句话："此生故彼生"，这些东西产生了，才有了那些东西；"此灭故彼灭"，这些因素消失了，那么那些因素也会消失；"此有故彼有"，这些东西存在了，那些东西才可以存在；"此无故彼无"，这些因素不存在了，那些因素也就不存在了。生灭是时间的关系，有无是空间的关系，所以无论是时间上，还是空间上，都是你离不开我，我离不开你，这就是佛教对宇宙的根本认识。

缘起法从整体的角度看是你离不开我，我离不开你；从每个个体来讲因缘、条件不可能永远聚集在一起，有聚，就有散，这种情况我们称之为"无常"。只有各种因素聚集在一起，才可以形成事物，我们不能单独把某一个因素拿出来称为某某。某一个因素没有独立的主体、自性，这就叫作"无我"。一切缘起都是无常和无我，这就是佛教讲的"空"。虽然是无常无我的，但是它们暂时聚在一起的现象还是有的。"空"只是说事物的本质是无常无我的，一切缘起法的本质是空。我们一般讲的佛法是缘起性空，性空可以说是一切事物的本质。实相，即真实之相，《金刚经》告诉我们诸法实相是什么相？就是空相。事物的本质是空相，那么现象世界是怎么出现的呢？就是性空幻有。我们看一切问题要透过幻有看到无常无我的缘起实相，这就是《金刚经》告诉我们的一个根本的理念。

我们读《金刚经》就是要通过"破相"来"显性"，不要执着于这个相、那个相，《金刚经》说："凡所有相皆是虚妄。若见诸相非相，则见如来。"所谓能看得见的都是分别的，这是男的、那是女的；这是高个儿、那是矮个儿；这是红颜色的、那是蓝颜色的……一切相都是分别呈现的相，凡分别相皆是虚幻相，一切事物的本质是无常无我的，所以要破相显性，那样我们就不会执着、纠结了，也不会痛苦、烦恼了，就可以放下了。

《坛经》中就把《金刚经》的根本精神归纳为："无念为宗""无相为体""无住为本"。六祖慧能是因为听弘忍大师讲到《金刚经》中的"应无所住，而生其心"，从而创立了"南禅宗"。禅宗就是要告诉我们，不要执着于相，过去了就让它过去，未来也不要去惦念它，要活在当下，破除无明，用我们的智慧去认识世界、人生，获得真正的解脱。佛教有八万四千法门来度有缘人，在实践的过程中，你和这个法门有缘，就用这个法门来修行，来达到对究竟道理的认识。我们不能够执着于某一个法门，也不能指望它可以解决所有问题。每个人有不同的问题、烦恼，都需要用不同的方法去解决。佛教是个开放体系，一切善法皆为佛法。

自净其意

中国大乘佛教有这样一种说法：以出世心做入世事。我们还是要面对现实，但是我们要以一种出世的心去做。《心经》就体现了这样一种思想。

《心经》是中国佛教四众弟子每日早晚必诵之经典。《心经》中的"色不异空，空不异色，色即是空，空即是色"还只是讲五蕴里面的色蕴，它是这种情况。其实这是一个一贯的理论，贯彻在所有的方面，这个色既是五蕴里面的色，也可以代表所有的色的现象世界。应该说首先要破除五蕴里面的色、空的关系问题，而且不仅要破除五蕴里面的色、空的关系问题，也要破除受、想、行、识与空的关系问题。最后一句讲"受、想、行、识，亦复如是"，所谓亦复如是也就是跟色、空的关系一样。色和空的关系是色不异空，空不异色，色即是空，空即是色。那么受、想、行、识呢？这句话没有展开，一句带过，如果展开就是说：受不异空，空不异受，受即是空，空即是受；想不异空，空不异想，想即是空，空即是想；行不异空，空不异行，行即是空，空即是行；识不异空，空不异识，识即是空，空即是识。五蕴中，每一蕴跟空都是相即不离，都是不二的，那么由五蕴构成的生命体当然也是这样了。

因为五蕴构成了一个主体，人们就执着于我。人们之所以破不了我就是因为认识不到五蕴的空，认识不到主体的空。如果认识到这一点，那么对破我执也很容易了。我不异无我，无我不异我，我即是无我，无我即是我。对于我的执着也就不会那样地固执了，可以放下了。

从早期佛教来讲，一个关键就是要破除对我的执着，破除我执、我慢。人总觉得自我是最了不起的，自我跟别人相比较起来总觉得比别人强。佛教就是要破我执、我慢，就是要让你认识到我的这种无常性和无我性，这种无常性和无我性又不是离开了自我、离开了我这个主体去求得。这也就发展为这样一个理论，即我和无我不二。我、无我不二，到了大乘佛教就发展为佛就在我心中，心净则佛土净。净土佛性都在我的自性之中。这也不是要求我们离开当下的自我去别的地方去求成佛，求成菩萨。只要你按照佛菩萨的这种理念、精神去实践你的人生，那么你就是佛，就是菩萨。心净则佛土净，心如果是干干净净的话，那就是佛，这也就实践了佛教一直强调的每个人要自净其意。

在佛教中有一个七佛戒，就是过去现在七佛共同遵守的一个戒叫"七佛通戒"，也就是我们平常最熟悉的几句话——"诸恶莫作，众善奉行，自净其意，是诸佛教"。不要去作恶而去行善的关键就是要自净其意。大乘佛教强调：自性本来清净，所有的烦恼都来源于我们到了这个世界上受到了种种染污，如果能够觉悟到这样的染污使我们离开了真我，觉悟了这一点就能够把真我重新恢复起来，那你就是佛。中国近代有一位著名的高僧太虚，他把这种理念很好地表达出来了。他有四句话是这样讲的："仰止唯佛陀（也就是我们景仰的最终目标、最高的榜样就是佛陀），完成在人格（达到这样一个榜样的样子，那就在于你人格的自我完善）。人圆佛即成，是名真现实（佛教并不是追求虚无缥缈的境界，而是落实到我们怎样做人，拥有完善人格的人就是佛）。"

老庄的顺自然与反异化思想

人类改造自然、社会的活动，其目的是为了获得更多的自由，然而结果常常是事与愿违。人类通过各种努力创造出来的成果，往往在给人类带来某些自由的同时，也徒增了更多的烦恼，或者是使一部分人更加自由，而使另一部分人更加不自由，这种现象就是哲学上所说的异化（alienation）现象。

人是自然界的产物，同时也是自然界的一部分。人类征服自然界的能力愈强，成果愈大，人类离自然界也就愈远，人的自然本性也就丧失得愈多。同样，个人从社会中得到的权利和保障愈多，那么个人受到社会的约束和限制也就愈多。这就是人类为了生存而必须要面对的现实。因此，从某种意义上来讲，自然和人类的发展过程本身就是一个不断异化的过程。人类不断为自己创造对立面，不断走向自己的反面。老子对这一点似乎有很深的体会，因此他才会说"反者，道之动"（《道德经》四十章），老子把向反面发展看成是道的一个根本特性。

历史上不同的学派对人类异化的必然性有着不同的解决方案。道家对异化持批判态度，老子、庄子都认为因顺自然是防止、克服异化的最好方法。因此，他们提倡的自然主义哲学，从某种意义上讲，也可以说是一种反异化的哲学。

老庄因顺自然的学说，强调的是人与自然的和谐一体。他们认为，人也只是自然中的普通一员。人如果认为自己不同于或优越于其他生物的话，则一定会被看成是不祥的。老庄也反对人类把自己的意志强加给自然，肆意改变自然的规律。庄子讲过一个寓言，南海之帝倏和北海之帝忽一起去拜访中央之帝浑沌，浑沌热情周到地款待了他们。告别之时，南海之帝和北海之帝想回报一下浑沌。他们就商量："人人都有七窍用来看、听、吃和呼吸，可唯独浑沌没有，我们来为他打开七窍吧！"于是，他们一天给浑沌打开一窍。七天后，七窍是开了，而浑沌却因此而死去了。这个寓言告诉人们，人为地改变自然，不仅无益，甚至会置自然之物于死地。因此，老子强调，人类应当"辅万物之自然，而不敢为"（《道德经》六十四章）。

老庄顺自然而无为的学说，从古至今遭到不少的批评。如荀子在批评庄子思想时就说"庄子蔽于天而不知人"（《荀子·解蔽》），即批评他不注重人的能动作用，而在自然界面前消极被动。不可否认，道家自然无为思想中的确有消极的一面，容易让人从无所作为、屈从环境等方面去理解。但是，道家自然无为的思想也包括了许多极为合理的思想，值得人们重视。例如，尊重事物的本性和客观法则，强调根据环境的变化而确定自己的行动原则等，这些都是十分有意义的思想。

司马谈在《论六家要指》中把道家自然无为的思想概括为"以因循为用"，这是十分准确的。"因循"之意，可以从消极方面去理解，但也可以从积极方面去发挥。如《管子·心术上》中给"因"下的定义是："因也者，无益无损也。""因也者，舍己而以物为法者也。"这充分体现了道家的自然无为思想中包含的尊重客观事物本性和自然法则的精神。汉代的一些道家学者，对于自然无为也是从积极方面去理解的，他们认为，自然无为并不是无所作为，什么事也不做，而是不要把个人的意志掺杂到公共原则中去，不要让私欲歪曲了正道。"自然无为"，即按照客观规律去行事。"所谓无为者，不先物为也；所谓无不为者，因物之所为。所谓无治者，不易自然也；所谓无不治者，因物之相然也。"（《淮南子·原道训）由此可见，这样的"无为"，比那种盲目的、违背事物性质的、不顾后果的、以人类之私意为主的"有为"，不是具有更多的合理性和积极意义吗？

老庄的自然主义，无疑是人类在与自然斗争中力量弱小时期的一种反映。今天，人类改造自然的力量，在某种程度上可以说强大到了人可以随意支配自然的地步。然而一些有识之士很快就发现，随意改造和支配自然，不仅遭到了自然界严重的反抗和报复，使自己的生存环境不断恶化，而且人类也越来越受到自己创造的人工环境的制约，成了它的奴隶。有时甚至严重到离开了人工环境，在自然的环境中无力生存的地步。人类很有必要重新学会去尊重自然，重新认识自己与自然的一体关系。道家的自然主义中包含的许多合理思想对我们是很有启发的。

老庄因顺自然学说的另一要点，就是反对人类社会的异化以及个人的自我异化。老庄认为，社会的各种制度、道德规范，乃至人的智慧，都是人的自我异化的产物。如老子讲："故失道而后德，失德而后仁，失仁而后义，失义而后礼。夫礼者，忠信之薄，而乱之首。前识者，道之华，而愚之始。"（《道德经》三十八章）他又说："大道废，有仁义；智慧出，有大伪；六亲不和，有孝慈；国家昏乱，有忠臣。"（《道德经》十八章）"人多伎巧，奇物滋起；法令滋彰，盗贼多有。"（《道德经》五十七章）而庄子则更明确地把"仁义"和"是非"说成是强加在人的自然本性之上的一种枷锁和酷刑。老子公开提出要"绝圣弃智""绝仁弃义""绝巧弃利"。他说，这样才能使"民利百倍""民复孝慈""盗贼无有"（《道德经》十九章）。老子还认为人治理社会也应当像自然生养万物那样，采用自然而无为的态度、方法。治理者越是无为，老百姓就越是纯朴易治。他指出，统治者如果不看重难得的货物，老百姓就不会去抢；不用各种欲望去引诱老百姓，他们的心就不会胡思乱想。老子说："我无为，而民自化；我好静，而民自正；我无事，而民自富；我无欲，而民自朴。"（《道德经》五十七章）庄子则把能忘掉仁义、礼乐的人推崇为至高无上的"至人""真人"。庄子所向往和追求的是"不以好恶内伤其身"（《庄子·德充符》），不以名实是非"劳神明"（《庄子·齐物论》）的人生境界。

老庄的这些解放人的自然本性的思想，得到了历史上许多知识分子的赞赏并加以发挥，而其中所包含着的反道德、反理智的倾向也遭到了不少思想家的尖锐批判。从人类社会的现实来讲，如果没有一定的制度、道德规范来约束其成员，这个社会就无法维持下去。随着社会的发展和进步，必然会使人与人之间的关系越来越密切，也更复杂，因而约束人的行为的制度、规范也会越来越繁多、越来越严密。老子所设想的"邻国相望，鸡犬之声相闻，民至老死不相往来"（《道德经》八十章）的时代已经一去不复返了。所以，老庄希望完全恢复人的自然天性，大概也是一种永远不能实现的理想。不过这也并不是说，老庄主张的自然主义中一点合理的成分都没有了。我认为，老庄尖锐指出社会各种制度规范中有压制人性的方面，具有重要的社会批判意义，它对于改进和建立更为合理的社会制度和规范具有某种程度上的积极意义。此外，就个人修养方面来讲，老庄的自然主义也有积极作用。如老子讲："五色令人目盲，五音令人耳聋，五味令人口爽，驰骋畋猎令人心发狂，难得之货令人行妨。"（《道德经》十二章）这是说，过分的物质欲求，将使人反受其害。所以，我们要"见素抱朴，少私寡欲"（《道德经》十九章），保持人的清静自然本性，这也正是现代人极需的生活态度和修养。当今世界上的许多有识之士，都在为人类日益被迫地成为经济动物、物质奴隶而忧心忡忡。经济上的巨大压力，几乎使人的自我意识丧失殆尽，并陷入失落和迷惘之中。人们正在追寻"返朴归真"的道路，这也正是道家的自然主义主张在当今世界日益受到关注的原因之一。

玄学的"忘言得意"论

忘言而得意是玄学在认识方法上提出的一个主要观点，它与当时的言意之辨有密切的关系。汤用彤先生在《魏晋玄学论稿》中的《言意之辨》一文中说："夫具体之迹象，可道者也；抽象之本体，无名绝言而以意会者也。迹象本体之分，由于言意之辨。依言意之辨，普遍推之，而使之为一般论理之准量，则实为玄学家所发现之新眼光、新方法。"他认为："玄学统系之建立，有赖于言意之辨。"汤先生的这一番分析是很重要的。

在当时的言意之辨中，关于言、意之间的关系主要有三种不同的观点：

第一种观点认为，言尽意，其主要代表为欧阳建。他认为，言与意的关系"犹声发响应，形存影附，不得相与为二矣。苟其不二，则言无不尽矣"（《全晋文》卷一○九《言尽意论》）。他还说："诚以理得于心，非言不畅；物定于彼，非名不辩。"也就是说，言能尽意，离言不能得意。

第二种观点认为，言不尽意，以荀粲、张韩、郭象等为代表。如荀粲认为："盖理之微者，非物象之所举也。今称立象以尽意，此非通于意外者也，系辞焉以尽言，此非言乎系表者也；斯则象外之意，系表之言，固蕴而不出矣。"（《三国志》卷一〇《荀彧传》注引何劭《荀粲传》）张韩则主张不用舌论。他说："卷舌翕气，安得畅理？余以留意于言，不如留意于不言。"（《全晋文》卷一〇七《不用舌论》）郭象则说："意尽形教，岂知我之独化于玄冥之境哉！"（《庄子·徐无鬼》注）"不能忘言而存意，则不足。""故求之于言意之表，而入乎无言无意之域，而后至焉。"（《庄子·则阳》注）此派对言象持否定态度，因而强调"意会"和"冥合"。

第三种观点认为，言以出意，得意在忘象，以王弼为代表。王弼明确地说："夫象者，出意者也。言者，明象者也。""言生于象，故可寻言以观象；象生于意，故可寻象以观意。"他还认为："意以象尽，象以言著。"此派对于言、象的作用并不完全否定，而是认为言、象只是出意的工具。如果停留在言、象上，就不可能得其意。因此，必须忘言忘象，"乃得意者也"（以上均见《周易注（附周易略例）·明象》）。其主旨在于强调通过言、象去得意。

上述第二、三种观点由于均为重意轻言、象，以强调得意为主，因此常被混为一谈，而不作分别。我们这里所说的玄学"忘言得意"的方法，也是综合这两者的意思而言的。

关于忘言得意的方法在当时学术思想界中所起的作用，汤用彤先生从五个方面加以详细的论述。即：一、用于经籍之解释；二、契合于玄学之宗旨；三、会通儒道两家之学；四、于名士之立身行事亦有影响；五、对佛教翻译、解经亦有重要影响。对于这些我不准备重复，以下只想就"忘言得意"论作为中国传统哲学的主要思维方式之一，对中国传统哲学和文化的影响，补充一些意见。

忘言得意的方法，主要是在探求事物现象之本源、根据的过程中提出来的。玄学作为一种玄远之学，诚如汤用彤先生所分析的那样："论天道则不拘于构成质料，而进探本体存在；论人事则轻忽有形之迹，而专期神理之妙用。"这一点，可以以王弼之说为证。如王弼说："夫欲定物之本者，则虽近必自远以证其始。夫欲明物之所由者，则虽显而必自幽以叙其本。"（《老子道德经注》《老子指略》）这里所谓的"本""始"也就是王弼所说的无形无象、无称无名的道。郭象也同样强调，欲求圣人之道，不应停留在有形之"迹"上，而应当进而把握其"无迹"之"所以迹"。因此，忘言得意的实质，也就是要求人们不要停留在事物的迹象上，而要深入到事物的内部去把握其根本。就这方面而言，玄学的"得意"之论，反映了人们对宇宙、社会认识的深化，"忘言"（"借言"）以"得意"，即深化认识的玄学方法。

"得意"之论，在王弼的思想中，是通过言、象去获得的，这从他的"故可寻象以观意"（《周易注（附周易略例）·明象》），以及他所说的"识物之动，则其所以然之理皆可知也"等论述中都可以得到证明。但是，郭象则不仅仅讲"寄言以出意"（《庄子·山木》注）了，而是更多地强调通过"超言绝象"的"冥合"

去"得意"。他说："夫物有自然，理有至极，循而直往，则冥然自合。"（《庄子·齐物论》注）又说："至理有极，但当冥之，则得其枢要也。"（《庄子·徐无鬼》注）郭象的自然冥合论是一种通过主体修养，使主、客体合而为一的自证、意会的方法，它带有神秘主义的色彩。

后人所理解的玄学的"忘言得意"论，常常是就融合王弼、郭象的方法而言的。无论是因言、象而得意，还是超言、象而会意（冥合），其中的关键都在于强调要充分发挥认识主体的能动作用。没有认识主体的能动作用是不可能得意的，而得意之深浅，又与认识主体的素质有着密切的关系。就此而言，这种认识包含了由外而内，由内而外，得之于外，证之于内，内外合一，主客通明等方法。这也正是中国传统哲学思维方法中的一些重要的特点。

我认为，著名理学家朱熹在论述"即物穷理"时所说的那一番话，即"至于用力之久，而一旦豁然贯通焉，则众物之表里精粗无不到，而吾心之全体大用无不明矣"（《四书章句集注·大学章句》），正是对王弼、郭象"得意"论思维方法的继承和进一步发展。

玄学的"忘言得意"论不仅在中国传统哲学的认识方法上有着重要的意义，而且对中国传统文学、艺术的创作论、欣赏论也有着深远的影响。在某种意义上甚至可以说，"得意"是中国传统文学、艺术的主要特点之一。

在中国古典文艺理论中，认为文学、艺术的创作最重要的是"立意"。这里所谓的"意"，从字面上说是泛指文艺作品的思想内容。具体来讲，这种思想内容往往又是指带有某种倾向的、一个历史时期的、根本的政治、伦理之道。三国时，吴郡著名文学家陆机（261—303年）在其《文赋》一文中就说道："恒患意不称物，文不逮意。"这句话的意思是说，常常担心自己的意思（认识）不能符合事物的实际情况，而所写的文章又不能完全表达出这些思想内容。这里的"意"虽然还是比较笼统地指一般的思想内容，但也可以看出，他把表达"意"放在十分重要的位置。

在南北朝时期，文学理论家刘勰在名著《文心雕龙》首篇《原道》中说："道沿圣以垂文，圣因文而明道。"这里所说的道，既有"观天文以极变"的自然之道的含义，也有"察人文以成化"的社会政治、伦理之道。这句话的意思是，"道"通过圣人而流传于文章中，圣人借助文章来阐发"道"。这里已经表达了文是用以明道的意思。到了北宋，文学家、哲学家周敦颐就十分明确地提出了这样的命题，即"文所以载道也"（《通书·文辞》）。"达意""明道""载道"，都是从文学、艺术思想内容方面来说的，而从散文、诗歌等（特别是在一些形象性的艺术作品中，如绘画、书法、戏曲等）的技巧表现上来讲，则即是人们常说的贵在"传神"，晋代著名画家顾恺之就明确提出绘画应当"以形写神"。上述观点构成了中国古典文学、艺术创作论上的主要的理论特点，而这些理论的形成与玄学"得意"论的影响是分不开的。

　　与对文学艺术创作论的影响相比，玄学"忘言得意"论对中国传统文学、艺术的欣赏论的影响更为巨大。对文学、艺术，中国传统的欣赏习惯是注重得意于言外（形外），喜欢那些"意犹未尽""回味无穷"的文学、艺术作品。因而那种只能就眼前呈现的形象来评论文学艺术的人，则被认为他们根本就不是真正懂艺术欣赏的人。如北宋文学家苏轼在一首论画诗中写道："论画以形似，见与儿童邻。赋诗必此诗，定非知诗人。"（《书鄢陵王主簿所画折枝二首》之一，见《苏轼诗集》卷二九）不仅如此，人们在观赏中所得到的"真意"（包括对文艺作品赏析和对自然风光的观感），也往往不是语言所能表达的，而是超出言语之外，靠心领神会。如东晋著名诗人陶渊明(365—427年)在《饮酒》一诗中，既有脍炙人口的"采菊东篱下，悠然见南山"，其最后两句也说明了这样的特点。陶渊明诗曰："此中有真意，欲辨已忘言。"这是说，他当时在十分轻松自在（"悠然"）的心情下领略到的"南山"风光："山气日夕佳，飞鸟相与还。"其中的"真意"是无法用语言表述清楚的，而只有忘却语言，去体会、回味。

　　在传统的文艺欣赏中，国人喜欢谈"诗情画意""韵味"（"气韵""神韵"等）"境界"等等，这些都不是停留在表面就能领略到的，也不是语言、形象能明白表达的，它只可意会，不能言传。中国传统文化中这种不拘泥于言、象，而注重得意的欣赏论，给文学、艺术欣赏者带来了极大的自由性。欣赏者可以充分发挥其主观能动性，也可以完全离开创作者的原意，而体会出另一种新意来。

　　玄学的"忘言得意"论，无论在认识的思维方法上，还是在文学艺术的欣赏习惯上，都表现出一定的主观随意性。这一方面，反映了中国传统哲学思维方式中缺乏精确性；另一方面却又反映了中国传统思维方式中的主观能动性和灵活性，并在一定的条件下可以起到解放思想的作用。如玄学本身就是借用这种思维方式，把人们的思想从两汉今文经学的荒诞和古文经学的繁琐中解放出来，从而开创了一种简约而深邃的义理之学。宋明理学正是继承这一方法而发展起来的。

玄学的"自然合理"论

　　玄学的理论体系以儒、道融合为其基本特征，学术界对此的看法是一致的。但关于玄学究竟是以儒为主，还是以道为主？是儒表道里，还是道表儒里？则有各种不同的分析，并得出了不同的结论。因此，在学术界中有的称玄学为"新道家"，有的则称玄学为"新儒家"。这两种称呼各有充分的史料作为根据，因而都是有道理的，也都可以成立。但我认为，玄学就是玄学，不必再冠以"新儒家"或"新道家"等称号，以至造成人们对玄学的某种先入为主的片面之见。

　　大家知道，名教与自然的关系问题是玄学讨论的中心问题之一。而名教与自然分别是道家和儒家理论上的主题，也是两家矛盾、争议的焦点所在。玄学在理论上的任务，就是如何使自然与名教最和谐地统一起来。在这方面，玄学家们做出了特殊的理论贡献。王弼所谓"圣人体无，无又不可训，故言必及有。老庄未免于有，恒训其所不足"，已表明了他将儒、道有无之说熔于一炉的理论特色。郭象倡导"内圣外王"之道，他在《南华真经注疏》（中华书局，1998 年版）一书中论证所谓"圣人虽在庙堂之上，然其心无异于山林之中"（《庄子·逍遥游》注），则更是将儒、道两家的理论主题——名教与自然，融合到了无法再分你我的极高明的境界。这一点正是玄学在理论上的根本特色，因此在南北朝时期即已玄儒并称，玄道同言了。如果一定要把玄学加以分析，将其定性为"新儒家"或"新道家"，那么反而会使玄学本身十分鲜明的特色失去光辉。

玄学融合儒、道的理论，以自然与名教为中心，深入地讨论了有无、本末、性命、物理、圣王等问题。对于这些具体问题的分析和论证，玄学家们有同有异，从而形成了玄学内部的不同派别。我只是想指出，不管这些玄学家们在具体问题上有多少分歧，他们都表现出一个共同的理论特点，即采用"自然"而"合理"的理论形态来论证上述具体问题。

王弼玄学的主题是"以无为本"，这里所谓"无"的基本内容之一是指"顺自然"（《老子》三十七章"道常无为"句注）。他认为，"万物以自然为性"（《老子》二十九章注），因此"天地任自然，无为无造"，"天地不为兽生刍，而兽食刍；不为人生狗，而人食狗。无为于万物而万物各适其所用，则莫不赡矣"（《老子》五章注）。同样，与此相关的另一个主题"圣人体无"，则是要求"圣人达自然之性，畅万物之情，故因而不为，顺而不施"（《老子》二十九章注）。"辅万物之自然而不为始"（《老子》二十七章注）。总之，"天地之中，荡然任自然"（《老子》五章注）是宇宙、人生的根本法则。只有任其自然，才合万物之本性。万物是有理的，万物之自然本性也就是它的理。换句话说，万物的本性也就是自然而合理的。所以他在指出"物无妄然，必由其理"（《周易注（附周易略例）·明象》）的同时，反复强调，一切事物均"自然已足，益之则忧。故续凫之足，何异截鹤之胫？"（《老子》二十章注）又说："自然之质，各定其分，短者不为不足，长者不为有余，损益将何加焉？"（《周易注（附周易略例）·损卦·象传》）

玄学的另一位代表人物郭象，以"独化自足"为其学说的主旨。但是，郭象在论证"独化自足"时，所采用的理论形态则同样是"自然合理"论。郭象明确宣布"造物无物"（《南华真经》序），其结论自然是"物皆自然，无使物然也"（《庄子·齐物论》注）。如果说，王弼在论证万物的自然发生和存在时，强调统一的、必然的根据的话，那么郭象在论述万物的自然发生和存在时，则强调"物之自造"（《南华真经》序），即事物各自的独立自得，而否定统一的根据。从郭象反复申述的"物之生也，莫不块然而自生"（《庄子·齐物论》注），"掘然自得"（《庄子·大宗师》注），"忽然而自尔"（《庄子·知北游》注）等来看，似乎郭象否定了事物发生和存在的必然之理。其实不然，他同样强调各个事物自然所得之性，并非是自己可以决定或更改的。如所谓"天性所受，各有本分，不可逃，亦不可加"（《庄子·养生主》注）。又说："大物必自生于大处，大处亦必自生此大物，理固自然。"（《庄子·逍遥游》注）这也就是说，事物虽自生自得，而这也是有其自然而必然之理的。所以，郭象不仅承认事事物物都有其必然之理，如说"物物有理，事事有宜"（《庄子·齐物论》注）。同时，他也认为，物与物之间的关系虽是"自然相生"的，但又是"不可一日而相无"的（《庄子·大宗师》注），这是一种"必至之势"（《庄子·胠箧》注）的体现。这就如同"君臣上下，手足外内，乃天理自然，岂真人之所为哉！"（《庄子·齐物论》注）由此，他又说："顾自然之理，行则影从，言则响随。"而归根结蒂也是由于"物无妄然，皆天地之会，至理所趣"（《庄子·德充符》注）。就这方面来说，郭象与王弼的观点是一致的。

至此，玄学"自然合理"论的理论形态已十分清楚了。"自然合理"论的理论特征是，通过王弼说的"顺物自然之性"，或郭象讲的"自足其自得之性"，来论证事物各自地位的合理性，以及物与物之间关系的合理性。玄学家王弼和郭象都肯定"物无妄然"，认为事物都有其"所以然之理"，即一种必然性。而这种"所以然之理"的根本特性，在玄学理论中也就是"自然而然"。

王弼说："自然，其端兆不可得而见也，其意趣不可得而睹也。"（《老子》十七章注）郭象说："自然者，不为而自然者也。"（《庄子·逍遥游》注）就这一点来说："万物以始以成，而不知其所以然。"（《老子》二十一章注）但是，此所以然之理又不是全然不可知的。因此，王弼又说："识物之动，则其所以然之理皆可知也。"（《周易注（附周易略例）·乾卦·文言》）这句话是说，所以然之理体现在事物的性用之中，通过观察事物之性用，则其所以然之理也就可以把握了。

由于玄学家们还不能完全正确解释事物的所以然之理，同时也由于他们所处时代的限制，在他们的理论中存在着严重的命定论内容。但是，我们应当看到，他们把命归于"自然合理"之自性，而没有把命归之于造物主的决定，这在理论思维上是有重要意义的。就此而言，玄学的"自然合理"论是一种具有理性思辨形式的理论形态，它在改变两汉的神学目的论，开创宋明理学，确立中国传统哲学的基本性格等方面，都有着重要的意义。

与西方传统哲学和文化相比较，在中国传统哲学和文化中，宗教的色彩相对地比较淡薄，甚至在某种意义上可以说它更多地表现为一种非宗教的特征。在内容上它注重人事、现世，因而伦理的和政治的成分十分突出。而在理论形态上，它则强调自然本性的合理（或合于天理），注重理性的自觉。

过去人们在分析中国哲学或文化这一非宗教传统的特征时，往往追溯到先秦儒家的传统上去。经常引用《论语》中孔子的话，诸如"子不语怪力乱神"（《论语·述而》），"未知生，焉知死""未能事人，焉能事鬼"（《论语·先进》），"务民之义，敬鬼神而远之"（《论语·雍也》）等作为证明。我们不能否认，孔子上述言论对中国传统哲学非宗教特征的形成，确实有一定的影响。但是我认为，对中国哲学或文化非宗教化发展起关键作用的，是由魏晋玄学建立起来的"自然合理"论。

从孔孟思想中，我们确实可以看到人格化的上帝（神）已基本消失。但也不可否认其中仍保留了非人格的意志，天命观念相当严重。汉代的今文经学家可以说是着重地发挥了儒家的天命观。他们吸收阴阳五行，以及象数纬候等学说，炮制了一套相当精致的天人感应理论，把儒家的天命观发展到了一个新的高度，西汉著名的今文经学家董仲舒是其中最重要的代表。

董仲舒列举孔子说的"不知命，无以为君子也"（《论语·尧曰》），并明确指出"命者，天之令也"（《汉书·董仲舒传》），"王者必受命而后王"（《春秋繁露·三代改制质文》）。董仲舒认为，王者最重要的任务之一，就是"承天意以从事"（《汉书·董仲舒传》）；康有为认为，"承天意以顺命"（《春秋董氏学》卷八）。董仲舒还认为，"王道之三纲，可求于天"（《春秋繁露·基义》），即人类社会一切基本的政治制度、道德规范都源于天。他声称："天虽不言，其欲赡足之意可见也。"（《春秋繁露·诸侯》）推而广之，人的一切行为，特别是人君的行为，天会感应到，或呈瑞祥，或降灾异，从而显示天意、天命。总之，在董仲舒眼中，天是"百神之大君也"（《春秋繁露·郊语》）。天除了无人格形象外，其至高无上的绝对地位和意志，比之殷周时期的上帝，诚有过之而无不及。

从董仲舒起，还兴起了一个神化圣人（圣王）的"造神"运动。董仲舒说："惟圣人能属万物于一而系之元也"（《春秋繁露·重政》），"圣人能系心于微而致之著也"（《春秋繁露·符瑞》）。这就是说，只有圣人能沟通天与百姓之间的关系。他特别推崇孔子，认为"仲尼之作《春秋》也，上探正天端王公之位，万民之所欲，下明得失，起贤才，以待后圣"（《春秋繁露·俞序》），把孔子打扮成一个为万世立法的教主。

这种动向到了纬书和《白虎通》中有进一步的发展。圣人不仅在智慧上不同凡人，而且在外貌上也与众不同。《白虎通·圣人》篇中不仅鼓吹"非圣不能受命"，圣人"与天地合德，日月合明，四时合序，鬼神合吉凶"等等，而且还特别强调"圣人皆有异表"。诸如"尧眉八彩""禹耳三漏""皋陶马喙""文王四乳""周公背偻""孔子反宇"等等。某些纬书中，这些圣人的形象就更神奇、古怪了。如《孝经纬》中描述的孔子容貌是："海口""牛唇""虎掌""龟脊""辅喉""骈齿"等等。按照这种描述，孔子已完全超出了凡人的范围，而升入了神的行列。于是，又出现了孔子为黑帝之子的神话。此外，东汉光武帝建武初诏令尹敏、薛汉等校定图谶，至中元元年（56年）"宣布图谶于天下"。从此，谶纬被统一起来，作为东汉王朝官定的辅助儒家经典的文献，使儒家经典也神学化了。

由此可见，两汉今文经学制造了至高神（天）、经书（谶纬）、教主（圣人、孔子）等，走的是一条企图把儒家变为宗教（儒教）的道路。两汉时期的古文经学派，缺乏理论，在思想上的影响是无法与今文经学派相匹敌的。两汉之际的扬雄、桓谭，东汉的王充等，特别是王充的《论衡》一书，着重发挥了道家自然无为的思想，从理论上有力地批驳了今文经学的神学目的论。但是由于王充这本书在当时社会环境下没能广泛流传，其影响也不足以遏制今文经学把儒学宗教化的趋向。

两汉经学之弊日盛，玄学乘势而起，它继承了王充自然无为的理论，但是做了重要的改造。王充的自然无为论有以下主要特点：一是建立在气为天地万物之本的基础之上；二是主要从宇宙万物生成方面来论述；三是针对神学目的论，强调自然无为的偶然性。玄学主要不是从气化方面论述天地万物之生成，而是主张"归一于无"或"独化自足"。因此，玄学所说的自然无为，不是指某一实体的特性，而主要是指一种普遍的、客观的、抽象的必然性，或者说是决定事物得以生成、存在，以及与其他事物之间构成某种关系的所以然之理。就这一点来说，玄学在理论上克服了王充自然无为论中过分注重偶然性的缺陷。这样，玄学既以自然无为论否定了两汉今文经学的神学目的论，又以"物无妄然，必由其理"，肯定了事物存在客观规律性和必然性。

玄学把自然无为推演为一种客观存在的、抽象的必然之"理"，这对东晋以后的名教理论，以至于宋明理学的以理为本的哲学体系的确立，是有重要影响的。东晋袁宏作《三国名臣颂》，在赞扬夏侯太初时说道："君亲自然，匪由名教。"（《晋书·袁宏传》）《宋书·傅隆传》载傅隆议黄初妻罪时云："原夫礼律之兴，盖本之自然，求之情理，非从天堕，非从地出也。"总之，名教理论大都强调礼律名教出自人的自然性情，是自然合理者。理学创始人之一的程颢说："吾学虽有所受，'天理'二字却是自家体贴出来。"（《程氏外书》卷一二）但是，从他们对天理的解说来看，宋明理学的天理思想在很大程度上是受到了玄学的启发。这样说，大概不能说过分或牵强。如程门高弟谢良佐曾说："所谓天理者，自然底道理"；"学者直须明天理为是自然底道理，移易不得"（《宋元学案》卷二四《上蔡学案》）。这里明确地强调了天理即是自然的道理，与玄学所讲的"自然"而"合理"的思想是完全一致的。

理学家们认为，万物皆有理，一物有一物之理，而这些理都是自然的、必然的。这方面的论述可以说俯拾皆是，如程颢说："万物皆有理，顺之则易，逆之则难，各循其理，何劳于己力哉？"（《程氏遗书》卷一一）这与王弼、郭象之说何其相似！程颐则更是把自然之理推广到一切自然现象和社会现象中去。如："气有淳漓，自然之理。"（《程氏遗书》卷一五）"动极则阳生，自然之理也。""生生之谓易，理自然如此。"（《程氏遗书》卷一八）"'道二，仁与不仁而已'，自然理如此。"（《程氏遗书》卷一五）"质必有文，自然之理。"（《周易程氏传》卷二《贲卦·象传》注）"自古治必因乱，乱则开治，理自然也。"（《周易程氏传》卷二《蛊卦·卦辞》注）"夫满则不受，虚则来物，理自然也。"（《周易程氏传》卷三《益卦·爻辞》注）理学之集大成者朱熹说："天者，理而已矣。大之字小，小之事大，皆理之当然也。自然合理，故曰乐天。"（《四书章句集注》之《孟子·梁惠王下》注）

"愚谓事物之理，莫非自然。顺而循之，则为大智。若用小智而凿以自私，则害于性而反为不智。"(《四书章句集注》之《孟子·离娄下》注）

在宋明理学时代，哲学中有气本、理本、心本等不同的学派，他们在哲学的基本问题上存在着重大的差别，有的甚至在观点上是完全对立的。因此，各学派对理的地位、作用等看法也有很大的不同。但是，在理具有自然而必然性这一点上，各派基本一致。王夫之、戴震的哲学思想也是如此。当然，在理的理论方面，宋明理学比玄学要丰富得多、深刻得多。如果说在玄学那里它还只是一株小苗，而到理学那里则已长成一棵参天大树了。但是在理的基本性格方面，作为事物之所以然，它既是必然的，又是自然的；顺物自然即是合理等观点在玄学中已基本确定了。因此，玄学在中国传统文化中具有不可忽视的重要意义。

附一：中国儒学的历史与未来

如果从孔子算起，中国的儒学绵延至今已有两千五百余年的历史了。在这漫长的岁月里，随着社会的发展，儒家学说从内容、形式到社会功能也在不断地发生变化。不了解儒家学说的历史演变，是很难做到客观地评价儒家学说的社会历史意义和展望其未来发展的。

如果对儒家学说的内容、形式和社会功能等进行综合的宏观考察，我认为中国儒学有四个不同的历史发展阶段。当然，如果要细分的话，在这四个发展阶段的每一个阶段中，也还是可以再分出若干个小的发展阶段来的，此又当别论。

一

中国儒学发展的第一个阶段，是以孔子、孟子、荀子等为代表的先秦原始儒学。儒出身于"士"，又以教育和培养"士"（"君子"）为己任。"士"者，"仕"也。孟子说："士之仕也，犹农夫之耕也。"（《孟子·滕文公下》）意思是说，士出来任职做官，为社会服务，就好像农夫从事耕作一样，是他的职业。荀子在讲到社会分工时，也把"士"归入"以仁厚知能尽官职"（《荀子·荣辱》）的一类人。所以，从这一角度来讲，原始儒家学说也可以说是为国家、社会培养官吏的学说，是"士"的文化。

子贡曾向孔子提出"何如斯可谓之士矣"的问题，即怎样做才称得上"士"。孔子回答："行己有耻，使于四方，不辱君命，可谓士矣。"（《论语·子路》）这句答话中，既表明了"士"的官吏身份，同时也指出了作为一名"士"的基本条件和责任：一是要"行己有耻"，即要以道德上的羞耻心来规范自己的行为；二是要"使于四方，不辱君命"，即在才能上要能完成国君交给他的任务。前者是对士的道德品质方面的要求；后者则是对士的实际办事才能方面的要求。而这两方面的统一，则是一名合格的士，也就是一个完美的儒者的形象。荀子写了一篇题为《儒效》的文章，其中对于儒者的形象和社会作用是这样描写的："儒者，在本朝则美政，在下位则美俗。""美俗"就是要不断修身，提高道德品质，以身作则；"美政"则要"善调一天下"，为社会制订各种礼仪规范、政法制度等，以安定社会秩序，并使百姓过上富裕的生活。

基于以上对"儒""士""君子"的社会使命的分析，可以说原始儒学的主要内容都是关于"士"的修身方面的道德规范和从政方面的治国原则。而且从孔子、孟子到荀子，他们提出的各种道德规范和治国原则都是十分具体的，而不是一般的、抽象的形而上学原理。

人们称孔子之学为"仁学"是有一定道理的。因为，孔子是把"仁"作为士君子最根本的道德规范来要求的。如他说："君子去仁，恶乎成名？君子无终食之间违仁，造次必于是，颠沛必于是。"（《论语·里仁》）《论语》一书中记载着许多孔子回答弟子们问"仁"的言论。如：答樊迟问仁，一则曰："仁者先难而后获，可谓仁矣。"（《论语·雍也》）一则曰："爱人。"答颜渊问仁，曰："克己复礼为仁。"答仲弓问仁，曰："出门如见大宾，使民如承大祭。己所不欲，勿施于人。在邦无怨，在家无怨。"答司马牛问仁，曰："仁者，其言也讱。"（以上出自《论语·颜渊》）答子张问仁，曰："能行五者（恭、宽、信、敏、惠）于天下，为仁矣。"（《论语·阳货》）孔子还说："巧言令色，鲜矣仁！"（《论语·学而》《论语·阳货》）"刚、毅、木、讷近仁。"（《论语·子路》）以及有子说的："孝弟也者，其为仁之本与！"（《论语·学而》）等等，无一不是具体的实践行为中遵守的规范。

《论语》一书中也还记载着许多条孔子答问为政的言论，同样也都是具体的实践行为中遵守的规范。如《论语·颜渊》中，答子贡问政，曰："足食，足兵，民信之矣。"答齐景公问政，曰："君君，臣臣，父父，子子。"答子张问政，曰："居之无倦，行之以忠。"答季康子问政，曰："政者，正也。子帅以正，孰敢不正？"又曰："子为政，焉用杀？子欲善而民善矣。君子之德风，小人之德草。草上之风，必偃。"在《论语·子路》中，答子路问政，曰："先之劳之。"又曰："无倦。"答仲弓问政，曰："先有司，赦小过，举贤才。"答叶公问政，曰："近者悦，远者来。"答子夏问政，曰："无欲速，无见小利。欲速则不达，见小利则大事不成。"又在其他章节中答子张问从政，则曰："尊五美，屏四恶，斯可以从政矣。"（《论语·尧曰》）等等。

孟子除了进一步发展孔子以"仁"为核心的修身思想外，又以推行"仁政"学说而著称于世，而其所论的"仁政"内容，同样也是十分具体的。如孟子答井田之问曰："夫仁政，必自经界始。"而所谓的"正经界"，就是"分田制禄""制民之产"（《孟子·滕文公上》《孟子·梁惠王上》）等。他经常举的例子——周文王的"仁政"其内容是："耕者九一，仕者世禄，关市讥而不征，泽梁无禁，罪人不孥。"（《孟子·梁惠王下》），以及"尊贤使能"（《孟子·公孙丑上》）等等。孟子对为什么要行仁政以及行仁政的可能性也进行了理论上的说明。但孟子的理论大都是感性、直观的。如他认为，因为人人都有"不忍人之心"，先王同样也有"不忍人之心"，此心发之于政，即是"仁政"等，来论证行仁政的根据。又以"仁者以其所爱及其所不爱"（《孟子·尽心下》）；"老吾老以及人之老，幼吾幼以及人之幼"（《孟子·梁惠王上》）等"推恩"理论，来说明行仁政的可能性等。

孔子、孟子在修身、治国方面提出的实践规范和原则都是很具体的，同时又带有浓厚的理想主义成分，也就是说更多地寄希望于人的本性的自觉。因此，孔子竭力强调"克己""修慝""为仁由己"(《论语·颜渊》)等。而孟子则以"性善"为根据，认为只要不断扩充其"恻隐之心""羞恶之心""辞让之心""是非之心"(《孟子·公孙丑上》)，"求其放心"(《孟子·告子上》)，即可恢复人的"良知""良能"，实现"仁政"的理想。

与孔子、孟子相比，荀子的思想则具有更多的现实主义倾向。他在重视礼义道德教育的同时，也强调了政法制度的惩罚作用。他认为，人的本性并不是那么美好的，顺应人性，让其自然发展，必然造成社会的纷争和混乱。因此，必须用礼义法度等去约束人的自然本性，即所谓的"化性起伪"，然后才能使之符合群体社会的要求。荀子在论述自我修养、道德自觉的重要性的同时，更为强调"师""法"的教育与规范作用。他说："今人之性，生而有好利焉，顺是，故争夺生而辞让亡焉；生而有疾恶焉，顺是，故残贼生而忠信亡焉；生而有耳目之欲，有好声色焉，顺是，故淫乱生而礼义文理亡焉。然则从人之性，顺人之情，必出于争夺，合于犯分乱理，而归于暴。故必将有师法之化，礼义之道，然后出于辞让，合于文理，而归于治。"(《荀子·性恶》)又说："礼者，所以正身也；师者，所以正礼也。无礼，何以正身？无师，吾安知礼之为是也？""故非礼，是无法也；非师，是无师也。不是师法而好自用，譬之是犹以盲辨色，以聋辨声也，舍乱妄无为也。"(《荀子·修身》)

同样，荀子设计的治国原则："明分使群""群居和一之道"，包括理想的"王制"与具体的"富国""强国"之策，乃至他的

"礼论""乐论""君道"等，可以说都是现实主义的。这些原则都是在肯定当时已经形成的社会等级和职业分工的基础上，来规定社会每一个成员的名分和位置，并要求其各尽其职，从而达到整个社会的和谐一致。当然，这并不是说在荀子提出的治国原则中没有一点理想主义的成分。如果荀子的学说中一点理想主义成分都没有，其学说就不会有什么感染力，而他也就不能被称作思想家。

原始儒家在春秋末至战国时期，是社会上具有广泛影响的"显学"之一。他们提倡的道德修养学说在"士"阶层中有着深远的影响，而他们设计的理想政治制度和治国原则，则因其主要精神，即一统天下和礼义王道为上等，太脱离当时诸侯称霸、群雄割据的社会现实，因而始终没有能得到当权者的赏识。因此，原始儒家学说与以后成为实际社会政治制度依据的儒学不同，它还只是关于道德修养和政治理想的一般性学说。分清这种差别是非常重要的。

二

中国儒学发展的第二个阶段，是以董仲舒、《白虎通义》为代表的两汉政治制度化和宗教化的儒学。汉初，统治者为改善秦末苛政、战乱造成的社会民生极度凋敝的状况，采用了简政约法、无为而治、与民休息的方针政策，以恢复社会的生机。在思想文化上，则主要是推崇和提倡黄老道家学说。这种情况一直延续到汉武帝时才有所变化。不过这并不是说儒学在汉初社会中一点也没有起作用。儒学在传授文化知识方面，对汉初社会仍然是很有影响的。儒家所推崇的历史文献——"六经"的教授和研究，也是得到官方的肯定和重视的。荀子的学说在汉初儒家中影响很深，"六经"中的《诗》《易》《礼》《乐》等的研究，都在传承荀学的思想。同时，荀子作为先秦诸子和儒家各派学说的集大成者，他广采各家学说之长的学风，对汉初思想也有积极的影响。

在西汉大儒董仲舒的学说中，不仅接受和发扬了荀子关于礼法并重、刑德兼用的理论，而且还大量吸收了墨家"兼爱""尚同"的理论，乃至墨家学说中某些带有宗教色彩的思想。而更为突出的是，在董仲舒专攻的春秋公羊学中，充满了阴阳家的阴阳五行学说，并使阴阳五行思想成为汉以后儒家学说中的一个重要组成部分。班固在《汉书·五行志》中说："董仲舒治《公羊春秋》，始推阴阳，为儒者宗"，就清楚地指出了这一事实。董仲舒曾向汉武帝建议："诸不在六艺（六经）之科孔子之术者，皆绝其道，勿使并进。"（《汉书·董仲舒传》）这是以后汉武帝推行"罢黜百家，独尊儒术"方针的重要依据。但必须指出的是，董仲舒所说的"孔子之术"，显然已经不是原来的孔子学说，也不是原始儒家学说，而是经过董仲舒和汉初其他儒家学者发展了的，吸收了墨、道、名、法、阴阳等各家学说之长的，董仲舒心目中的"孔子之术"。

董仲舒对儒学的发展不仅体现在学理方面，而且体现在他把儒学推向政治制度化和宗教化的方向。董仲舒研究的春秋公羊学，是一种密切联系社会现实的学说。公羊学认为，《春秋》经所载对各类社会事件的判断和对历史人物的评价，都具有某种法典的意义，可以作为汉王朝判断各类事件和评价人物的依据和范例。这也就是汉代相当流行的所谓"春秋断狱"说。由此，他们进一步认为，《春秋》经中所说的"三统""三正""三世"等理论，都为汉王朝的建立提供了依据；而《春秋》经中所提到的各种礼义法度也都可以为汉王朝所效法。于是，董仲舒作《春秋繁露》，借以揭示孔子作《春秋》之宏旨及其包含之微言大义。他认为："《春秋》修本末之义，达变故之应，通生死之志，遂人道之极者也。"（《春秋繁露·玉杯》）"《春秋》记天下之得失，而见所以然之故。甚幽而明，无传而著，不可不察也。"（《春秋繁露·竹林》）所以，他引述子夏的话说："有国家者不可不学《春秋》，不学《春秋》，则无以见前后旁侧之危，则不知国之大柄，君之重任也。"（《春秋繁露·俞序》）董仲舒的这些观点在当时是很有影响的，如司马迁在谈到《春秋》时就明确表示："余闻董生曰。"同时，他也竭力强调："有国者不可以不知《春秋》……为人臣者不可以不知《春秋》……为人君父而不通于《春秋》之义者，必蒙首恶之名。为人臣子而不通于《春秋》之义者，必陷篡弑之诛，死罪之名。"（《史记》卷一三○《太史公自序》）无怪乎当时就流传着所谓孔子作《春秋》"为汉帝制法"的说法（孙毂《古微书》卷一二）。

孔子所作的《春秋》为汉王朝制订了礼义法度，那么应当把孔子放在什么位置呢？董仲舒与汉儒们想出了一个绝妙的称号："素王"（《汉书·董仲舒传》），即一位没有实际王位的王。这样儒学就开始与实际的社会政治制度联系起来了。不过这在董仲舒时代仅仅是一个开始而已。直至东汉章帝时，由皇帝亲自主持并召集大儒们开会，史称"白虎观会议"，会后由著名学者班固整理纂辑，公布了一个官方文件《白虎通德论》，这才真正完成了把儒家的部分主要学说转变为政治律条，成为全体成员必须遵循的道德规范。从此以后，儒学已不再是单纯的伦理道德修养和政治理想的学说了，而是社会制度方面的律条。

在儒学政治制度化发展的过程中，两汉时期也出现了把儒学宗教化的倾向。在董仲舒和当时流传的纬书中，不断地把"天"描绘成儒学中至高无上的神。如董仲舒说："天者，百神之大君也。"（《春秋繁露·郊语》）并且竭力宣扬天是有意志的，能与人相互感应，而王者是"承天意以从事"的等一整套宗教神学理论。孔子是儒学的创始人，自然也就成了"教主"。为了神化教主，在当时流传的大量纬书中，不仅把孔子说成是神的儿子，而且把他的相貌也描绘成与一般凡人极不相同的怪模样。儒家所推崇的历代圣人，如尧、舜、禹、汤、文王、武王、周公等，在纬书中也统统被装扮成与众不同的神。这些纬书都是以神话和神秘化了的阴阳五行说来附会地阐释"六经"以及《论语》《孝经》、

"河图""洛书"等，这些也可以视作是配合当时儒学宗教化所需要的儒教经典。此外，由秦汉以来逐步完备起来的儒家礼仪制度（可参看《礼记》中的"冠义""昏义""乡饮酒义""聘义""祭义"等篇的内容），也为儒学的宗教化准备了仪式上的条件。从两汉儒学发展的历史看，儒学的宗教化是与儒学的政治制度化密切相关的，而且是同步进行的，前者是为使后者得以成立和巩固服务的。

儒学社会政治层面功能得到加强的同时，也就削弱了儒学作为伦理道德修养和政治理想层面的作用。在原始儒学中，是通过道德、理想教育去提高人们遵守道德规范、追求理想社会的自觉性的。因此，儒学对士大夫的修身养性具有重大的意义。可是，当儒学的一些主要内容被政治制度化以后，它就成了不管你自觉与否，自愿与否，都必须遵守的外在规范，因而它在提高修养方面的作用就大大地被削弱了。这样，儒学制度化方面的成功，却成了它在道德修养功能方面走向衰微的契机。

到了汉末，政治制度化了的儒学礼教（名教），一方面成为束缚和压制人的自然感情的东西；另一方面又成了伪君子们沽名钓誉的工具，因而引起了人们的强烈不满。玄学乘此流弊而起，调和名教与自然（性情）的矛盾，而其中又都强调以"自然"为本。在理论学说上，玄学也明确地提出了"道明其本，儒言其用"（《后汉纪》卷一二"袁宏曰"）。玄学诞生以后，儒学尽管在政治制度层面仍然保持着它的统治地位，但在思想修养层面的功能，却已为玄学或道家（以及道教）所取代。从魏晋南北朝至隋唐五代末的约七百年间，佛教思想的影响又超过了玄学，在士大夫的思想修养方面起着重要的作用。只有那些体现为政治制度化方面的儒学内容，在统治阶层的维护下继续起着作用。

尽管这一时期儒学文献方面的研究并没有中断，但像唐孔颖达编纂的《五经正义》之类的著作，除延续汉儒和玄学家的观点外，并没有多少新意。因此，儒学在人们的思想修养方面，也发挥不出多大的作用。后人在评论儒、释、道三教的社会功能时，常说："以佛治心，以道治身，以儒治世。"（南宋孝宗皇帝赵昚语，转引自刘谧著《三教平心论》卷上）这种说法从一个角度反映了在相当长的一段历史时期中，佛、道的学说在人们的修身养性方面所起的作用远比儒学大。

两汉时期，儒学在社会功能层面的变化等，是很值得人们深入研究和思考的问题。

三

中国儒学发展的第三个阶段，是以程、朱、陆、王等为代表的宋、明、清时期的性理之学的儒学。佛、道学说对广大士大夫修养身心方面的巨大影响，引起了一部分儒者的不满。他们认为，以佛、道理论修身养性将使人们不守儒学礼法，从而危及社会的统治秩序。于是他们以佛教提倡出家有违忠孝之道，僧侣不仅不从事生产，而且其佛事活动、庙宇建筑等又劳民费财等为由，大肆进行辟佛。唐代著名文学家韩愈的辟佛言论，大致就出于这样的背景。但是也有另一部分儒者则注意到了佛教理论并不是完全与儒学相冲突的，只要利用得好，可以与儒学互补，能起到同样的效果。如韩愈的好友、著名文学家柳宗元，就指出韩愈对佛教的批评是肤浅的，是"忿其外而遗其中，是知石而不知韫玉也"，即指责韩愈不懂得佛教理论中所包含的精华。他认为："浮图诚有不可斥者，往往与《易》《论语》合。诚乐之，其于性情奭然，不与孔子异道。"（《柳宗元集》卷二五《送僧浩初序》）这句话是说，佛教中有些道理是与儒学的《易》《论语》中所说的道理相合的，如果认真地研究和实践，它对人们性情修养所产生的作用与孔子儒家所说的道理没有两样。

另外一些儒者则更为高瞻远瞩，他们借鉴佛、道心性形上学理论，主动地到儒学内部发掘可与佛、道相抗衡的理论与经典根据，并据此建立起儒学的心性修养的形上学理论体系来。在这方面，韩愈的弟子李翱是最有远见卓识的。他说："性命之书虽存，学者莫能明，是故皆入于庄、列、老、释。不知者谓夫子之徒不足以穷性命之道，信之者皆是也。有问于我，我以吾之所知而传焉。遂书于书，以开诚明之源，而缺绝废弃不扬之道，几可以传于时。"（《全唐文》卷六三七《复性书上》）这段话的大意是说："儒家关于探求性命原理的著作虽然存在，可是由于儒者不了解，也不能创新，所以一般人都走向了佛、道。不了解情况的人，都以为儒学不足以探明性命的根本原理，许多人相信这种说法。现在有人向我提出这方面的问题，我将尽我所知告诉大家。于是我就写成文章，揭示出性命之学的源头来。这样，儒学中几乎断绝废弃的道理，也许能继续传下去。"那么，李翱发掘出来的，保存了儒学探求性命原理的经典，究竟是哪些呢？我们从他所著的三篇《复性书》中所征引和列举的内容看，主要是《易》和《中庸》。李翱的这番论述，在儒学发展史上是具有重要意义的。《易》和《中庸》正是以后宋明性理学家发挥儒学性命形而上原理，并用以与佛、道抗衡的主要依据。被誉为"性理学开创者"的北宋五子（周敦颐、张载、邵雍、程颢、程颐），无一例外地都是借阐发《易》理来建立他们的理论体系的。

性理学以继承尧、舜、禹、汤、文、武、周公、孔、孟的道统和复兴儒学为己任。不过，他们所要复兴的儒学，主要不是政治制度层面的儒学。汉唐以来，政治制度层面的儒学虽然也有某些变化，但作为社会政治制度的基础，它一直受到当权者的全力维护，而并未中断。因此，性理学家所要复兴的儒学，主要是伦理道德、身心修养层面的儒学。他们希望重新发挥儒学道德修养方面的社会功能，夺回被佛、道占据了七百年的身心修养、思想理论领域。此外，性理学所复兴的儒学，无论是在内容上，还是在形式上，也都与先秦原始儒学有很大的不同。

在说到原始儒学时，我们说它主要是一些具体的伦理道德规范、治国安邦的实践原则。也就是说，原始儒学告诉你的主要是日常行为中应该做些什么和怎么做的问题。而对于为什么要这样做，尤其是这么做的根据何在等形而上理论问题则很少探讨，有时即使说到一些，也十分简略。然而在佛、道两家的学说中，则对世界、社会、人生等问题中的形上学理论有较多、较深入的探讨。这也正是李翱所说的，人们"皆入于庄、列、老、释"的原因。性理学家接受了这个教训，他们在阐发原始儒学的基本实践原则时，竭力从形上学上提高理论水平。性理学是在构筑起"天理""良知"的体系之后，才使儒学在形上学理论方面能与道家的"道"、佛教的"实相""佛性"等形上学理论体系相抗衡。

在把原始儒学的实践原则提升为一般形上学原理方面，我觉得最明显的例子就是对"仁"的阐发。前面我们列举了许多条孔子回答弟子们问"仁"的资料，其中无一不是具体的实践条目。在宋明性理学家的思想中，"仁"除了这些具体实践条目外，还增加了大量的形上学原理。如程颐在论"仁"时曾说："医家以不认痛痒谓之不仁，人以不知觉不认义理为不仁，譬最近。"（《二程集》，《河南程氏遗书》卷二上）这表明，程伊川已把"仁"提升到了"义理"的高度。而所谓的提升到了"义理"高度，也就是把"仁"从具体的行为规范，提高到行为规范的"所以然"来认识。这也就是程伊川所说的："故仁，所以能恕，所以能爱，恕则仁之施，爱则仁之用也。"（《二程集》，《河南程氏遗书》卷一五）在孔、孟的论述中，"仁者爱人"，仁与爱是浑然一体的，仁即是爱，爱即是仁，并没有去区分仁爱的性情体用关系。而性理学家则将这种区分看作首要的、原则的问题了。所以，程伊川反复强调，仁与爱之间存在着的性情体用区别，是绝不容混淆的。他在一次答弟子问"仁"时说："此在诸公自思之，将圣贤所言仁处，类聚观之，体认出来。孟子曰：'恻隐之心，仁也。'后人遂以爱为仁。恻隐固是爱也。爱自是情，仁自是性，岂可专以爱为仁？孟子言恻隐为仁，盖为前已言'恻隐之心，仁之端也'。既曰'仁之端'，则不可便谓之仁。退之言'博爱之谓仁'，非也。仁者固博爱，然便以博爱为仁，则不可。"（《二程集》，《河南程氏遗书》卷一八）又说："恕者入仁之门，而恕非仁也。"（《二程集》，《河南程氏遗书》卷一五）

朱熹进一步发挥了程氏的思想，而且把"仁"为"理"的道理讲得更加清楚。这里我们引几条朱熹在《四书章句集注》中对"仁"的解释，以见其大概。如：

> 仁者，爱之理，心之德也。（《论语·学而》注）
> 仁者，人之所以为人之理也。（《孟子·尽心下》注）
> 仁者，天地生物之心，而人得以生者，所谓元者善之长也。（《中庸》章句）
> 仁者，本心之全德。……为仁者，所以全其心之德也。盖心之全德，莫非天理，而亦不能不坏于人欲。故为仁者必有以胜私欲而复于礼，则事皆天理，而本心之德复全于我矣。（《论语·颜渊》注）

由此可见，宋明清儒学之所以被称为性理之学，正是因为其在理论上与原始儒学存在巨大的差异。

宋明清性理之学对儒学的重大发展，是与它积极吸收和融合玄学、佛教、道教（和道家）的理论为己所用分不开的。理学所强调的"天理当然""自然合理"等，当然与玄学的"物无妄然，必由其理"（王弼《周易略例·明象》），"依乎天理"（郭象《庄子·人间世》注），"天理自然"（郭象《庄子·齐物论》注），"自然已足"（王弼《老子》二、二○等章注）等思想有联系。而理学核心理论中的"理一分殊""体用一源"等，又显然吸收自佛教，尤其是与佛教华严学中的"法界缘起"，以及"六相圆融""理事无碍"等理论的启发有关。至于王阳明著名的"四句教"——"无善无恶是心之体，有善有恶是意之动，知善知恶是良知，为善去恶是格物"（《王文成公全书》卷三《传习录》卷下），则更明显地表现了儒、佛的融合。其中，前两句不就是从佛教的"不思善不思恶""本性清净""念起欲作"等理论中变化出来的吗？通过这些基本理论，性理学也极大地丰富了儒学的知识论和修养论。

宋明性理学的兴起，确实在相当程度上恢复了儒学在伦理道德、身心修养层面的社会功能，从而与作为政治制度层面的儒学相呼应，进一步强化了儒学在政治、教育两方面的功能。宋明以后，儒学两种社会功能的一致化，使得许多本来属于伦理修养层面的问题与政治制度层面的问题纠缠在一起而无法分割。由于伦理修养层面是直接为政治制度层面服务的，常常使得本来建立在自觉原则上的规范，变为强制人们必须接受的律条。而这种以"天理""良心"来规范的律条，有时比明文规定的律条更为严厉。清代著名思想家戴震曾尖锐批评封建统治者利用性理学之"天理""良心"来置人于死地，它比用明文规定的"法"更严厉，且无处可以申辩。所以他说："人死于法，犹有怜之者；死于理，其谁怜之。"（《孟子字义疏证》卷上）这是对性理学所产生的社会流弊的批判。

五四运动以来，人们对儒学进行了激烈的批判，斥其为"吃人的礼教"，高喊要"打倒孔家店"等等。这在当时反封建制度的革命形势下，是完全可以理解的。但是也应当看到，对儒学简单的全盘否定，也是不科学的。这显然没有分清先秦原始儒学、两汉政治制度化和宗教化儒学以及宋明性理学儒学，这些不同历史发展阶段的儒学之间的本质区别。同时，这也显然没有分清自汉以来，尤其是自宋明以来儒学发展的两个不同层面以及不同的社会功能，而这正是我们探求儒学未来发展必须要搞清楚的问题。

四

中国儒学发展的第四个阶段，是与西方近代民主、科学思想融会贯通的近现代新儒学。19 世纪中叶以后，随着中国封建制度开始解体，当时以性理学为代表的儒学也走向了衰落。此时，在外国资本主义的经济、政治、文化、军事的侵略和渗透下，中国面临着亡国灭种的危险，一大批先进的中国人挺身而出，为救亡图存而斗争。而此时的儒学，不管是在制度层面，还是在思想意识层面，都在相当程度上起着阻碍社会改革和进步的作用。儒学在西方经济、政治、文化的冲击下，遭到了激烈的批判，从而到了不进行变革就无法继续生存的境地。

中国儒学向近代转化，或者说把传统儒家思想与近代西方文化融会贯通，我认为是从康有为开始的。由于康有为始终忠于清皇室，又积极支持张勋搞复辟，因而在许多人的心目中康有为是保皇派的形象。其实，康有为是中国近代最早、最有影响的资产阶级启蒙思想家之一。他打着托古改制的旗帜，借用儒学，特别是抬出孔、孟来宣传其维新变法的理想。一方面，他在宣传当时西方社会政治理论和哲学思想时，总要引经据典，到中国传统儒家孔、孟的学说中去寻找合适的言论，以证明他设计的社会改革方案也正是古代圣贤们孜孜以求的理想；另一方面，他同时也对儒家孔、孟学说作了许多新的解释，使其符合当时人们的需要，并以此证明他所推崇的传统儒学是完全合乎时代潮流的。

康有为对孔子学说有一个全面而简要的介绍，他在《春秋笔削大义微言考序》一文中说："孔子之道，其本在仁，其理在公，其法在平，其制在文，其体在各明名分，其用在与时进化。"然后，他加以发挥说："夫主乎太平，则人人有自主之权；主乎文明，则事事去野蛮之陋；主乎公，则人人有大同之乐；主乎仁，则物物有得所之安；主乎各明权限，则人人不相侵；主乎与时进化，则变通尽利。"从这个简要介绍中，我们可以清楚地看到，康有为已经是以近代西方资产阶级的社会政治理论来解释和发挥孔子之道了。康氏注释"樊迟问仁，子曰：'爱人'"时说："盖博爱之谓仁。孔子言仁万殊，而此以爱人言仁，实为仁之本义也。"（《论语注》卷一二《颜渊》）这里，康氏之意与上述程朱之意正好相反，而且他心目中的"博爱之谓仁"也不同于韩愈所谓的"博爱之谓仁"。他的博爱说中已含有某些近代资产阶级博爱思想的成分。他把"仁者爱人"和子贡所讲的"我不欲人之加诸我也，吾亦欲无加诸人"（《论语·公冶长》）联系在一起解释说："岂非所谓博爱、平等、自由，而不侵犯人之自由乎！"（《以孔教为国教配天议》）至于把孔子说的"无为而治者，其舜也与？夫何为哉？恭己正南面而已矣"，解释为"舜任官得人，故无为而治。盖民主之治，有宪法之定章，有议院之公议，行政之官，悉由师锡，公举得人，故但恭己，无为而可治。若不恭己，则恣用君权，挠犯宪法，亦不能治也。故无为之治，君无责任，而要在恭己矣。此明君主立宪，及民主责任政府之法。今欧人行之，为孔子预言之大义也"（《论语注》卷一五《卫灵公》）。在《救亡论》中，他把孟子所说的"得乎丘民为天子"，解释为"共和之民，选总统也"等等。这些解释在康有为的著作中可以说是俯拾皆是。谭嗣同受康氏的影响，专门提倡"仁学"。他在《仁学》一书中，"仁"以"通"为第一义，而"通"的体现就是"平等"。

谭嗣同说，孔子学说的根本精神是："废君统倡民主，变不平等为平等。"

康有为对儒学（特别是孔、孟思想）的崇拜是不容置疑的。他认为，传统思想文化中有某些基本的东西是绝对不能去掉的，但同时他又主张变革维新。尽管他反对彻底取消君权的民主共和制，但他也反对固守封建君主专制主义，而主张资产阶级的改良主义和君主立宪制。所以，康有为自始至终是借儒家思想来宣传西方近代的民主思想的，而不是为了维护君主专制主义。同时，在康有为把儒家思想与近代西方民主政治学说和哲学理论联系在一起的过程中，虽然有许多生搬硬套、牵强附会，甚至幼稚可笑的地方，但是也不能否认，其中多少包含着某些从传统儒学向现代儒学转化的探索和努力（也许这种探索和努力还不是自觉的）。所以，我一直认为，如果说现代新儒学的概念是指把儒学与西方近代思想文化融合起来的话，那么康有为应当是第一人。

康有为对儒学现代转化的探索并不成功。其中一个主要原因是，他还是要把政治制度层面的儒学与思想修养层面的儒学捆在一起。他不仅根本没有想过要把这两个不同层面的儒学区分开来，甚至主张把儒学改造成为宗教，并在宪法上把孔教规定为国教。在当时的历史条件下，这些主张是很难被正在为推翻封建专制统治而奋斗的人们接受的。

20 世纪 20 年代以后，由于清朝已被推翻，封建专制政治制度从名义上讲也不再存在了。因此，除了一小部分当权者继续企图把儒学与社会政治制度联系在一起外，更多的人则是把儒学作为传统思想文化遗产，做学理方面的研究。这些人所关心的是，在西方文化冲击下如何贯通儒学与西方文化，如何继承和发扬儒学的优秀传统，以保持民族的自主精神等问题。这时涌现出了一批关心儒学命运和前途的学者，如梁漱溟、熊十力、马一浮、钱穆、冯友兰、贺麟等，他们都在汇通中西文化的前提下，来解释儒学，发展儒学，乃至建立起某种新的儒学体系。而他们的共同愿望，也可以说都包含通过对儒学的现代阐释，发扬民族传统文化，使其在当代人的道德修养和民族意识的确立方面发挥积极的作用。

贺麟在 20 世纪 40 年代一篇题为《儒家思想的新开展》的文章中，提出了"建设新儒家"和"儒家思想新开展"的口号，并且认为："一如印度文化的输入，在历史上曾展开了一个新儒家运动一样，西洋文化的输入，无疑亦将大大地促进儒家思想的新开展。西洋文化的输入，给了儒家思想一个考验，一个生死存亡的大考验、大关头。假如儒家思想能够把握、吸收、融会、转化西洋文化，以充实自身、发展自身，儒家思想则生存、复活而有新的发展。"（见《文化与人生》一书）这是说，传统儒学只要善于把握、吸收、融会、转化西方文化中的精华，是可以得到新发展的。事实上，这一时期发展起来的新儒学体系，大都具有这方面的特点。如冯友兰的"新理学"体系，就是在吸收、融合近代新实在论理论和逻辑方法等基础上对宋明程朱理学的发展。贺麟的"新心学"体系，则是在吸收、融合近代西方新黑格尔主义基础上对宋明陆王心学的发展。至于熊十力，从《新唯识论》文言本、白话本到《原儒》《乾坤衍》，他所构筑的哲学体系，我认为应当称之为"新易学"体系最为恰当。他在这个体系中，不仅融会贯通了中国传统文化中的儒、释、道的思想、方法，而且也广采博纳近代西方新康德主义、柏格森主义等理论内容，对于以"易"为中心的儒学理论做出了积极的探索。

我个人认为，从 20 世纪 20 年代至 40 年代末（乃至 50 年代初），是现代新儒学发展史上最为活跃、最为丰富、最有理论深度和价值的时期。儒学家们在研究中所取得的成就和尚存在的问题，都值得我们认真地加以研究。因为，迄今为止，现代新儒学的理论体系的深度和影响，似乎还没有哪一个时期的儒学能够与之媲美。

五

与对儒学历史演变的回顾相比，对儒学未来的展望是一个更为困难的问题。由于人们对儒学的认识和评价不同，因而对儒学未来也有不同的展望。依我个人肤浅的看法，儒学作为中国两千余年来流传不息的文化主体之一，其思想理论是丰富、深邃的，而且对东亚各国有着广泛的影响，甚至也是东亚一些国家，如朝鲜、韩国、日本等国历史文化中的一个重要组成部分。它必将随着经济的振兴而越来越受到重视。同时，儒学作为东方文化的主要代表之一，它与西方文化的互补性，也正在越来越为世界有识之士所瞩目。所以，对于儒学的未来发展，我是抱乐观态度的。当然，要发展儒学的前提是儒学要有一种开放的精神，既要继续吸收和融合本国各学派的精华，更要积极吸收和融合西方文化的精华，同时还要对儒学自身已有的基本精神和重要概念、命题等，"择其善者而明用之"（《荀子·王霸》），作出符合现代社会精神的新诠释。在这方面，我认为经过 20 世纪 20 年代以来的各派新儒学，包括当前称之为新儒家第二代、第三代的一大批学者，以及韩国、日本、新加坡等学者们的共同努力，至今已取得的成果等证明了发展儒学的可能性和必要性。

对于当前新儒家第二代、第三代学者们为推进儒学的发展所做的努力，以及他们热爱中国传统文化的精神，我一直是十分赞赏的。但是在儒学未来发展的取向上，新儒家第二代、第三代学者们提出的"三统并建"说，我是不敢苟同的。所谓"三统并建"，最早是由牟宗三先生提出的。他在 1948 年《重振鹅湖书院缘起》一文中说："自孔、孟、荀至董仲舒，为儒学第一期，宋明儒为第二期，今则进入第三期。儒家第三期文化使命，应为'三统并建'，即重开生命的学问以光大道统，完成民主政体建国以继续政统，开出科学知识以建立学统。"在 1958 年由牟宗三、张君劢、唐君毅、徐复观四人联合署名发表的《为中国文化敬告世界人士宣言》中，也再次强调要发展儒家的"心性之学"，并"要使中国人不仅由其心性之学，以自觉其自我之为一'道德实践的主体'，同时当求在政治上，能自觉为一'政治的主体'，在自然界、知识界成为'认识的主体'及'实用技术的活动之主体'"。儒家的当前使命主要是要从"内圣外王"之学中发展出"外王事功"这一时代所需要的思想。牟宗三在1979年的一次讲演中，仍然坚持了这样的立场，他说："儒家学术第三期的发展，所应负的责任即是要开这个时代所需要的外王，亦即开新的外王。……今天这个时代所要求的新外王，即是科学与民主政治。"（《从儒家的当前使命说中国文化的现代意义》，见《时代与感受》一书）

诚然，科学与民主是时代的要求，这是毫无疑问的。但是，是否能够，或者是否需要把它纳入儒家"继续政统"和"建立学统"的范围则是一个值得商榷的问题。

贺麟先生20世纪40年代谈及"建设新儒家"和"儒家思想的新开展"时，曾特别指出："我们既不必求儒化的科学，也无须科学化儒家思想。"我认为，这句话是有一定道理的。需要说明的是，贺麟先生这句话的意思，并不是说不要用科学的态度和方法去研究儒家思想，而是反对当时有些人简单比附儒学与自然科学的做法。对于现代儒学的发展取向，我想在贺先生的话上再加上一句，即"我们既不必求儒化的政治，也无须政治化的儒学"。这句话的意思是，既不必把儒学与自然科学生拉硬套地扯在一起，而从历史的进化着眼，更不应当再用儒学一统天下的思维模式去考虑问题，把儒学与"继续政统"联系在一起。

当然，我这样说时，并不是否认在儒学中是可能提取出许多启发和促进科学发展，以及改善政治制度和社会环境的成分。相反，我一直认为，儒学中的许多思维方法对克服西方实证科学思维方法中的某些片面性是有重要的启发意义的；同样，儒学中的许多政治理想、治国原则，官僚人格等理论对改善目前的社会政治环境等也是甚有裨益的。但是，儒家思想完全是凭借其学理上的深刻性和说服力去影响社会的，是与其他中西各家学说自由、平等竞争的。当代新儒家第二代、第三代学者们会通中西文化，热爱中华传统文化，努力以现代精神诠释儒家思想理论，使之适应现代社会，其用心不可不谓良苦，其精神也实在令人钦佩。当代新儒家坚持"返本以开新，守常以应变"的原则，这是一条极富辩证思维的原则。然而，由于他们大多有儒家一统的感情色彩和思维模式，因而在努力完成"光大道统""继续政统""建立学统"的文化使命时，留给一般人的印象却是"返本""守常"有余，而"开新""应变"不足。"三统并建"之取向，也极容易引起一般人，特别是青年人的逆反心理而拒斥之。

鉴于历史的经验教训和时代的进步趋势，当代新儒家提出把开"新外王"（以"三统并建"为核心）作为当前儒学发展的主要取向，是很值得商榷的。就当今社会的现状来看，把传统儒学从政治制度层面和宗教化倾向下剥离出来是必要的，也是有利于儒学发展的。因此，与当代新儒家注重于开辟出"新外王"的取向相比较而言，我认为，开辟出儒学的"新内圣"之学似乎更是社会所需要的，并且具有更广阔的发展前景。这里所谓的"内圣"之学，主要是指儒学中有关指导人生修养、提升精神境界、发扬道德价值、协调群己权界、整合天（自然）人关系等的学说。如果我们能密切结合时代的问题，把儒家学说中所蕴含的现代意义充分阐发出来，则必将有益于当今社会的精神文明建设，并获得其相应的种种事功（这也可称之为"外王"），古老的儒学也将焕发出新的生命。

附二：理学大师马一浮

近年来，在海内外学术界，对"新儒家"的代表人物，诸如梁漱溟、熊十力、冯友兰、贺麟、唐君毅、牟宗三等人，做了大量的研究，研究者们已发表了许多论文，出版了一些专著，这让"新儒家"的代表人物广为人知。然而，有一位被周恩来总理称为"我国当代理学大师"的马一浮，却鲜为人提及。究其原因，可能与马一浮从不标新，更不自构体系，而始终只是默默地潜心研究宋明理学，躬身践行中国传统文化，匿居陋巷，不求闻达等品格有关。这在今日着眼于"新"的学人们看来，马一浮似乎偏重"仍旧贯"，对传统儒学没有多少新的发明，因而未予以重视。其实，马一浮在20世纪前半叶是与梁漱溟、熊十力等人齐名的儒家学者。他对传统儒家文化（特别是宋明理学）的深入研究和独特体验，是众所周知的。熊十力是极少称赞别人的，但是他对马一浮的评论却是："马先生道高识远。"（《十力语要》卷二《与贺昌群》）贺麟则说："马先生兼有中国正统儒者所应具备之诗教、礼教、理学三种学养，可谓为代表传统中国文化的仅存的硕果。"又说："他尤其能卓有识度，灼见大义，圆融会通，了无滞碍。"

（《当代中国哲学》第一章《中国哲学的调整与发扬》）因此，分析一下马一浮的思想路向，对把握近现代儒学发展的全貌，也是极有意义的。

马一浮，单名浮（一浮是他的字），号湛翁，别署蠲戏老人、蠲叟等，浙江绍兴人。生于清光绪九年（1883年），死于1967年。他自幼饱读诗书，1898年，16岁时，应县试，名列会稽县案首（第一名）。青年时，他与马君武、马叙伦游，风华正茂，"各自负以天下为任"。然而不久以后，马一浮"即自匿陋巷，日与古人为伍，不屑于世务"（《石屋余沈》"马君武"篇）。大约从1912年（或1913年）起至1937年抗日战争爆发之前，他一直在杭州，孑然一身，身居陋巷，潜心研究儒、释、道等中国传统文化。在《陋巷》一文中，著名画家丰子恺称马一浮为"今世的颜子（渊）"，在记述他1933年第三次去马一浮居处访问时的感受（第一次是在二十年前）说："先生照旧孑然一身地隐居在那陋巷的老屋里，两眼照旧描着坚致有力的线而炯炯发光，谈笑声照旧愉快。"（《缘缘堂随笔集》，浙江文艺出版社，1983年版）这段充满感情的文字，生动地描绘出了马一浮二十年间乐道安贫的精神。

抗日战争爆发，激起了马一浮的爱国热情。他打破"平生杜门""未尝聚讲"（《泰和宜山会语卷端题识》）的守则。在南下避难的旅途中，他应当时浙江大学校长竺可桢之邀，第一次出山讲学，先后于江西的泰和、广西的宜山主持"国学讲座"。关于这些讲座的意义，他是这样说的："其意义在使诸生于吾国固有之学术得一明了之认识，然后可以发扬天赋之知能，不受环境之陷溺，对自己完成人格，对国家社会乃可以担当大事。"（《泰和会语》之《引端》）他信手拈出宋代大哲学家张载的四句话——"为天地立心，为生民立命，为往圣继绝学，为万世开太平"，来教大家立志，希望大家"竖起脊梁，猛著精采"，"养成刚大之资，乃可以济蹇难"（《泰和会语》之《横渠四句教》）。可见，他是把对学生进行抗战时期的爱国教育，贯穿于这些讲座之中的。1939 年夏，马一浮在四川嘉定乌尤寺创建了"复性书院"，并担任主讲，他讲明义理，选刻古书，培养了一批研究中国传统文化的优秀人才。可以说，抗战时期是马一浮学术活动最活跃的时期，他的主要学术思想著作都是在这一时期发表的。

抗战胜利后，马一浮又回到了杭州的陋巷，重新隐居林下，唯主持智林图书馆，继续选刻古书。1949 年以后，他担任过浙江省文史馆馆长、全国政协委员等职。但遵照周总理的指示，不以俗务打搅，让他在杭州家中（花港蒋庄）安心著书立说，颐养天年。然而，在"十年浩劫"中，他也未能幸免。

在学术思想方面，马一浮的主要著作有：《泰和宜山会语合刻》（二卷，附录一卷）、《复性书院讲录》（六卷）、《尔雅台答问》（一卷）、《尔雅台答问续编》（六卷）等。马一浮同时又是一位第一流的诗人和书法家。他已出版的诗集有《蠲戏斋诗前集》、《避寇集》（附《芳杜词剩》）、《蠲戏斋诗编年集》等，总称为《蠲戏斋诗集》。浙江古籍出版社等单位集资合作整理出版《马一浮全集》，这将为研究马一浮学术思想、诗文书法乃至近现代儒学的发展等，提供极大的方便。

马一浮对于中国传统文化的研究，从形式上来看是相当固守传统的。如他的一个最主要的观点就是认为，全部中国文化都可以统摄于"六艺"之中，即所谓："国学者，六艺之学也。"（《泰和会语》之《楷定国学名义》）这里的"六艺"是指《诗》《书》《礼》《乐》《易》《春秋》，也就是通常所说的"六经"。但马一浮更喜欢用"六艺"这一名称，因为它不是呆板地指六部经典，而是广义地指六类或六个部门的文化学术或教化。他认为："此（六艺）是孔子之教，吾国二千余年来普遍承认，一切学术之原皆出于此，其余都是六艺之支流。故六艺可以该摄诸学，诸学不能该摄六艺。"（《泰和会语》之《楷定国学名义》）不仅如此，他还认为，"六艺"也可统摄西来的一切学术。简而言之，"自然科学可统于《易》，社会科学（或人文科学）可统于《春秋》"，"文学艺术统于《诗》《乐》，政治法律经济统于《书》《礼》"。换一个角度说，西方学术文化无非统摄于真、善、美三种价值，这也都包含于"六艺"之中。"《诗》《书》是至善，《礼》《乐》是至美，《易》《春秋》是至真。"总而言之，"全部人类之心灵，其所表现者不能离乎六艺也；全部人类之生活，其所演变者不能外乎六艺也"。世界无论在空间上，还是在时间上，"更无有一事一理能出于六艺之外者"，"世界人类一切文化最后之归宿，必归于六艺"（《泰和会语》之《论西来学术亦统于六艺》）。这里显然有许多牵强附会之说，不足取。但他当时之所以要如此突出中国传统文化的地位，其目的在于提高人们对本民族文化价值的认识，而不致陷入自鄙和盲目崇洋。正如他说的："今人舍弃自己无上之家珍而拾人之土苴绪余以为宝，自居于下劣而奉西洋人为神圣，岂非至愚而可哀！"（《泰和会语》之《论西来学术亦统于六艺》）就这方面来讲，在当时抗战的环境下，也不能说毫无意义。

关于文化的起源和发展，马一浮则站在了唯心史观的立场上，认为文化完全是精神的产物。他反复声称："一切道术皆统摄于六艺，而六艺实统摄于一心，即是一心之全体大用也。"（《泰和会语》之《论六艺统摄于一心》）又说，"天下万事万物不能外于六艺，六艺之道不能外于自心"，"六艺之本，即是吾人自心所具之义理"。因此，在文化、学术上如果"不知反求自心之义理，终无入头处"。他说，这些道理说来简单，却是他"自己体验出来"的。他从这种文化观出发，对人类的文化，特别是中华民族的文化，充满了坚强的信心。他认为，只要"天地一日不毁，此心一日不亡，六艺之道亦一日不绝。人类如欲拔出黑暗而趋光明之途，舍此无由也"（《宜山会语》之《说忠信笃敬》）。更说："国家生命所系，实系于文化，而文化根本则在思想。"（《泰和会语》之《对毕业诸生演词》）他把文化的社会历史作用夸大到了极点，这在理论上显然是不妥的。但是他却真诚地相信，人们只要有这样的信心，能按照他的体验去践行（即"反求自心之义理"），就不会"不辜负自己，不辜负先圣"，而这正是"夷狄所不能侵，患难所不能入的"（《泰和会语》之《对毕业诸生演词》）根本之所在。他以此作为个人品德和操守的修养信条，一生中始终表里如一，坚定不移地倡导和践行它，其精神确实令人敬佩不已。

马一浮十分推崇《论语》一书。他认为，《论语》一书，其大义"无往而非六艺之要"。他说："《论语》有三大问目：一问仁，一问政，一问孝。凡答问仁者，皆《诗》教义也；答问政者，皆《书》教义也；答问孝者，皆《礼》《乐》义也。"而"《易》为《礼》《乐》之原，言《礼》《乐》则《易》在其中"；"《春秋》为《诗》《书》之用，言《诗》《书》则《春秋》在其中"。他又举例说明《论语》中的"朝闻道，夕死可矣"章为"明生死之故"；"子在川上曰：逝者如斯夫"章为"于迁流中见不迁，于变易中见不易"；"予欲无言"章为"显性体本寂而神用不穷"等，为《易》教之大义。"正名"则为"《春秋》大用"之要（《论语大义》，见《复性书院讲录》卷二）。马一浮又尝言："六艺之旨，散在《论语》，而总在《孝经》。"（《泰和会语》之《论六艺该摄一切学术》）因此，他也十分推崇《孝经》一书。他认为："六艺皆为德教所作，而《孝经》实为之本；六艺皆为显性之书，而《孝经》特明其要。故曰，一言而可该性德之全者曰仁，一言而可该行仁之道者曰孝。此所以为六艺之根本，亦为六艺之总会也。"（《孝经大义》，见《复性书院讲录》卷三）马一浮的《论语大义》和《孝经大义》二书，提纲挈领，条理清晰。若能读此二书，则可以大致了解他的"六艺论"的文化哲学之要旨。

如上所述，马一浮认为心、思想是一切文化学术之根本，因此他反复强调中国文化的根本精神即在于"发明自心之义理"。他说："须知教相多门，各有分齐，语其宗极，唯是一心。从上圣贤，唯有指归自己一路是真血脉。"（《尔雅台答问》卷一《答张君》）在这一根本观点上，他与熊十力、梁漱溟等是完全一致的，只是在具体论述和践行上，则诚所谓"各有分齐"了。马一浮认为，把哲学分成本体论、认识论、经验论、方法论等，乃是从近代哲学开始的，而"中土先哲，本其体验所得以为说"（《尔雅台答问》卷一《答程泽溥一》），其学"内外本末只是一贯"（《尔雅台答问续编》卷二《示张德钧》）。所以，在他的讲学中，从不分什么本体论、认识论等，而只是要人们"向内""求己"，并一再声明，书院教育的宗旨是"要在原本经术，发明自性本具之义理"，是"重在求己"（《尔雅台答问》卷一《答刘君》），或者说"以求己为先，多闻为后"（《尔雅台答问》卷一《答程泽溥一》）等。可以说，马一浮把全部文化或哲学问题，以及教育问题，都只集中在一点上，即"发明"和"反求自心之义理"。他的文化观和哲学思想是彻底的唯心主义。

马一浮在阐发理学思想上，能够将程朱、陆王两派的思想方法很好地融会贯通。他认为，"义理之学，最忌讲宗派、立门户……先儒临机施设，或有抑扬，皆是对治时人病痛，不可执药成病。程朱陆王并皆见性，并为百世之师，不当取此舍彼。但其教人之法亦有不同，此须善会，实下工夫。"(《尔雅台答问》卷一《答吴君》)他批评那些对朱陆异同争论不休的人说，这些人"不知源流，又不明古人机用，妄生同异，只是瞎汉赃诬古人，自己全不曾用力，安能知古人造诣邪？"其实，"程朱陆王岂有二道？见性是同，垂语稍别者，乃为人悉檀、建化边事耳（按："为人悉檀"乃佛教用语，意思是根据各人不同的根机和能力，而为之说各种法；"建化"指建立教化，也是临机施设，对症下药的意思）"(《尔雅台答问》卷一《答任君》)。他在融会贯通程朱陆王的思想方法方面，诚如贺麟所指出的："其格物穷理，解释经典，讲学立教，一本程朱，而其返本心性，祛习复性，则接近陆王之守约。"(《当代中国哲学》第一章《中国哲学的调整与发扬》)

马一浮不仅主张破除程朱陆王的门户之见，而且主张消除儒佛、儒道、佛道之间以及儒、佛、道内部的门户之争。他认为，"末流之争，皆与其所从出者了无干涉"。一些人之所以斤斤计较于派别门户之争，都是由于他自己的"局而不通之过也"。其实，"大量者（识广宽容者）用之即同，小机者（识浅量狭者）执之即异"。人们应当明了，"总从一性起用，机见差别，因有多途"(《复性书院讲录》卷一《读书法》)，"儒佛禅道总是闲名"(《尔雅台答问》卷一《答任君》)；"从来云月是同，溪山各异，并不相碍也。无论儒佛，凡有言教，皆以明性道为归"(《尔雅台答问续编》卷五《答黄君》)。因此，只要是"以明性道为归"的，那么"尽心知性亦得，明心见性亦得；养本亦得，去障亦得；当下便是亦得，渐次修习亦得"（《尔雅台答问续编》卷四《示鲜季明》）。由此可见，他对儒、释、道的融会贯通，可以说是已达到了"圆融无碍"的境地。他能"随意拈取老、庄、释典以阐扬儒家宗旨，不惟不陷于牵强附会，且能严格判别实理玄言，不致流荡而无归宿"（贺麟《当代中国哲学》第一章《中国哲学的调整与发扬》）。

马一浮主要是从四个方面来阐发他的理学思想的，这也就是他在《复性书院学规》中提出的"可以终身由之而不改，必适于道"的四点："主敬""穷理""博文""笃行"。他指出："主敬为涵养之要，穷理为致知之要，博文为立事之要，笃行为进德之要。"（《复性书院讲录》卷一《学规》）

具体来讲，马一浮认为，涵养对于每一个人来讲都是十分重要的。他引孟子的话"苟得其养，无物不长；苟失其养，无物不消"（《孟子·告子上》）来论证自己的观点。他认为，人心之本体原本是"虚明不昧""含容深广"的，然而由于"为气禀所拘，故不免褊小而失其广大之量"；由于"为物欲所蔽，故不免昏暗而失其觉照之用"。总之，都是由"气夺其志"而造成的。要把持住"志"而不使其暴失，则必须用涵养，而涵养之关键，则在于"主敬"。所以，他强调："须知敬之一字，实为入德之门。此是圣贤血脉所系。"（《复性书院讲录》卷一《学规》）

"穷理为致知之要"是这四句中的重点。在谈到"理"的问题时，马一浮总是联系"气"和"事"来说理，强调"理气""理事"的"一源"和"无间"。他继承程朱的思想，指出，"有气必有理""离气则无以见理""无此理则气亦不存""理气同时而具，本无先后，因言说乃有先后"等。同时，他也进一步发挥道："太极未形以前，冲漠无朕，可说气在理中；太极既形以后，万象森然，可说理在气中。"他还结合"易"的三种含义来阐发"理气"的关系，说："气是变易，理是不易，全气是理，全理是气，即是简易。"这是一种新的解释，诚如他自己所说："此是某楷定之义，先儒释三义未曾如此说。"（《泰和会语》之《义理名相一》）以后，他又把"易"之三义与佛教所说的"体、相、用"贯通起来，认为"不易是体大，变易是相大，简易是用大"（《复性书院讲录》卷二《论语大义七》），从而把理气的体用关系解释得更为生动细致。关于"理事"关系，他则一再强调"事外无理"和"理事双融"。

在"理"的问题上，更重要的还有一个"理"与"心"的关系问题。在此问题上，马一浮竭力调和程朱和陆王的矛盾，而坚持的则是"心外无理"的观点。他这样解释朱熹的"格物致知"说——"朱子释格物为穷至事物之理，致知为推极吾心之知。知者，知此理也。知具于心，则理不在心外明矣。"按照马一浮所引朱子的话，实在是很难得出他的结论，显然他是在为朱子向外穷理辩护，而有意这样来推演的。他还说："格物即是穷理，异名同实。"那么他为什么采用"穷理"一名，而不采用"格物"

之名呢？他解释说："只为从来学者都被一个物字所碍，错认物为外，因而再误，复认理为外。"因此，他坚定地认为："心外无物，事外无理，事虽万殊，不离一心。一心贯万事，即一心具众理。即事即理，即理即心，心外无理，亦即心外无事。"他还引用佛教的理论来作佐证，说："佛氏亦言，当知法界性一切唯心造。心生法生，心灭法灭，万行不离一心，一心不违万行。"他的这些论证最终是要得出这样一个结论，即："知是知此理，唯是自觉自证境界，拈似人不得。如人饮水，冷暖自知，一切名言诠表，只是勉强描模一个体段，到得此理显现之时，始名为知。"（《复性书院讲录》卷一《学规》）这也就与我们上面所提到的"反求自心之义理"衔接起来了。可以说，穷理、致知是马一浮理学思想的核心。

马一浮说："穷理主于思之意多，博文主于学之意多。"因此，"博文为立事之要"主要是强调必须多学多识，才能正确而果断地处理各种事情。他十分重视学习，要求学者达到"通而不局""通而不执"的境界，并且认为只有那些"足以尽天下之事相而无所执碍者，乃可语于博矣"（《复性书院讲录》卷一《学规》）。他也十分注意学习方法，专门写了一篇《读书法》，来指导求学者。他认为，读书的关键在于得意、穷理，否则就成了"读死书""买椟还珠"，毫无用处；此外，读书虽然属于穷理、博文方面的事，但也必须付诸笃行，提高自己的道德修养，否则岂不是"玩物丧志"，自欺欺人。他总结读书之道，概括为四点："一曰通而不局；二曰精而不杂；三曰密而不烦；四曰专而不固。"
具体地说："执一而废他者，局也；多歧而无统者，杂也；语小
而近琐者，烦也；滞迹而遗本者，固也。"反之，"通则曲畅旁
通而无门户之见，精则幽微洞彻而无肤廓之言，密则条理谨严而
无疏略之病，专则宗趣明确而无泛滥之失。"总而言之，"不局
不杂，知类也；不烦不固，知要也。类者，辨其流别，博之事
也；要者，综其指归，约之事也。读书之道，尽于此矣。"（《复
性书院讲录》卷一《读书法》）马一浮在这里所讲的读书之道，
完全是他的切身体会，经验之谈，有值得借鉴的地方。

在《复性书院学规》中，马一浮指出："主敬为涵养之要，
穷理为致知之要，博文为立事之要，笃行为进德之要。"其中，"笃
行为进德之要"是这四句中的要紧之处。强调笃行，是马一浮理
学思想的立足点。他解释说，德是指内在的品德，即所谓"自其
得于理者言之"，而行是指外在的行为，即所谓"自其见于事者
言之"。因此，德和行就像理和事的关系那样，只是表示内外的
名称，而不是无关的两件事。笃的意思则是指"充实而有恒"。
他认为，德有"性德"和"修德"之别，前者是先天本具的，而
后者则是通过修养获得的。但是，学者也必须知道，"性德虽是
本具，不因修证则不能显"。因而，所谓"笃行为进德之要"，
也就是讲的"因修显性"。他严厉批评"执性废修"的谬见，并
借用佛教"性修不二"的说法，来强调"圣人之教在因修显性，
决不执性废修"（《尔雅台答问续编》卷二《示张德钧》）的思想。

他说："理虽本具，亦要学而后明，精义入神，方能致用，所以说性修不二。专言守良心，便是执性废修。"（《尔雅台答问续编》卷三《示杨霞峰》）他说："全性起修，即本体，即功夫；全修在性，即功夫，即本体。修此本体之功夫，证此功夫之本体，乃是笃行进德也。"换言之，他认为："行有欠缺，即德有欠缺；行有间断，即德有间断。故虽曰性德无亏，亦须笃行到极至处始能体取。"（《复性书院讲录》卷一《学规》）马一浮所讲的"性修不二"，其核心就是他说的"修此本体之功夫，证此功夫之本体"，即从心出发，再返回到心，充分表达了他的一切唯心的根本立场。但就他强调笃行的重要性来讲，也还是有一定意义的。他十分赞赏王阳明"知行合一"的理论，认为佛教讲"悲智双融"，儒家讲"仁智一体"，只有"王阳明知行合一之说见得此意"（《复性书院讲录》卷一《示张立民》）。他说："说食不饱，数宝不富。"（《复性书院讲录》卷一《示吴敬生》）所以如果把圣人的教导"只作一种知解、一种言说领取，而不肯笃行，则是辜负自己，辜负先圣"（《复性书院讲录》卷一《学规》）。

后记

　　这不是一本学术专著，而是面向大众的一本杂著。本书是编选者根据我的一些讲座的录音和过去的相关论文整理、编辑而成的。其中有一些内容因从不同的角度展开论述，难免会有前后重复的问题，也有一些内容是编选者根据我的思想加以有益的补充和正确的发挥的。总之，本书的编选者焦雅君女士还是花了很多精力的。本人在此表示衷心的感谢！

楼宇烈

2020 年 6 月